中国石油和化学工业行业规划教材

 "十四五"职业教育国家规划教材

现代化工文献检索项目化教程
第三版

伍丽娜　主　编
吴志刚　副主编

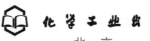 化学工业出版社
·北京·

内 容 简 介

本书全面贯彻党的教育方针，落实立德树人根本任务，在教材中有机融入党的二十大精神。全书内容由浅入深，分为预备知识、单项训练、综合训练三个模块。预备知识模块简单介绍化工文献的基本概念、文献检索的基本原理以及化工文献的检索工具、检索途径、检索方法、检索步骤等。单项训练模块通过11个具体课题，介绍了期刊论文、专利文献、标准文献、科技报告、学位论文、会议文献、英文文献（CA）的检索方法以及数字图书馆、专业网站等网络检索工具的使用方法。综合训练模块通过2个综合性课题，对化工文献检索过程进行系统练习。

全书以实际课题为项目导向模块，按照"检索课题分析－检索方法、手段选择－检索过程实际操作－检索结果的获得－检索问题的解决"的主线，加以知识补充，将教学、学习、实践三个关键环节统一安排，能切实提高学生的文献检索能力。为了更直观地演示检索过程，书中以二维码的形式插入了信息化资源，便于自学和拓展学习。

本书可作为高等职业教育化工技术类各专业及相关专业的教材，也可供化工行业、企业的相关人员参考。

图书在版编目（CIP）数据

现代化工文献检索项目化教程/伍丽娜主编. —3版. —北京：化学工业出版社，2021.8（2025.6重印）
ISBN 978-7-122-39592-4

Ⅰ.①现⋯ Ⅱ.①伍⋯ Ⅲ.①化学工业-情报检索-高等职业教育-教材 Ⅳ.①G252.7

中国版本图书馆CIP数据核字（2021）第142875号

责任编辑：提 岩 窦 臻 　　　　　　文字编辑：丁 宁 陈小滔
责任校对：李雨晴 　　　　　　　　　　装帧设计：张 辉

出版发行：化学工业出版社（北京市东城区青年湖南街13号　邮政编码100011）
印　　装：河北延风印务有限公司
787mm×1092mm　1/16　印张16　字数356千字　2025年6月北京第3版第7次印刷

购书咨询：010-64518888　　　　　　　　售后服务：010-64518899
网　　址：http://www.cip.com.cn
凡购买本书，如有缺损质量问题，本社销售中心负责调换。

定　价：48.00元　　　　　　　　　　　　　　　　　　版权所有　违者必究

前言

《现代化工文献检索项目化教程》自 2010 年 8 月首次出版以来，得到了广大师生和读者的好评。2014 年，第二版立项为"十二五"职业教育国家规划教材。2023 年，第三版被评为"十四五"职业教育国家规划教材。

随着网络和信息技术的飞速发展和广泛应用，人们对专业信息获取的方式越来越多，也越来越便捷。我国正从制造大国迈向制造强国，从"中国制造"迈向"中国创造"，科技水平的日新月异使得科技文献资料迅速更新，国家、行业、地方标准也在不断修订，这些不断更新的信息需要在教材中及时体现。因此，我们在第二版的基础上进行了修订。

本次修订充分落实党的二十大报告中关于"实施科教兴国战略""着力推动高质量发展""促进人与自然和谐共生"等要求，对新法规、新标准、新知识、新技术等进行了更新和补充，将"中华人民共和国数据安全法""知识产权法"等内容融入教材。为了深入贯彻党的二十大精神，落实立德树人根本任务，在重印时继续不断完善，在基本理论和检索案例中有机融入文化自信、工匠精神、绿色发展、依法治国等理念，弘扬爱国情怀，树立民族自信，培养学生的职业精神和职业素养。

第三版《现代化工文献检索项目化教程》具有如下特点。

（1）本教材是在全国石油和化工职业教育教学指导委员会的指导下，根据教育部有关高职高专教材建设的文件精神，以高职高专化工类专业学生的培养目标为依据编写的。教材在编写过程中广泛征求了信息检索方面专家的意见，具有较强的实用性。

（2）本教材把原有的以章节为分段的学科体系式教学模式改为以培养学生实际检索技能为主的实践性和开放性教学模式，将"讲为主、练为辅"改为"练为主、讲为辅"，充分激发学生的自主学习能力。

（3）本教材主要以网络为检索工具，并且提供了大量相关的网络资源地址，使读者可以方便快捷地获取网络资源。

（4）为了满足学生的学习需要，本教材在每个项目里提供了丰富的教学补充材料，使学生能够在掌握文献的基本知识和文献术语的基础上，进一步拓展学习。

为方便教学，本教材配备了完善的电子教案和课件资源，使用本教材的教师可以登录化学工业出版社教学资源网（http://www.cipedu.com.cn）下载。

本教材由天津渤海职业技术学院伍丽娜主编，太原科技大学吴志刚副主编，常州工程职业技术学院吉飞主审，太原化学工业集团有限公司供水分公司总工程师郭晋平副主审。预备知识、项目二、项目四、项目九由伍丽娜修订和编写；项目一、项目三、项目十一由天津渤海职业技术学院宋翔修订和编写；项目五、项目十由河北化工医药职业技术学院孙雅博修订和编写；项目八、项目十二、项目十三由吴志刚修订和编写；项目六、项目七由杭州职业技术学院丁晓民修订和编写。常州工程职业技术学院陈炳和教授对本书的编写提供了指导和大力支持。本书编写过程中,参考了很多信息检索方面的教材、专著和论文等资料,在此向有关专家、作者表示由衷的谢意。同时也感谢编者所在单位领导和同事的大力支持与热情帮助。

  由于编者水平、经验所限,书中难免存在不足之处,敬请广大读者批评指正,以便进一步研究、修改和完善。

编者

第一版前言

我们目前面临的是一个崭新的信息社会。信息技术迅速发展，信息高速公路的飞快建设，使得信息产品已经渗透到各个学科领域，信息技术已经成为人类认识世界和改造世界不可缺少的手段。面对信息社会，研究人员和专业技术人员只有掌握信息检索和利用的知识与技能，才能把握科学研究的主动权，适应信息时代的快节奏。因此，培养具有强烈的信息意识、善于运用前人的优秀科学技术成果、能进行开拓创新的人才是社会的要求，更是学校对人才培养的方向。

本教材是在全国化工高等职业教育教学指导委员会的指导下，根据教育部有关高职高专教材建设的文件精神，以高职高专化工类专业学生的培养目标为依据编写的。教材在编写过程中广泛征求了信息检索方面专家的意见，具有较强的实用性。

为了真正体现高等职业教育培养面向生产、建设、服务和管理第一线需要的"高素质技能型人才"的使命，满足国家对人才要求的不断提高，本教材采用了全新的编排结构，把原有的以章节为分段的学科体系式教学，改为以培养学生实际检索技能为主的实践性和开放性教学体系，改"讲为主，练为辅"为"练为主，讲为辅"，全面发挥学生的自主能力。全书以实际课题为项目导向模块，按照"检索课题分析—检索方法及手段选择—检索过程实际操作—检索结果的获得—检索问题的解决"为主线，并加以知识补充，将教学、学习、实践三个关键环节统一安排，切实增强学生信息检索的能力。本书的主要特色如下。

（1）以项目驱动为教材主线，通过具体课题的检索过程，使学生了解期刊、专利、标准、会议论文、科技报告、学位论文以及美国化学文摘（CA）的检索工具，掌握检索方法。

（2）主要采用网络检索，并且提供了大量相关的网络资源地址，使学生方便快捷地获取网络资源。

（3）在每个项目下均有教学补充材料，介绍了文献的基本知识和文献术语，便于读者进行知识拓展。

本教材2013年更新版在原教材的基础上，根据不断更新的网站、国家和行业最新标准以及最新的技术信息，对全书内容进行了全面更新。

为方便教学，本书配有内容丰富的电子课件，使用本教材的教师可以登录化学工业出版社教学资源网（http://www.cipedu.com.cn）下载，或发邮件至 cipedu@163.com 免费索取。

本教材由天津渤海职业技术学院伍丽娜主编，太原科技大学吴志刚、广西工业职业技术学院张良军副主编，常州工程职业技术学院吉飞主审，太原化学工业集团有限公司供水分公司总工郭晋平副主审。本书共分为三部分：预备知识、单项训练和综合训练。其中，预备知识，项目一中期刊、标准文献，项目六～八由伍丽娜编写；项目五、项目九、附录由吴志刚编写；项目四由张良军编写；项目十由广西工业职业技术学院李俊编写；项目一中专利文献由抚顺职业技术学院王冬美编写；项目二由吕梁高等专科学校高玉莲编写；项目三由杭州职业技术学院丁晓民编写。

本书在编写过程中，参考了很多信息检索方面的教材、专著和论文等资料，在此向有关专家、作者表示由衷的谢意。同时也感谢编者所在单位领导和同事的大力支持与热情帮助。

由于编写时间仓促及编者水平、经验所限，书中难免存在缺点和疏漏之处，敬请广大读者和专家批评指正，以便进一步研究、修改和完善。

编者

2013 年 8 月

第二版前言

由于网络信息和资源更新速度较快，对某一个课题的关注度在不同的时间段不同，相关课题的文献资料也在不断更新和补充，并且国家、行业或者地方标准近年也有修订，这些不断更新的信息需要在教材中体现出来。因此，第二版《现代化工文献检索项目化教程》在第一版的基础上，进行以下修订。

（1）保持第一版原有宗旨及特点，继续坚持职业教育理念，以项目化编排教材结构，以检索任务为依据编写教材内容。

（2）更新 5 个课题，增加 1 个课题作为检索任务。

（3）更新国家、地方、行业、企业最新标准及标准文献的检索实例。

（4）补充新的检索工具，并安排相应的检索任务。

（5）教材每项检索任务均增加相应的拓展资源，如化工文献检索网站等。

（6）调整检索过程中涉及的时间范围，力求采用近年的文献资源。

（7）为本教材制作了新的配套电子课件。

本教材以培养学生实际检索技能为主的实践性和开放性教学体系为基础，分为三个模块。模块一为预备知识，简要介绍文件检索的基础知识；模块二为单项训练，以具体的实例，使读者了解期刊、专利、标准、科技报告、学位论文、会议文献以及美国《化学文摘》（CA）的检索工具、掌握检索方法。同时增加了国家级精品课程资源、专业搜索引擎、学术论坛、国家职业资格工作网等的介绍和使用；模块三为综合训练，以具体实例，使读者掌握综合的文献检索方法。

第二版《现代化工文献检索项目化教程》具有如下特点：

（1）本教材是在全国石油和化工职业教育教学指导委员会的指导下，根据教育部有关高职高专教材建设的文件精神，以高职高专化工类专业学生的培养目标为依据编写的。教材在编写过程中广泛征求了信息检索方面专家的意见，具有较强的实用性。

（2）本教材把原有的以章节为分段的学科体系式教学，改为以培养学生实际检索技能为主的实践性和开放性教学体系。将"讲为主，练为辅"改为"练为主，讲为辅"，全面发挥学生的自主能力。

（3）本教材主要以网络为检索工具，并且提供了大量相关的网络资源地址，使读者方便快捷地获取网络资源。

（4）为了满足学生学习需要，本教材在每个项目下丰富了教学补充材料，使学生能够在掌握文献的基本知识和文献术语的基础上，进行进一步知识拓展。

为方便教学，本书配备了完善的电子教案和课件资源，使用本教材的教师可以发邮件（cipedu@163.com）与化学工业出版社联系免费索取。

本教材由天津渤海职业技术学院伍丽娜主编，太原科技大学吴志刚副主编，常州工程职业技术学院吉飞主审，太原化学工业集团有限公司供水分公司总工程师郭晋平副主审。预备知识、项目二、项目四、项目九由伍丽娜修订和编写；项目一、项目三、项目十一由天津渤海职业技术学院宋翔修订和编写；项目五、项目十由河北化工医药职业技术学院孙雅博修订和编写；项目八、项目十二、项目十三由吴志刚修订和编写；项目六、项目七由杭州职业技术学院丁晓民修订和编写。常州工程职业技术学院陈炳和教授对本书的编写提供了指导和大力支持。本书编写过程中，参考了很多信息检索方面的教材、专著和论文等资料，在此向有关专家、作者表示由衷的谢意。同时也感谢编者所在单位领导和同事的大力支持与热情帮助。

由于编写时间仓促及编者水平、经验所限，书中难免存在缺点和疏漏之处，敬请广大读者和专家批评指正，以便进一步研究、修改和完善。

编者
2014 年 2 月

目录

模块一 预备知识

一、化工文献的基本概念 — 002
二、文献检索的基本原理 — 003
三、化工文献的检索工具 — 003
四、化工文献的检索途径 — 005
五、化工文献的检索方法 — 005
六、文献检索的基本步骤 — 005
七、计算机检索技术 — 006

模块二 单项训练

项目一 课程资源检索与利用 —————————————— 010

任务一 浏览"爱课程"网 — 010
任务二 获取课程信息 — 015
任务三 浏览"思政"类课程 — 018
教学补充材料 — 021
项目练习 — 025

项目二 "化工企业责任与关怀"——期刊的检索 —————————————— 026

任务一 分析检索要素 — 026
任务二 选择检索工具 — 027
任务三 确定检索途径 — 027
一、题名(文献名称)途径 — 027
二、著者途径 — 027
三、主题途径 — 027
四、序号途径 — 027
任务四 选用检索方法 — 028
一、利用中国知网进行检索 — 028
二、利用万方数据知识服务平台进行检索 — 034
任务五 获取文献信息 — 036
教学补充材料 — 037
项目练习 — 041

项目三 牛磺酸的合成路线及分离提纯——专利的检索 —————————————— 042

任务一 分析检索要素 — 042
一、从天然品中提取 — 042
二、化工合成 — 042
任务二 选择检索工具 — 042
任务三 确定检索途径 — 043
一、分类途径 — 043
二、专利人途径 — 047
三、专利号途径 — 048

四、其他途径	050	四、中国知识产权网	060
任务四 选用检索方法	050	五、欧洲专利局	062
一、万方数据库	050	**任务五 获取文献信息**	066
二、国家知识产权局网站	053	**教学补充材料**	069
三、佰腾网	058	**项目练习**	076

项目四 食品添加剂牛磺酸——标准文献的检索 ———————— 077

任务一 分析研究课题，明确检索范围和要求	077	二、工标网	082
任务二 选择检索工具	077	**任务五 获取文献信息**	084
任务三 确定检索途径	077	**教学补充材料**	085
任务四 选用检索方法	078	**项目练习**	093
一、中国标准服务网	078		

项目五 水污染治理——科技报告的检索 ———————————— 094

任务一 分析检索要素	094	三、著者途径	097
一、水污染的概念及来源	094	四、报告号途径	097
二、水污染的危害	094	五、资助号途径	097
三、水污染的治理方法	095	**任务四 选用检索方法**	097
四、检索要素的确定	096	一、万方数据	097
任务二 确定检索工具	096	二、国家科技报告服务系统	099
任务三 确定检索途径	096	**任务五 获取文献信息**	101
一、主题途径	096	**教学补充材料**	103
二、分类途径	097	**项目练习**	107

项目六 大蒜油的提取——学位论文的检索 ———————————— 108

任务一 分析检索要素	108	**任务三 确定检索途径**	113
一、课题主要概念分析	108	**任务四 选用检索方法**	113
二、专业范围分析	110	一、选择检索词	113
三、时间范围	110	二、检索策略及结果	113
四、国家范围	110	**任务五 获取文献信息**	118
任务二 确定检索工具	110	**教学补充材料**	119
一、学位论文数据库简介	110	**项目练习**	120
二、学位论文的检索方式	111		

项目七 关于"陶瓷膜制备"的会议信息——会议文献的检索 ——— 121

任务一 分析检索要素	122	二、专业范围分析	123
一、课题主要概念分析	122	三、时间范围分析	123

四、国家范围分析	123	三、编著者途径	126
任务二 确定检索工具	**124**	四、主办单位途径	126
一、万方会议论文数据库	124	**任务四 选用检索方法**	**127**
二、国内外重要会议论文全文数据库	124	一、轮排主题途径	127
三、中国会议论文数据库	124	二、论文集名称途径	128
四、《科技会议录索引》	124	三、作者途径	129
五、其他会议信息资源	125	四、主办单位途径	129
任务三 确定检索途径	**126**	**任务五 获取文献信息**	**130**
一、轮排主题途径	126	**教学补充材料**	**130**
二、会议录编号途径	126	**项目练习**	**131**

项目八 壳聚糖在水果储存方面的应用——美国《化学文摘》(CA) 检索实例 — 132

任务一 分析检索要素	**132**	二、查询文献	154
任务二 研究课题确定检索工具	**133**	三、分析文献、得到结果	156
教学补充材料	**133**	**教学补充材料**	**156**
任务三 学习检索工具的构成与使用	**135**	**任务六 扩展检索——CA网络版(SciFinder)的**	
教学补充材料	**135**	**使用简介**	**161**
任务四 确定检索途径和步骤	**140**	一、主题检索	163
教学补充材料	**141**	二、期刊检索	168
任务五 实施检索获得并分析文献	**153**	**项目练习**	**171**
一、确定主题词	153		

项目九 主题包括"精馏"的图书情况——数字图书馆的使用 — 173

任务一 检索主题包括"精馏"的图书		一、中国国家图书馆简介	175
情况——利用化学工业出版社		二、检索实施过程	175
电子图书馆系统	173	**教学补充材料**	**180**
任务二 检索主题包括"精馏"的图书		**项目练习**	**189**
情况——利用中国国家图书馆	175		

项目十 "反渗透膜"的相关知识——其他网络检索工具的使用 — 190

任务一 检索"反渗透膜"的产品		资料——利用"搜索引擎"	195
信息——利用"学术论坛"	190	一、搜索引擎简介	195
一、论坛的分类	190	二、检索实施过程	195
二、常用的学术论坛	191	**教学补充材料**	**197**
任务二 检索关键词为"反渗透膜"的相关		**项目练习**	**200**

项目十一 "行业特有职业（工种）"信息检索——"技能人才评价工作网""中国就业网"网站的使用 —— 201

- 任务一 浏览行业特有职业（工种）目录 201
- 任务二 通过职业标准系统获取相关行业特有职业（工种）的详细信息 204
- 任务三 了解准入类职业资格和水平评价类职业资格 206
- 任务四 利用中国就业网了解"创新创业""就业服务""培训鉴定"等中央、地方的政策和信息 207
- 项目练习 208

模块三 综合训练

项目十二 化妆品中汞含量测定方法研究的文献检索 —— 210

- 任务一 分析检索要素 210
- 任务二 初步检索项目课题的内容与应用价值 210
  - 一、对课题应用价值进行初步估计 210
  - 二、对课题内容进行初步探讨 212
- 任务三 确定检索主题词 214
- 任务四 制定检索策略 214
  - 一、查询化妆品检验国家标准 214
  - 二、选择检索工具 214
  - 三、选择检索途径 215
- 四、对检索进行扩展 215
- 任务五 检索化妆品中汞含量测定的国家标准 215
- 任务六 实施检索 217
  - 一、主题检索 217
  - 二、扩展检索 219
- 任务七 分析检索结果及调整检索策略 221
  - 一、分析检索结果 221
  - 二、调整检索策略 221
- 任务八 获取目标文献全文 221

项目十三 新型烯烃聚合催化剂的文献检索 —— 222

- 任务一 分析检索要素 222
  - 一、催化剂及其作用 222
  - 二、烯烃聚合催化剂的研究价值 222
- 任务二 确定检索主题词 223
- 任务三 确定检索途径和步骤 223
- 任务四 检索实施阶段 223
  - 一、主题词检索 223
- 二、重点研究方向分类检索 225
- 任务五 结果分析及策略调整 228
  - 一、新型烯烃聚合催化剂研究与发展脉络 228
  - 二、新型烯烃聚合催化剂中文文献归类梳理 230
  - 三、新型烯烃聚合催化剂中文文献的影响因子 230
- 任务六 检索结果的优化 233

附录 —— 234

- 附录一 英语文献常用词及其缩写 234
- 附录二 美国《化学文摘》（CA）中常用词缩写 235

参考文献 —— 240

二维码资源目录

序号	编码	资源名称		资源类型	页码
1	M0－1	中华人民共和国保守国家秘密法实施条例		PDF	004
2	M0－2	中华人民共和国数据安全法		PDF	004
3	M0－3	国家网络安全宣传周		PDF	006
4	M1－1	浏览"爱课程"网		微课	010
5	M1－2	精确检索"精细化工典型设备操作与调控"资源共享课程		微课	015
6	M1－3	精确检索"安全类"资源共享课程		微课	016
7	M1－4	浏览"中国大学MOOC"的"思政"类课程		微课	018
8	M1－5	浏览"中国职教MOOC"的"思政"类课程		微课	019
9	M1－6	浏览职业教育专业教学资源库		微课	021
10	M2－1	题名途径检索		微课	028
11	M2－2	作者途径检索		微课	030
12	M2－3	主题途径检索		微课	031
13	M2－4	万方数据知识服务平台检索方法		微课	034
14	M2－5	获取文献信息		微课	036
15	M2－6	《化工学报》官网检索		微课	037
16	M2－7	《精细化工》官网检索		微课	037
17	M3－1	浏览国家知识产权局网站		微课	043
18	M3－2	分类途径检索		微课	045
19	M3－3	申请号检索		微课	048
20	M3－4	万方数据检索		微课	050
21	M3－5	佰腾网检索		微课	058
22	M3－6	中国知识产权网检索		微课	060
23	M3－7	知识产权法		PDF	069
24	M3－8	SooPAT专利搜索引擎		微课	071
25	M4－1	标准号检索		微课	078
26	M4－2	分类检索		微课	080
27	M4－3	工标网检索		微课	082
28	M4－4	标准的格式	标准的格式 GB 14759—2010	标准的格式 PDF	085
29	M4－5	企业安全生产标准化基本规范2016		微课	089
30	M4－6	环境空气质量标准		动画	089
31	M5－1	科技报告编号规则		PDF	097
32	M5－2	万方数据检索		微课	097

续表

序号	编码	资源名称	资源类型	页码
33	M5－3	国家科技报告服务系统检索	微课	099
34	M5－4	国家科学技术进步奖	PDF	103
35	M5－5	科技报告的撰写格式	WORD	103
36	M6－1	高等学校预防与处理学术不端行为办法	PDF	119
37	M6－2	CY/T 174—2019	PDF	119
38	M7－1	主题途径检索	微课	127
39	M7－2	论文集名称检索	微课	128
40	M7－3	作者途径检索	微课	129
41	M7－4	主办单位途径检索	微课	129
42	M9－1	化学工业出版社电子图书馆系统检索	微课	173
43	M9－2	中国国家图书馆检索	微课	175
44	M10－1	小木虫社区检索	微课	192
45	M10－2	海川化工论坛检索	微课	193
46	M10－3	百度学术检索	微课	195
47	M11－1	浏览行业特有职业(工种)目录	微课	201
48	M11－2	工业废水处理工国家职业技能标准	PDF	205
49	M11－3	准入类和水平评价类职业资格	微课	206
50	M11－4	中国就业网	微课	207
51	M12－1	维普－知网对比检索	微课	217
52	M13－1	主题词检索	微课	223
53	M13－2	次级主题词检索	微课	225
54	M13－3	检索结果分析	微课	228
55	M13－4	期刊对比分析报告	微课	232

模块一
预备知识

一、化工文献的基本概念

（一）文献

由于科学技术的发展，现代文献外延的扩大，一些新的文献载体相继出现，使得人们对文献做出了更加严谨、更加科学的定义。《辞海》（2019年新版）中给文献的定义为："记录知识的一切载体。"我国颁布的国家标准《信息与文献 资源描述》（GB/T 3792—2021）对文献的定义为："文献是记录有知识的一切载体。"这是目前对文献最简单明了的定义。

从上面的各种定义中可以看出，文献有两个构成要素：
① 文献必须包含一定的知识内容；
② 文献要有一定的物质表现形式，即有用于记录知识的物质载体，如甲骨、石碑、纸张、胶片、磁带、光盘等。

文献是记录、积累、传播和继承知识的最有效手段，是人类社会活动中获取情报的最基本、最主要的来源，也是交流、传播情报的最基本手段。

（二）化工文献

化工文献是人们从事与化工有关的生产、科学实验及社会实践的记录，是科技信息的重要组成部分。它汇集了世代科技工作者的劳动结晶，积累了大量有用的事实、数据、理论、定义、方法、科学构思和假设，记载了成功的经验和失败的教训，是反映科学技术进展和水平的重要标志。化工文献还包括其相关领域的商务信息及网络上的其他信息。

现代化工文献信息具有以下特点：数量庞大，增长迅速；种类繁多；语种多，译文多；内容重复交叉，分布分散；内容的新陈代谢，自然淘汰的速度比较快。

（三）文献检索

文献检索是信息检索中最基本、最主要的一种方式，在实际工作中往往把"信息检索"与"文献检索"混同使用。所谓文献检索是从文献检索系统中查找出所需的文献型信息。

（四）文献检索的语言

文献检索语言是一种人工语言，用于各种检索工具的编制和使用，并为检索系统提供一种统一的、作为基准的、用于信息交流的符号化或语词化的专用语言。检索语言按原理可分为4大类。

1. 分类语言

它是将表达文献信息内容和检索课题的大量概念，按其所属的学科性质进行分类和排列，成为基本反映通常科学知识分类体系的逻辑系统，并用号码（分类号）来表示概念及其在系统中的位置，甚至还表示概念与概念之间关系的检索语言。

2. 主题语言

它是指经过控制的、表达文献信息内容的语词。主题词需规范，主题词表是主题词语言的体现，词表中的词作为文献内容的标识和查找文献的依据。

3. 关键词语言

指从文献内容中抽出来的关键的词，这些词作为文献内容的标识和查找目录索引的依据。关键词不需要规范化，也不需要关键词表作为标引和查找图书资料的工具。

4. 自然语言

指文献中出现的任意词。

二、文献检索的基本原理

文献检索与文献存储有着密切的关系。存储是为了有效地检索和利用；检索必须遵循文献存储的方法；检索是存储文献的逆过程，即用什么方法存储文献信息，就用同样的方法把所需的文献或相关的知识（如数据、信息）查找出来，这就是文献检索的基本原理（图 0-1）。

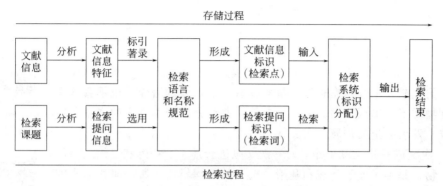

图 0-1　信息的存储过程和检索过程

存储的过程，主要对信息源进行标引，将其外表和内容的特征（如文献的标题、作者、来源和主题等）用特定的检索语言转化为一定的标识（如主题词、分类号和类目名称等），再将这些标识按一定的顺序编排后输入检索系统，从而为检索提供有规可循的途径。

为了保证文献信息能存得进、取得出，就必须使文献存储所依据的规则与文献信息检索所依据的规则尽量做到一致。也就是说，为了检索过程的顺利进行和达到较高的检索效率，除了在存储和检索过程的各个环节必须依据一定的方法和规则外，还必须有统一的检索语言和名称规范作为存储人员和检索人员的共同依据。

三、化工文献的检索工具

检索工具是指用以报道、存储和查找文献线索的工具。它是附有检索标识的某一范围文献条目的集合。文献检索工具的主要功能是存储和检索，即一方面要把文献特征著录下来，使其成为一条条文献线索并体系化；另一方面要能够提供一定的检索手段，使用户能从中检索出所需文献的线索。

化工文献的检索工具有很多类型。

(1) 按照处理信息的手段分为手工检索工具和自动化检索工具。

① 手工检索工具　主要是指文摘和索引书刊、卡片等。

② 自动化检索系统　这里所说的自动化检索系统主要是计算机检索系统。随着信息记录媒介的不断创新，电子出版物得以问世，并且发展极为迅速。而网络的发展为化学化工信息的传播提供了十分重要、便捷的载体。

网络化工信息的内容比印刷版量大、检索速度快；其大多数内容与印刷版相同，但也有其独到之处，如期刊与杂志电子版、互联网上召开的化学类电子会议、化学软件、在线服务、在线讨论等，其优越性是印刷版无法比拟的。

(2) 按照收录范围分为综合性检索工具、专业性检索工具和单一性检索工具。

① 综合性检索工具　指含多种文献类型、多种学科的专业性、综合性检索工具，如

《全国报刊索引》、美国的《工程索引》、英国的《科学文摘》等均属此类。

② 专业性检索工具　指集中收录某一学科、某一专题或相邻学科的检索工具，如《中国化学化工文摘》《食品文摘》以及美国的《化学文摘》等均属此类。

③ 单一性检索工具　指收录一种类型的文献，如《全国总书目》《中国国家标准汇编》以及英国的《世界专利索引》等均属此类。

(3) 按照加工的层次分为零次文献、一次文献、二次文献和三次文献。

① 零次文献是形成一次文献之前的文献、原始的实验数据手稿等。零次文献是非常重要的文献，一般都是保密级的。

② 一次文献是原始文献，是指作者以本人的研究成果为基本素材而创作或撰写的文献，不管创作时是否参考或引用了他人的著作，也不管该文献以何种物质形式出现，均属于一次文献。大部分期刊上发表的文章和在科技会议上发表的论文均属一次文献。

资料扫一扫
中华人民共和国保守国家秘密法实施条例

资料扫一扫
中华人民共和国数据安全法

③ 二次文献是指文献工作者对一次文献进行加工、提炼和压缩之后所得到的产物，是为了便于管理和利用一次文献而编辑、出版和累积起来的工具性文献。检索工具书和网上检索引擎是典型的二次文献。

④ 三次文献是指对有关的一次文献和二次文献进行广泛深入的分析研究、综合概括而成的产物，如大百科全书、辞典等。三次文献一般附有大量的参考文献，也是查找一次文献的重要途径。

(4) 按照著录格式分为目录、题录、文摘、索引、参考工具书、述评、简报、文献指南等。

① 目录（catalogue）　目录是图书或其他单独出版的资料的系统化记载及内容的揭示。它的特点是以单册为单位报道，强调收藏单位。著录的款目包括书名（刊名）、编著者、出版项、页数、开本。

常用的目录主要有《北京图书馆善本书目》、《国家书目》、馆藏书目、专题文献目录、联合目录、出版社与书商目录等。

② 题录（title）　题录是由一组著录项目（无摘要）构成的一条文献记录。它的特点是以一个内容上独立的文献单元（如一篇文章、图书中一部分内容等）为基本著录单位，在揭示文献内容的深度方面优于目录，但也只揭示外部特征。著录的款目包括题目、编著者、出处、文种等。

常用的题录有美国的《化学题录》《中文科技资料目录》《中国报刊索引》等。

③ 文摘（abstract）　文摘是一种将大量分散的原始文献加以搜集、摘录、分类而便于查阅的刊物。它的特点是不仅描述外部特征，且简明深入地反映了原文的内容要点，具有比较健全的情报功能，是文献检索工具的主体。著录的款目包括题录款目和摘要。

④ 索引（index）　索引是按某种可查顺序排列的，能将某一种文献集合中相关的文献、概念或其事物指引给读者的一种指南或工具。它的特点是利用某些明显的内部和外部特征，通过索引工具迅速查到所需资料。著录的款目有主题词索引、分类号索引、书名索引、著者姓名索引、化合物索引等。

常用的索引有美国《化学文摘》期、卷、累积索引以及《中国化学化工文摘》期、卷索引等。

(5) 按照出版形式分为图书、期刊、专利文献、学位论文、会议文献、标准文献、技术档案、政府出版物、产品样本和说明书，即人们常说的十大信息源，它是获取信息的主要来源。目前，这些化工文献不但有印刷版，也有网络版、电子版。数据库作为特殊的情报源日趋重要，可以称之为第十一信息源。

本书通过具体的课题对期刊、专利文献、标准文献、科技报告、学位论文、会议文献以及美国《化学文摘》(CA) 利用网络资源进行检索。

四、化工文献的检索途径

化工文献检索的途径有很多种，如著者途径、题名（包括书名、刊名等）途径、分类途径、主题途径、引文途径、序号途径、代码途径、专门项目途径等。不同的文献类型会采用不同的检索途径，在项目训练部分有详细介绍。

五、化工文献的检索方法

（一）常用法

直接利用检索工具来查找文献信息的方法。这种方法又可以分为顺查法、倒查法和抽查法。

1. 顺查法

顺查法是指按照时间的顺序，由远及近地利用检索系统进行文献信息检索的方法。这种方法能收集到某一课题的系统文献，它适用于较大课题的文献检索。例如，已知某课题的起始年代，现在需要了解其发展的全过程，就可以用顺查法从最初的年代开始，逐渐向近期查找。

2. 倒查法

倒查法是由近及远，从新到旧，逆着时间的顺序利用检索工具进行文献检索的方法。此法的重点是放在近期文献上。使用这种方法可以最快地获得最新资料。

3. 抽查法

抽查法是指针对项目的特点，选择有关该项目的文献信息最可能出现或最多出现的时间段，利用检索工具进行重点检索的方法。

（二）追溯法

追溯法是指不利用一般的检索系统，而是利用文献后面所列的参考文献，逐一追查原文（被引用文献），然后再从这些原文后所列的参考文献目录逐一扩大文献信息范围，一环扣一环地追查下去的方法。它可以像滚雪球一样，依据文献间的引用关系，获得更好的检索结果。

（三）循环法

循环法又称分段法或综合法。它是分期交替使用直接法和追溯法，以期取长补短，相互配合，获得更好的检索结果。

六、文献检索的基本步骤

文献检索是一项实践性很强的活动，它要求人们善于思考，并通过经常性的实践，逐步掌握文献检索的规律，从而迅速、准确地获得所需文献。一般来说，文献检索可分为以下步骤：

① 明确查找目的与要求；

② 选择检索工具；
③ 确定检索途径和方法；
④ 根据文献线索，查阅原始文献。

在具体的检索过程中，根据检索文献的类型不同，检索步骤会做相应调整。

七、计算机检索技术

计算机文献检索，实质上是由计算机将输入的检索词与系统中存储的文献特征标识及其逻辑组配关系进行类比、匹配的过程。由于信息需求本身具有不确定性，加之对数据库中的文献特征标识不能充分了解，以及系统功能的某些限制，都会不同程度地影响检索效果。但是只要遵循一定的检索步骤，制定良好的检索策略，便可以减少各种不利因素的影响，尽可能地使检索提问标识与信息需求和检索系统保持良好的一致性，从而在系统中检索出满足用户需求的信。

资料扫一扫

国家网络安全宣传周

（一）布尔检索

在检索某一课题需要的文献时，不只要用到一个检索词，而是多个检索词来表达主题内容，并且还需要将这些检索词进行恰当的逻辑组配，才能全面准确地表述检索课题的主题概念。为了正确地表达检索主题，系统中采用布尔逻辑运算符将不同的检索词组配起来，使一些具有简单概念的检索单元通过组配成为一个具有复杂概念的检索式，用以表达用户的信息检索要求。

常用的布尔逻辑算符有三种，分别是逻辑"或"（OR）、逻辑"与"（AND）、逻辑"非"（NOT）。下面以"计算机"和"文献检索"两个词来解释三种逻辑算符的含义。

(1) "计算机"AND"文献检索" 表示查找文献内容中既含有"计算机"又含有"文献检索"词的文献。

(2) "计算机"OR"文献检索" 表示查找文献内容中含有"计算机"或含有"文献检索"以及两词都包含的文献。

(3) "计算机"NOT"文献检索" 表示查找文献内容中含有"计算机"而不含有"文献检索"的那部分文献。

逻辑算符在检索过程中使用最频繁，对逻辑算符使用的技巧决定检索结果的满意程度。这需要检索者多次进行检索积累经验，才能很巧妙地利用逻辑运算符。

（二）截词检索

截词检索就是用截断的词的一个局部进行的检索，并认为凡满足这个词局部中的所有字符（串）的文献，都为命中的文献。按截断的位置来分，截词可有后截断、前截断、中截断三种类型。

不同的系统所用的截词符也不同，常用的有？、$、* 等。分为有限截词（即一个截词符只代表一个字符）和无限截词（一个截词符可代表多个字符）。下面以无限截词举例说明。

(1) 后截断 截去某个词的后部分，用截词符号来代替，前方保持一致。如：comput？表示 computer、computers、computing 等；用"chem.＊"可以检索到 chemical（化学品）、chemism（化学机理）、chemomorphosis（化学诱变）、chemosynthesis（化学合成）、chemotherapy（化学疗法）等。后截断法还可以用于年代或作者的检索上，例如 199？（20世纪 90 年代）。

(2) 前截断　就是截去某个词的前部，以截词符代替，保持后方一致。如：? computer 表示 minicomputer、microcomputers 等。用 "? chemistry" 可以检索到 chemistry（化学）、biochemistry（生物化学）、electrochemistry（电化学）、physicochemistry（物理化学）、thermochemistry（热化学）等。

(3) 中截断　即截去词中间可能发生变化的字母，用若干个 "?" 代替，中间截断必须是有限截断。如 ? comput? 表示 minicomputer、microcomputers 等。例如输入 "fib?? board" 可以检索出 "fiberboard" 或者 "fibreboard"。

截词检索也是一种常用的检索技术，是防止漏检的有效工具，尤其在西文检索中，更是广泛应用。截断技术可以作为扩大检索范围的手段，具有方便用户、增强检索效果的特点，但一定要合理使用，否则会造成误检。

（三）原文检索

也叫位置检索，"原文" 是指数据库中的原始记录，原文检索即以原始记录中的检索词与检索词间特定位置关系为对象的运算。原文检索可以说是一种不依赖叙词表而直接使用自由词的检索方法。

不同的检索系统对原文检索的运算方式有不同的规定，其差别是：规定的运算符不同；运算符的职能和使用范围不同。原文检索的运算符可以通称为位置运算符。原文检索运算符主要有以下 4 个级别：

① 记录级检索，要求检索词出现在同一记录中；
② 字段级检索，要求检索词出现在同一字段中；
③ 子字段或自然句级检索，要求检索词出现在同一子字段或同一自然句中；
④ 词位置检索，要求检索词之间的相互位置满足某些条件。

原文检索可以弥补布尔检索、截词检索的一些不足。运用原文检索方法，可以增强选词的灵活性，部分地解决布尔检索不能解决的问题，从而提高文献检索的水平和筛选能力。但是，原文检索的能力是有限的。从逻辑形式上看，它仅是更高级的布尔系统，因此存在着布尔逻辑本身的缺陷。

（四）加权检索

加权检索是一种定量检索技术。加权检索的基本方法是：在每个检索词后面给定一个数值表示其重要程度，这个数值称为权，表示该检索词的重要程度。一篇文献是否被命中，要根据它所包含的检索词的 "权" 之和来决定。如果一篇文献所含检索词权值之和大于检索要求指定满足检索条件的权值总和的最低值（又称阈值），文献被检出，否则不被检出。

例如：radar (10), laser (10), communication (20), weight (30)；它指出的检索词 radar 和 laser 的 "权" 各为 10，communication 的 "权" 是 20，其阈值是 30。显然，只有包含上述三词，或者包含 radar 和 communication，或者包含 laser 和 communication 的文献才会被检出。

运用加权检索可以命中核心概念文献，因此它是一种缩小检索范围、提高检准率的有效方法。但并不是所有系统都能提供加权检索这种检索技术，而能提供加权检索的系统，对权的定义、加权方式、权值计算和检索结果的判定等方面，又有不同的技术规范。

（五）聚类检索

聚类检索是在对文献进行自动标引的基础上，构造文献的形式化表示——文献向量，然后通过一定的聚类方法，计算出文献与文献之间的相似度，并把相似度较高的文献集中在一起，形成一个个的文献类的检索技术。根据不同的聚类水平的要求，可以形成不同聚类层次的类目体系。在这样的类目体系中，主题相近、内容相关的文献便聚在一起，而相异的则被区分开来。

聚类检索的出现，为文献检索尤其是计算机化的信息检索开辟了一个新的天地。文献自动聚类检索系统能够兼有主题检索系统和分类检索系统的优点，同时具备族性检索和特性检索的功能。因此，这种检索方式将有可能在未来的信息检索中大有用武之地。

模块二
单项训练

项目一
课程资源检索与利用

 本项目的任务驱动

1. 通过本项目的学习,以具体的任务为载体,使学生掌握课程资源的检索过程和方法。
2. 能力目标
(1)了解　常用的课程资源网站。
(2)掌握　课程资源网站的使用方法。
(3)会做　利用网站获取课程资源。

互联网时代,在教育教学改革的背景下,在线教育成为未来发展的趋势。"爱课程"网是教育部、财政部"十二五"期间启动实施的"高等学校本科教学质量与教学改革工程"委托高等教育出版社建设的高等教育课程资源共享平台。网站承担国家精品开放课程的建设、应用与管理工作。自 2011 年 11 月 9 日开通以来,相继推出三项标志性成果——中国大学视频公开课、中国大学资源共享课和中国大学 MOOC(慕课,大型开放式网络课程),是目前国内最具影响力、国际领先的高等教育在线开放课程平台。

任务一　浏览"爱课程"网

打开"爱课程"网(http://www.icourses.cn),浏览首页(图 1-1),有 5 个栏目:首页、在线开放课程、视频公开课、资源共享课和学校云。下面还有 8 个子栏目:中国大学 MOOC、中国职教 MOOC、中国大学先修课、教师教育、考研、思政、一流大学系列课程、AI 专业培养方案。可以依次进行浏览,熟悉网站内容。同时首页设有搜索框,可以输入检索条件直接进行检索。

微课扫一扫
浏览"爱课程"网

图 1-1　爱课程网首页界面

下面以"资源共享课"栏目检索为例说明共享课程资源检索过程。

(1) 点击"资源共享课",进入图 1-2 所示界面,可以看到有"分类"和"地区"检索范围,并得到初步检索结果:2883 门课程(图 1-2)。

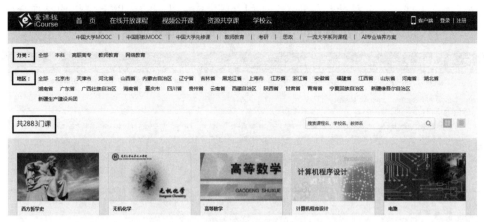

图 1-2　"资源共享课"检索界面

(2) 选择"分类"项目下"高职高专"并点击进入检索界面(图 1-3)。在此界面下列出了专业分类,检索到的课程是所有专业的门数,共 759 门。

图 1-3　"高职高专"检索界面

(3) 浏览"生化与药品大类"的课程(图 1-4)。

图 1-4　"生化与药品大类"检索界面

"生化与药品大类"下面又分为"生物技术类""化工技术类""制药技术类"和"食品药品管理类"四类,共检索到36门课程。其中,"生物技术类"7门,"化工技术类"12门,"制药技术类"13门,"食品药品管理类"4门(图1-5~图1-8)。以上结果均是在全国范围内进行检索得到的。如果限定某省市,则选择某省市进行检索即可,这里不再举例。

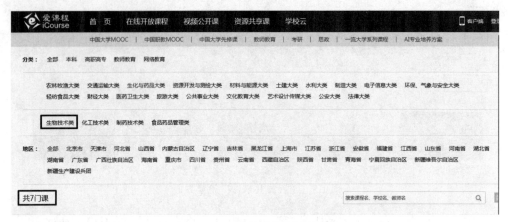

图1-5 "生物技术类"检索结果

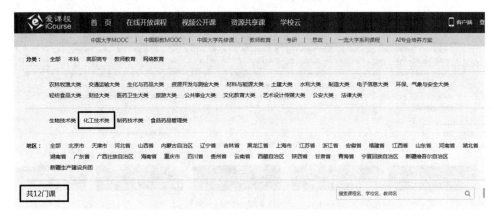

图1-6 "化工技术类"检索结果

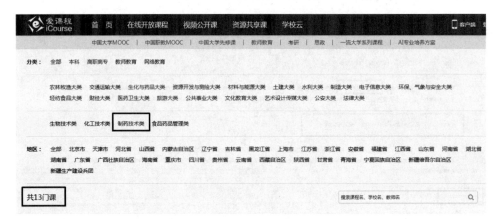

图1-7 "制药技术类"检索结果

图1-8 "食品药品管理类"检索结果

(4) 浏览"化工技术类"所有课程。

检索界面有页面式和大纲式两种视图形式(图1-9和图1-10),页面视图中显示有课程封面、课程名称、课程类别、课程负责人和所属院校,大纲视图中显示有课程名称、所属院校、课程负责人、课程介绍、学习人数和评论人数。

图1-9 页面视图"化工技术类"检索结果

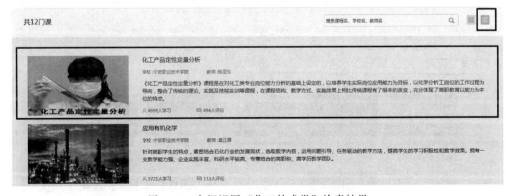

图1-10 大纲视图"化工技术类"检索结果

(5) 浏览部分省市"高职高专"资源共享课程（不分专业）（图 1-11～图 1-13）。

图 1-11　北京市资源共享课程检索结果

图 1-12　江苏省资源共享课程检索结果

图 1-13　河北省资源共享课程检索结果

（6）浏览河北省"环保、气象与安全大类"下的所有课程（图1-14）。

图 1-14　河北省"环保、气象与安全大类"检索结果

任务二　获取课程信息

1. 精确检索"精细化工典型设备操作与调控"资源共享课程

根据检索任务，可以在"爱课程"首页搜索框中直接搜索"精细化工典型设备操作与调控"课程。在搜索栏中输入检索课程名称，点击搜索，直接进入检索结果界面（图1-15，图1-16）。也可以根据此课程的所属类别进行检索，此课程属于高职高专资源共享课，选择"资源共享课"栏目下的"高职高专"类，按照此课程属于"生化与药品大类"课程中"化工技术类"进行检索，即可以得到检索结果。

精确检索"精细化工典型设备操作与调控"资源共享课程

注册登录可以进入学习，以访客身份进入可以进行课程试看。通过课程信息可以了解到课程类型、课程属性、课程学时、学校、学科门类、专业大类等信息。在课程介绍中可以在线阅读和下载教学大纲、教学日历、考评方式与标准和学习指南，还可以看到教学单元、教材、教参和教学团队等信息（图1-17）。

图 1-15　输入检索课程名称

图 1-16 "精细化工典型设备操作与调控"课程检索结果 1

图 1-17 "精细化工典型设备操作与调控"课程检索结果 2

2. 精确检索"安全类"资源共享课程

检索题目中明确了专业类型,则可以直接按照类别进行检索。在"环保、气象与安全大类"下,选择"安全类"即可得到检索结果(图 1-18)。

微课扫一扫
精确检索"安全类"
资源共享课程

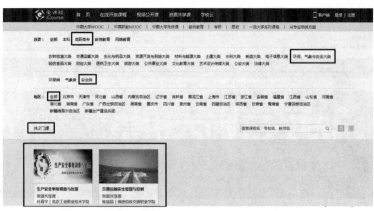

图 1-18 "安全类"课程检索结果

选择"生产安全事故调查与处理"课程,获取课程信息(图 1-19)。若需要进入课程学习,注册登录即可。

图 1-19 "生产安全事故调查与处理"课程检索结果

任务三 浏览"思政"类课程

"思政"类课程可以通过"中国大学 MOOC""中国职教 MOOC"和"思政"三种检索途径获取。

1. 通过"中国大学 MOOC"获取

进入"爱课程"首页,点击菜单栏"中国大学 MOOC"(图 1-20),进入"中国大学 MOOC"页面,默认显示"在授课程",同时有"即将上线"和"结束课程",在分类栏目里点击"思想政治教育",进入"思想政治教育"检索页面(图 1-21)。

浏览"中国大学 MOOC"的"思政"类课程

图 1-20 点击"中国大学 MOOC"菜单栏

图 1-21 "思想政治教育"检索页面

分别浏览"在授课程""即将上线"和"结束课程",并从中任意选取一门课程获取课程信息(图 1-22~图 1-24)。"在授课程"中显示开课次数、开课时间、目前进度、学时安排、课程具体信息等,注册登录后点击"立即参加"即可学习课程。"即将上线"中有开课时间,可以提前关注,开课以后即可进行学习。"结束课程"中可以报名参加下一次课程。

图 1-22 "在授课程"——"思想道德修养与法律基础"检索页面

图 1-23 "即将上线"—"形势与政策"检索页面

图 1-24 "结束课程"—"中国近代史纲要"检索页面

2. 通过"中国职教 MOOC"获取

进入"爱课程"首页，点击菜单栏"中国职教 MOOC"，进入"中国职教 MOOC"检索页面。选择分类目录下"教育"进行检索（图 1-25），在检索结果中筛选"思政类"部分课程进行浏览（图 1-26），并获取课程信息（获取过程同上，不再赘述）。

微课扫一扫

浏览"中国职教 MOOC"的"思政"类课程

图 1-25 "中国职教 MOOC"检索页面

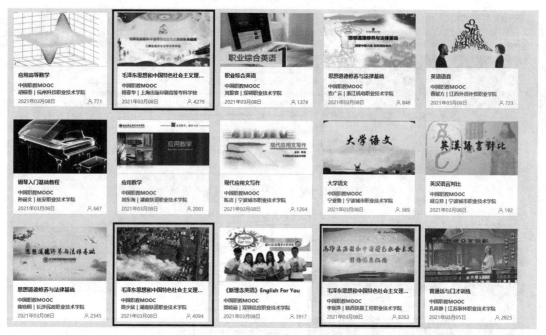

图 1-26 "思政类"部分课程检索页面

3. 通过首页菜单中"思政"栏目获取

"爱课程"首页菜单中有"思政"栏目（图 1-27），点击进入检索界面（图 1-28）。

图 1-27 "思政"课程检索

图 1-28 "思政"课程检索界面

此检索页面中对课程进行了分类：本科课程、高职课程、研究生课程、中国系列、形势与政策。课程信息获取方法同上，这里不再赘述。

"爱课程"中还设置有"在线开放课程""视频公开课""学校云"等栏目，可供大家自行练习。

教学补充材料

职业教育专业教学资源库

职业教育专业教学资源库是"互联网+教育"模式在职业教育领域率先落地的成果,该数据库致力于推动职业教育公平而有质量地发展。自 2010 年项目启动以来,资源库历经 11 年的建设和应用,已初步形成了国家、省、学校三级互补的优质资源共建共享体系,其中建成国家级资源库 203 个(含 22 个民族文化传承与创新资源子库),覆盖了全部 19 个专业大类。

职业教育专业教学资源库既是基本教学资源和优质教学资源的集成,又是先进的在线教学与学习系统。相比一般意义上的教学资源和在线学习系统,职业教育资源库有其自身的特点和规律,在建设过程中充分利用了信息化的优势,紧密结合行业、企业、职场环境、实践特征,与教育教学改革同向同行。

2020 年 2 月,新型冠状病毒引发肺炎疫情期间,教育部应对新型冠状病毒感染肺炎疫情工作领导小组办公室印发了《关于在疫情防控期间做好普通高等学校在线教学组织与管理工作的指导意见》,要求依托各级各类在线课程平台、校内网络学习空间等,积极开展线上授课和线上学习等在线教学活动,保证疫情防控期间教学进度和教学质量,实现"停课不停教、停课不停学"。

下面进入职业教育专业教学资源库(http://zyk.ouchn.cn/portal/index)导航界面(图 1-29)。

视频扫一扫
浏览职业教育专业教学资源库

图 1-29 "职业教育专业教学资源库"导航界面

导航界面包括 19 大专业类别和其他专业的资源链接、职业教育专业教学资源库运行监测云图、职业教育专业教学资源库立项任务书和建设方案公示三大部分。

一、浏览"专业教学资源"栏目

首先看专业资源链接(图 1-30)。每一大专业类目下有相应专业教学资源库和资源库建设单位。以"生物与化工大类"为例进行说明。"生物与化工大类"下拉菜单右侧显示有分析检验技术、石油化工技术、精细化工技术、药物制剂技术、煤化工技术、应用化工技术和生物技术及应用,每个专业下面有课程建设负责院校。

图 1-30 "职业教育专业教学资源库"专业大类导航页

点击专业名称(以"分析检验技术"为例),进入教学资源平台(图 1-31)。

图 1-31 教学资源平台首页

课程资源分为标准化课程、个性化课程和专业大课堂三类。选择"专业大课堂"下的"全国职业院校技能大赛"(图 1-32),并进入课程(图 1-33)。课程信息页面中包含课程简介、教学大纲、教师团队等信息。注册登录即可进入课程学习。

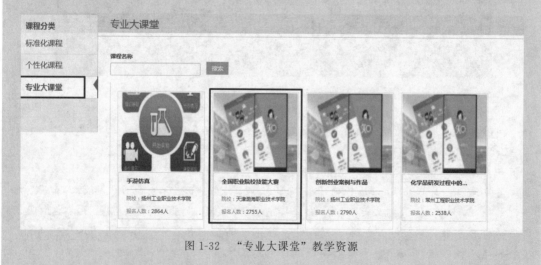

图 1-32 "专业大课堂"教学资源

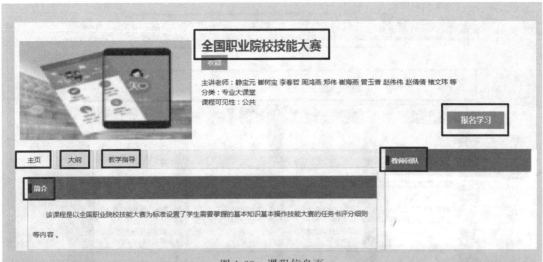

图 1-33　课程信息页

二、浏览"职业教育专业教学资源库运行监测云图"栏目

通过"职业教育专业教学资源库运行监测云图"可以得到注册用户年度分布、数据概览、资源库整体情况、职业教育专业教学资源库分布图、年度访问数统计、最热资源榜、最热课程榜、活跃教师榜、活跃学生榜等信息,数据每 3 小时更新一次(图 1-34)。

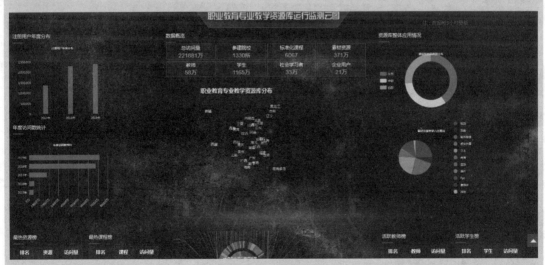

图 1-34　职业教育专业教学资源库运行监测云图

三、浏览"职业教育专业教学资源库立项任务书和建设方案公示"栏目

通过此模块可以了解到自 2010 年至今,职业教育专业教学资源库历年的立项和建设情况。

以 2016 年为例,如想检索"工业分析技术"专业教学资源库情况(图 1-35),点击进入则可以获取建设方案、任务书和资源库访问网址等信息(图 1-36)。

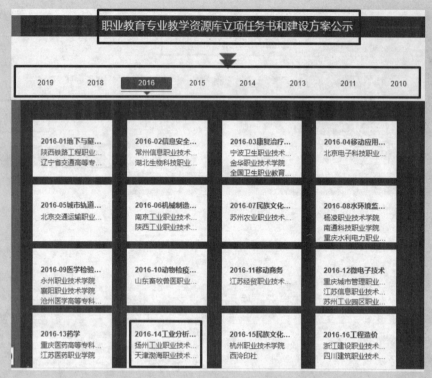

图 1-35 "职业教育专业教学资源库立项建设项目"检索界面

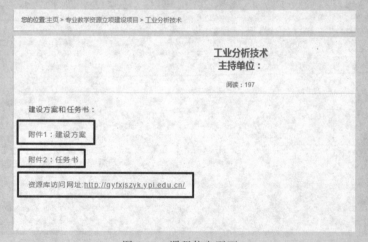

图 1-36 课程信息页面

如要检索"药品生产技术"专业课程资源并进行学习,可以在此页面上找到"药品生产技术"(图 1-37),点击进入课程信息页面(图 1-38)。点击资源库访问网址,则可以进入专业信息界面(图 1-39),此课程平台为"智慧职教"在线学习平台(https://www.icve.com.cn)。在专业信息页面上有课程中心、技能模块、微课中心、培训中心、素材中心、民族医药、课程联盟、友情链接、职教云等栏目。要进行某门课程的学习,则点击进入课程,注册登录即可参加学习。

图 1-37 "职业教育专业教学资源库立项建设项目"检索界面

图 1-38 课程信息界面

图 1-39 "药品生产技术"专业信息页面

项目练习

1. 利用"爱课程"网检索本校资源共享课程。
2. 利用"职业教育专业教学资源库"检索 1~2 门在学课程。

项目二
"化工企业责任与关怀"——期刊的检索

 本项目的任务驱动

1. 通过对具体课题检索,使学生掌握期刊(periodicals,journal,magazine)论文检索的基本过程和方法。

2. 能力目标

(1)了解　期刊论文的基本知识。

(2)掌握　期刊论文检索的常用工具、常用方法、检索步骤,重要检索数据库(网站)的检索特点和使用方法。

(3)会做　能够运用期刊论文基本知识,按照化学信息检索的步骤,解决遇到的实际检索问题。

"责任关怀"是于 20 世纪 80 年代国际上开始推行的一种企业理念,其宗旨是在全球石油和化工企业实现自愿改善健康、安全和环境质量。"责任关怀"是化工行业针对自身的发展情况,提出的一整套自律性的、持续改进环保、健康及安全绩效的管理体系。

要完成这个课题,需要查询的内容包括"责任与关怀"的提出背景、理念与制度、原则与实施准则、所带来的各种效益等。

据此,可以选取不同的检索工具通过不同的检索途径进行检索。

任务一　分析检索要素

着手课题检索的时候,首先要对课题进行认真的分析研究。为了能够快速、精准地检索到合适的对比文件,一般会先确定基本检索要素,通过对检索要素的舍弃或拓展,最终确定检索要素。

分析研究课题要注意以下三点:

(1)明确课题研究的目的性和重要性。

(2)掌握与课题有关的专业知识。

(3)明确课题的检索范围和要求。

分析研究课题是整个检索过程的业务准备阶段,此阶段的工作做得越充分,检索就越顺利,就可获得较理想的检索结果。

要检索"化工企业责任与关怀"这个课题,必须要明确什么是"责任与关怀"、为什么在化工企业提出"责任与关怀""责任与关怀"提出的意义何在等问题,这就确定了检索要素。

任务二　选择检索工具

通过分析研究课题,明确课题的检索范围和要求后,就要根据已确定的检索范围和要求来选定检索工具。要了解哪些检索工具中收录了与所查课题有关的文献信息,在哪些检索工具中该课题的文献信息较丰富、文献信息质量较高等。查找时,通常先利用综合性的检索工具,然后再利用专业性的检索工具。

传统的手工检索工具进行检索需要时间长,工作量大,任务繁重。近年来信息技术的发展以及数据库的广泛应用,使手工检索方法逐渐被运用网络资源进行检索取代。

本课题选择中国知网(CNKI)(http://www.cnki.net)和万方数据知识服务平台(http://www.wanfangdata.com.cn)进行检索。

任务三　确定检索途径

检索文献信息有各种检索途径。一般说来,检索者往往是以著(译)者、书名、刊名、篇名、序号等外表特征和以分类、主题、分子式等内容特征进行检索。期刊论文的检索通常采用题名(文献名称)途径、著者途径、主题途径、序号途径进行检索。

一、题名(文献名称)途径

书名、刊名及篇名途径,这是根据由书刊名称或文章的篇名所编成的索引和目录来检索文献信息的途径。

二、著者途径

这是根据著(译)者(个人或某一团体)的名称来查找文献信息的一种途径。

三、主题途径

这是按照文献信息的主题内容进行检索的一种途径。这类检索工具有"关键词索引""主题索引""叙词索引"等。这个途径一般利用从文献信息中抽出来能代表文献信息内容实质的主题词(标题词、关键词、叙词、单元词),并按其字顺排列的索引来检索。

四、序号途径

这是按照文献信息出版时所编的号码顺序来检索文献信息的途径。这类检索工具有"标准号索引""专利号索引""报告号索引""收藏号索引"等。这类索引一般都按大类缩写字母字顺加号码次序(由小到大)编排。使用这类索引检索文献信息时,必须先借助其他途径,了解有关文献信息的号码。

采取哪种检索途径,要从课题检索的要求出发,并结合此课题的检索标识来确定。如果课题检索要求泛指性较强的文献信息,则最好选择分类途径。如果课题检索要求是专指性较强的文献信息,则最好选择主题途径;如果事先已知文献著者、分子式、专利号、标准号、报告号等条件,则利用著者途径、分子式途径、号码途径等进行检索为好。若能把这些途径与分类、主题途径配合使用,将会收到较好的检索效果。

任务四　选用检索方法

采用常用法进行检索,就是直接利用检索工具来查找文献信息。

一、利用中国知网进行检索

采用不同的检索途径进行检索。

1. 题名途径

(1) 打开中国知网首页(CNKI各用户单位链接网址不一致,进入各自学校或科研单位的页面),登录账号,进入中国知网主界面(图2-1)。中国知网的服务内容包括知识资源总库、数字出版平台、文献数据评价、知识检索等。

微课扫一扫
题名途径检索

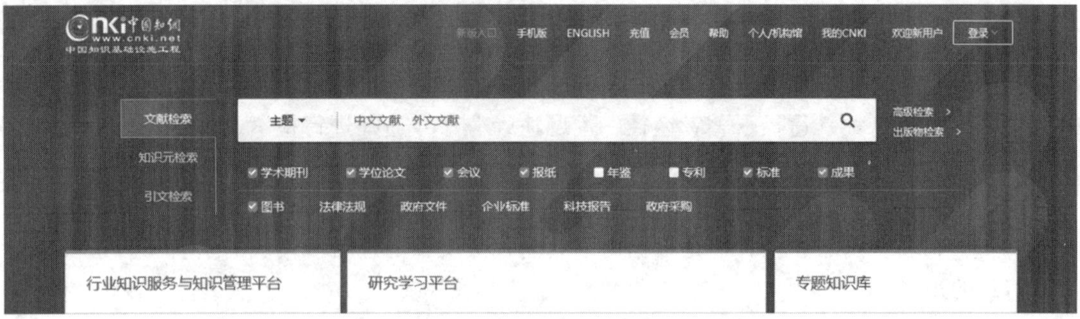

图2-1　中国知网主界面

(2) 如果用户不清楚要检索课题的专业领域、时间范畴等,可以直接在主界面搜索框中输入已知检索要素,进行检索(图2-2)。如已知题名,则直接输入题名进行检索,由于检索范围是全部文献,共10条检索结果可以是各类文献,并不一定是期刊论文(图2-3)。

图2-2　以所有文献为范围的题名途径检索

图 2-3 以所有文献为范围的题名途径检索结果

(3) 如果只需要期刊论文,则选择期刊,进行题名检索(图 2-4),检索到 8 条结果,全部为期刊论文(图 2-5)。

图 2-4 以期刊为范围的题名途径检索

图 2-5 以期刊为范围的题名途径检索结果

(4) 检索结果可以进行分组浏览:按主题、按发表年度、按期刊、按来源类别、按学科、按作者、按机构、按基金。选择按"发表年度"浏览可知,最早收录的是 2006 年的一篇期刊论文,而"责任与关怀"是于 20 世纪 80 年代提出的,那么可以考虑自提出至 2006年间发表的论文没有被收录。下面选择 2006 年、2014 年、2019 年论文各一篇进行详细检索,获取相关信息资源。

① 鼠标光标移至"发表年度"栏,显示图 2-6 提示结果,点击"2006 (1)"得到图

2-7 所示的检索结果。

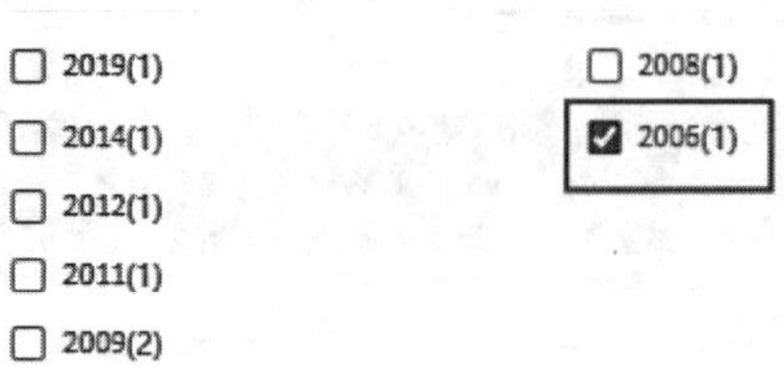

图 2-6　提示结果

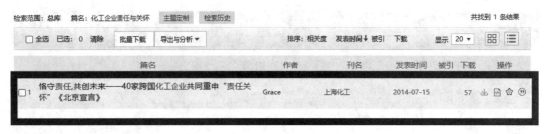

图 2-7　2006 年的论文检索结果

由检索结果可得到论文作者、刊名、发表时间、下载次数等信息。

② 点击"2014（1）"得到图 2-8 所示的检索结果。

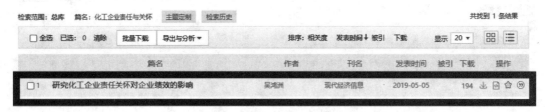

图 2-8　2014 年的论文检索结果

③ 点击"2019（1）"得到图 2-9 所示的检索结果。

图 2-9　2019 年的论文检索结果

其他已知篇名的文献检索过程不再一一赘述，用题名检索途径的缺点是文献题目不能够将内容全部揭示出来，不能将包含相同主题内容的文献集中在一起，不便于进行族性检索。

2. 作者途径

如已知作者，则可以采用作者途径进行检索。根据"篇名"途径检索到的期刊论文，得到了论文作者信息，选择某一位作者进行检索，如已知作者冯永敏（图 2-10）。

作者途径检索

图 2-10 作者途径检索界面

共检索到 8 条记录，选择和课题相关大的文献，进行下一步检索（图 2-11、图 2-12）。

图 2-11 作者途径检索结果 1

		题名	作者	来源	发表时间	数据库	被引	下载	操作
□	1	玉米秸秆液化树脂化研究	莫引优;李昆蔚;廖章兵;陈允发;邓洪金	南方农业学报	2013-10-11 19:59	期刊	7	254	
□	2	山白兰树皮率、心材率及木材密度研究	苏菌;符韵林;廖克波;韦鹏练;徐同练	西北林学院学报	2012-03-15	期刊	10	143	
□	3	刨花润楠干燥特性研究	樊吉尤;符韵林;韦鹏练;冯永敏;邓洪金	林业实用技术	2011-09-15	期刊	8	123	
□	4	浅谈化工企业责任关怀对企业绩效的影响	冯永敏	中国市场	2011-06-05	期刊	1	432	
□	5	灰木莲木材干燥特性研究	李俊贞;黎小波;唐天;韦鹏练;符韵林	木材工业	2011-05-05	期刊	13	171	

图 2-12 作者途径检索结果 2

根据获得的全文信息，结合课题的要求，决定取舍。

用作者途径进行检索往往会出现作者的所有文献不属于同一主题，稍不注意会造成误检。

3. 主题途径

选择关键词"责任关怀"进行检索（图 2-13）。

共检索到 92 条记录（图 2-14），由于条目很多，不容易找到适当的文献资源，则可以进一步在检索结果中确定关键词"化工企业"进行检索，共检索到 10 条记录（图 2-15、图 2-16）。

主题途径检索

图 2-13　主题途径检索界面

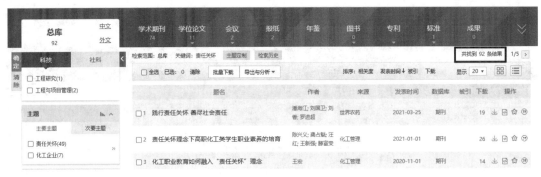

图 2-14　主题途径检索结果

图 2-15　"结果中检索"检索界面

图 2-16　"结果中检索"检索结果

在检索结果中，选择跟课题相关的文献进行下一步检索并获取原文，具体的方法不再赘述（图 2-17）。

这一检索途径的优点是用文字做检索标识，表达概念灵活、准确，能把同一主题内容的文献信息集中在一起检索出来。但是由于按照主题词字顺排列，会使许多内容相同或相近的文献被分散排列到多处，也不利于进行族性检索。

□全选 已选：0 清除 批量下载 导出与分析▾ 排序：相关度 发表时间↓ 被引 下载 显示 20▾

	题名	作者	来源	发表时间	数据库	被引	下载	操作
□1	研究化工企业责任关怀对企业绩效的影响	吴鸿洲	现代经济信息	2019-05-05	期刊		194	
□2	基于责任关怀理念的化工企业安全管理研究	刘欢	北京化工大学	2018-05-31	硕士	2	218	
□3	责任关怀是化工过程安全发展的最高境界	许若谷; 王春玉	第四届CCPS中国过程安全会议论文集	2016-06-02	国际会议		47	
□4	化工类高职院校实施“责任关怀”教育研究	徐宗	延安职业技术学院学报	2015-12-15	期刊	2	49	
□5	责任关怀是化工过程安全发展的最高境界	许若谷; 王春玉; 路念明	2015年中国化工学会年会论文集	2015-10-17	中国会议		35	
□6	化工企业生态文明建设研究——基于石家庄几家化工企业调查分析	刘中浩	武汉工程大学	2015-04-03	硕士	2	154	
□7	浅谈化工企业责任关怀对企业绩效的影响	冯永敏	中国市场	2011-06-05	期刊	1	432	
□8	化工企业责任关怀对企业绩效的影响研究	刘易; 王民杰	数理统计与管理	2009-11-22	期刊	7	1388	
□9	化工企业责任关怀对企业绩效影响的实证研究	刘易	湖南大学	2009-04-05	硕士	6	648	
□10	责任关怀，化工企业必由之路	孙维生	职业卫生与应急救援	2008-06-26	期刊	4	201	

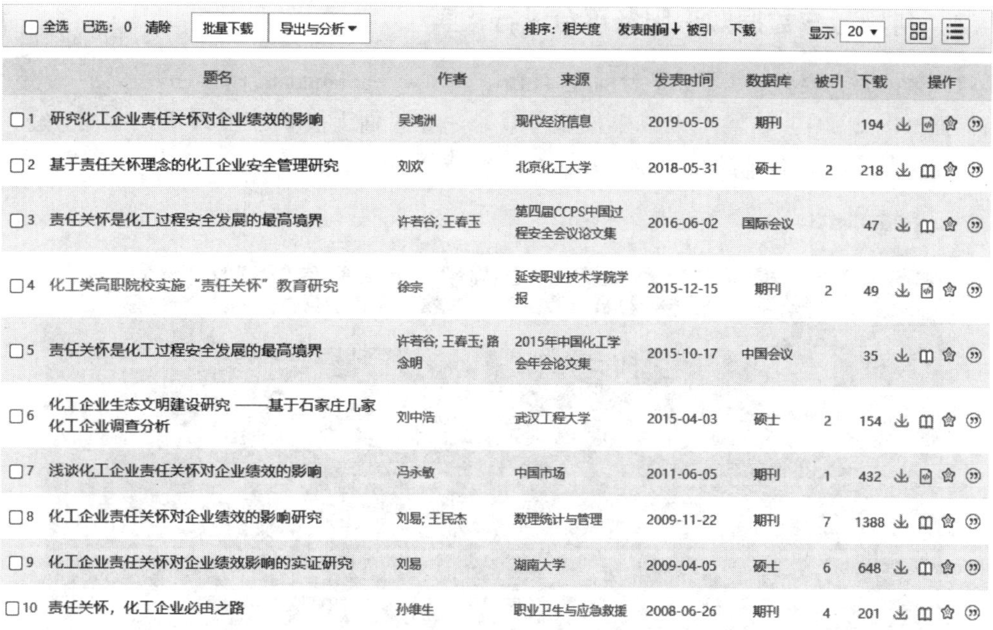

图 2-17 相关文献的检索结果

4. 序号途径

已知《化工企业责任关怀对企业绩效的影响研究》的基金编号为 ZL03227241.3，则可以按照基金编号途径进行检索（图 2-18）。

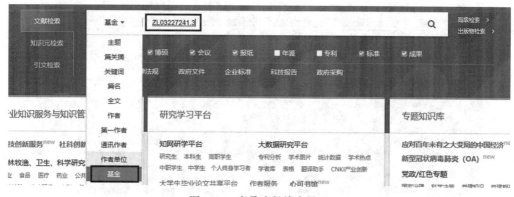

图 2-18 序号途径检索界面

得到 1 条记录，进一步获取详细信息（图 2-19）。

检索范围：总库 基金：ZL03227241.3 主题定制 检索历史 共找到 1 条结果

□全选 已选：0 清除 批量下载 导出与分析▾ 排序：相关度 发表时间↓ 被引 下载 显示 20▾

	题名	作者	来源	发表时间	数据库	被引	下载	操作
□1	化工企业责任关怀对企业绩效的影响研究	刘易; 王民杰	数理统计与管理	2009-11-22	期刊	7	1388	

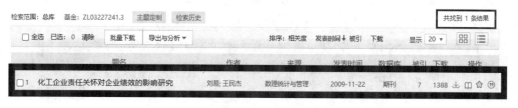

图 2-19 序号途径检索结果

二、利用万方数据知识服务平台进行检索

(1) 输入万方数据知识服务平台网址 (http://www.wanfangdata.com.cn)，进入界面 (图 2-20)，输入个人或单位账号登录。在界面上有快速搜索栏，可以根据文献分类进行简单检索也可以进行高级检索。

万方数据知识服务平台检索方法

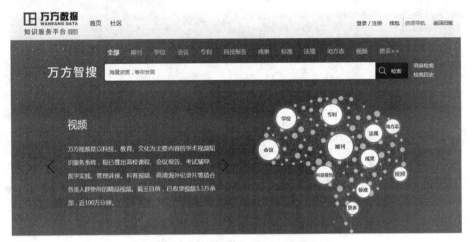

图 2-20　万方数据知识服务平台主界面

(2) 选择期刊，输入"化工企业责任与关怀"进行简单检索 (图 2-21)。

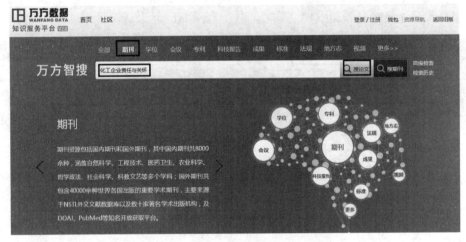

图 2-21　期刊检索界面

检索到 75 条信息，选择需要的进一步获取资料 (图 2-22)。在检索结果栏目里还可以进行精确检索，再通过题名、作者、关键词等途径在结果中检索。

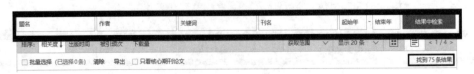

图 2-22　期刊检索结果界面

(3) 选择期刊,输入"化工企业责任与关怀"进行高级检索(图2-23)。

图 2-23 高级检索检索界面 1

在高级检索界面中可以按照不同的检索途径进行检索,既可以模糊检索也可以运用检索策略精确检索(图2-24)。

图 2-24 高级检索检索界面 2

以"责任关怀""化工企业"为关键词,进行精确检索,检索到54条记录,结果如图2-25。

图 2-25 高级检索检索结果界面

任务五　获取文献信息

微课扫一扫
获取文献信息

由中国知网获得文献的部分内容如图 2-26 所示，图中还说明了期刊论文的格式。

化工企业责任关怀对企业绩效的影响研究

作者姓名及工作单位　　刘易[1]　王民杰[2]

题名(title, topic)，是一篇论文的缩影。

(1. 湖南大学工商管理学院，湖南 长沙 410082；2. 中国石油化工股份有限公司 湖南 岳阳 414000)

摘要：本文借鉴国外成熟的实证研究方法体系，结合我国的实际情况，建立适合我国国情的责任关怀评价指标体系，并对化工企业承担责任关怀对企业绩效影响进行了模型构建及实证研究，实证研究的结果表明：化工企业承担责任关怀对企业绩效存在显著性正影响，在五个利益相关者维度中，社区维度、员工消费者维度对企业绩效的影响最大。

中文摘要，大部分还应该有英文摘要

关键词：化工企业；责任关怀；利益相关者

中图分类号：F40, O212

关键词，中图分类号

Study on the Effect of Responsible Care on Chemical Companies' Performance

LIU Yi[1]　WANG Min-jie[2]

(1. College of Business and Management Hunan University, Hunan Changsha 410082, China, 2. The Training Centre of China Petroleum and Chemical Corporation Baling Petrochemical Corporation, Hunan Yueyang 414000, China)

Abstract: This paper learned from the mature foreign system of empirical research methods, considering the actual situation of china's chemical companies, established an assessment system of responsible care and take empirical research between the chemical companies' performance and responsible care. The empirical results show us there is significant positive relation between chemical companies' performance and responsible care. Among the five aspects, community, employee and customers have the most influence to chemical companies' performance.

Key words: chemical companies, responsibility care, stakeholders

0　引言

正文一般包括引言、材料与方法、结果与分析、结论

目前，我国化工企业承担责任关怀对企业绩效影响的实证研究领域基本属于空白。因此开展化工企业承担责任关怀对企业绩效影响的实证研究将会帮助化工企业明明白白地制定责任

[参考文献]

[1] 叶剑平. 责任关怀市场营销[M]. 北京: 中国人民大学出版社, 2005.
[2] Ullman A H. Industry codes as agents of change: responsible care adoption by US chemical companies [M]. Chicago: Probous Publishing, 1998.
[3] 张C, 张锐. 试论企业战略理论的发展与研究趋势 [J]. 管理学报, 2004, 20(5): 16-19.
[4] 高勇强, 田志龙. 政治环境、战略利益与公司政治行为 [J]. 管理科学, 2004, 19(4): 41-46.
[5] 刘斌. 战略管理模型工具: 利益相关者分析 [J]. 软科学, 2005, 18(6): 17-20.
[6] Carroll N P 著, 朱勇, 李霞等译. 利益相关者责任关怀矩阵 [M]. 北京: 北京机械工业出版社, 1979.
[7] Farley & Homing. A process for evaluating trail store efficiency: a restricted DEA approach [J]. International Journal of Research in Marketing, 1990, 15(5): 42-50.

参考文献

图 2-26　期刊论文检索结果示例

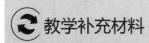

化工类期刊简介

期刊（periodicals、journal、magazine）也称杂志，是指有固定名称、每期版式基本相同、定期或不定期的连续出版物。它的内容一般是围绕某一主题、某一学科或某一研究对象，由多位作者的多篇文章编辑而成，用卷、期或年、月顺序编号出版。期刊具有报道及时、内容广泛、连续出版的特点。期刊的类型比较多，按照内容和性质主要分为原始论文期刊、检索性期刊、综论性期刊、新闻性期刊等。下面介绍一些有代表性的化工类期刊。

（一）主要中文化学化工类原始论文期刊（手工检索工具）

1.《化工学报》

《化工学报》创刊于1923年，月刊，国家一级学报，由中国科协主管，中国化工学会和化学工业出版社共同主办。主要刊登化工及相关学科原创性的科研论文，在国内外产生了重大影响。1994年该刊首批入选《中国科学引文数据库》和《中国科学技术期刊文摘数据库》（英文版）

两大重要检索系统，还被美国《EI》等国际重要检索系统列为统计源期刊。目前，该刊被列为中文核心期刊化工类第一名。内容范围包括化学工程、化学工艺、化工设备、过程开发、化工冶金以及与之相关的生物、信息、新结构与功能材料、新能源、环境工程、过程安全与危险品管理等高新技术领域。

2.《精细化工》

《精细化工》杂志1984年6月创刊，每月15日出版。国内外公开发行。它是中国化工学会精细化工专业委员会会刊、中国精细化工协会（筹）会刊、中国科技核心期刊、中国化学工业类核心期刊、中国轻工业类核心期刊、《中国科学引文数据库》来源期刊、《中国期刊网》及《中国学术期刊

（光盘版）》全文收录期刊、《中国学术期刊综合评价数据库》来源期刊、《中国核心期刊（遴选）数据库》收录期刊、《中国学术期刊文摘（英文版）》来源期刊，是中国创办最早的精细化工专业技术刊物。此刊报道范围涉及当代中国精细化工科学与工业的众多新兴领域，主要栏目有功能材料、表面活性剂、电子化学品、生物工程、中药现代化技术、催化与分离提纯技术、香料与香精、医药与日化原料、食品与饲料添加剂、有机电化学与工业、皮革化学品、淀粉化学品、水处理技术、橡塑助剂、纺织染整助剂、造纸化学品、油田化学品与油品添加剂、丙烯酸系列化学品、特种染料与颜料、黏合剂、建筑用化学品、精细化工中间体及其他。

3.《化工进展》

1981年创刊，月刊，由中国科协主管，中国化工学会和化学工业出版社共同主办。主要报道国内外石油化工热点及重点领域的综述与展望、行业的最新动态介绍与预测，能够推动石油化工行业经济发展的实用性技术，具有专业导向和石化新工艺、新产品、新设备的介绍，工艺及设备的引进、改造、更新等方面的经验以及前沿领域和新知识的介绍。

4.《高分子材料科学与工程》

1985年创刊，双月刊。中国石油化工集团公司技术开发中心、四川大学高分子研究所主办，属于国家核心期刊。主要报道高分子材料学科具有重要指导意义的专论和综述性

文章,刊登高分子材料学科内具有创造性研究成果的研究论文、高分子材料学科内的初步研究成果和有关高分子专业的教学研究与讨论,还刊登紧密结合高分子材料工业生产的新技术、新产品的开发成果。

5.《石油化工》

1970年创刊,月刊,中国石油化工集团公司主管、中国石化集团公司北京化工研究院与中国化工学会石油化工专业委员会联合主办。以推广传播石油化学工业科研技术成果和生产经验为宗旨,介绍国内外新技术、新产品、新工艺、新设备,并对其过程进行经济技术分析。

6.《化学试剂》

1979年4月创刊,双月刊,全国化学试剂信息站主办。开设栏目有研究报告与简报、专论与综述、分析测试研究、试剂介绍、分析园地、经验交流、生产与提纯技术。是一本有关化学试剂及相关领域的专业性刊物,主要报道国内外化学试剂及相关领域的科研成果和先进技术、发展水平以及技术革新等。

7.《化学工业》

1951年创刊,由中国化工学会编辑。主要报道化工发展战略、产业结构调整、国内外化工发展趋势、产品市场预测、化工建设项目经济评价、可行性研究理论和方法、管理现代化等内容。

8.《应用化学》

《应用化学》创刊于1983年,是经国家科委批准向国内、国外公开发行的化学类综合性学术期刊。其中包括有机化学、无机化学、高分子化学、物理化学、分析化学,与材料科学、信息科学、能源科学、生命科学互相关联和渗透,涉及的专业面广。

9.《食品与发酵工业》

《食品与发酵工业》创刊于1970年,是食品发酵行业创办最早、最具知名度的刊物之一。全面报道国内、外食品与发酵领域最新科技成果和实用技术。设有研究报告、生产与科研经验、综述与专题评论、实用技术、分析与检测、分离与提纯、食品(饮料)加工工业、功能食品、行业政策、法规、标准及行业动态、市场动态、信息窗等栏目。它既是国家中文核心期刊,也是优秀刊物,并为中国科技论文期刊统计源所收录。

10.《食品科学》

1950年创刊,月刊,中文核心期刊。由北京市食品研究所主办。栏目有综述、基础研究、工艺技术、营养卫生、分析检验、包装储运、烹饪研究等。

(二)主要英文化学化工类原始论文期刊(手工检索工具)

1.《美国化学会志》(Journal of American Chemical Society,JACS)

这是世界上最重要的化学杂志之一。主要报道化学各个领域的原始论文和研究简讯,包括普通化学、物理化学、无机和有机化学、生物化学和高分子化学等方面的内容。

2.《英国化学会志》(Journal of Chemical Society,JCS)

这是世界上历史最悠久的国家化学会志。

3.《化学学报》

这是由中国化学会主办的基础性化学科学期刊,原名《中国化学会志》,1933年创刊。中国化学会编辑的另一种综合性学术刊物是《化学通报》。

4.《中国化学工程学报（英文版）》(Chinese Journal of Chemical Engineering)

这是由中国化工学会主办、化学工业出版社出版的目前国内化工界唯一的英文学术期刊，主要登载原创性的化工科技论文和简报，内容包括化学工艺、化学工程、化工设备、过程开发以及与化工学科有关的化工冶金、环境工程、生化工程、材料、能源等。

5.《化学工程进展》(Chemical Engineering Progress)

这是美国化学工程师协会编辑出版的刊载化工领域最新发展的月刊，1908年创刊。

6.《化学工程师协会汇刊》(Transactions of Institution of Chemical Engineers)

这是由英国化学工程师协会于1923年创刊，专门刊载化工基本原理的最新研究和实验成果，在1963年与其副刊《化学工程师》(Chemical Engineer) 合并，1969年又分开出版。1987年改为《化学工程研究与设计》(Chemical Engineering Research & Design)。

7.《环境工程杂志》(Journal of Environmental Engineering)

1965年创刊。由美国土木工程师学会（American Society of Civil Engineerings）出版，系被SCI收入的核心期刊。报道环境工程、系统工程和卫生工程实践与理论研究的跨学科性杂志。介绍废水处理方法，地面水、地下水、土壤和大气层中污染物的运输和危害性以及对它们的控制，对污染源的控制，饮用淡水的管理，大气污染和酸雨的控制与监测，危险物质和其他废物的处理与管理等。

8.《国际绿色能源杂志》(International Journal of Green Energy)

《国际绿色能源杂志》发表绿色能源方面的原始与应用研究论文、评论、会议录等，涉及对环境有益的能源技术、自然与替代能源、能源转换与发电技术等。

9.《应用化学》(Angewandte Chemie)

1888年由前联邦德国化学家学会创刊，主要刊载理论与应用化学的新发展、化学分析与试验研究及化学工艺等方面的原始论文。1962年增出英文版 Angewandte Chemie (International edition in English)，内容与德文版相同。

10.《食品技术发展》(Developments in Food Technology)

《食品技术发展》主要报道食品加工技术、食品工业发展等方面的信息和动态。

11.《全面质量管理杂志》(TQM Magazine)

1989年创刊，双月刊，英国MCB大学出版社出版，系被SCI收入的核心期刊。刊载工业产品质量检验、控制与管理等方面的文章和案例报告。涉及产品质量管理及其控制、措施、方法与手段，以及人员培训和产品质量管理服务ISO9000的价值评估与消费者满意相结合的利益率，政府对质量管理的规定、怎样设计结合全面质量管理的基准和更新工程等。

（三）主要化学化工专业检索类期刊

期刊类的检索工具主要是指各种文摘。

1.国内主要文摘

（1）《中国无机分析化学文摘》

1984年创刊，由中国矿业研究总院主办。该刊以文摘、简介及题录形式报道中国国内公开发行的有关无机分析化学的期刊300余种及各种会议论文集、新标准、新书目等。

（2）《分析仪器文摘》

1971年创刊，由北京分析仪器研究所编辑出版。其文献来源于国内外有关分析仪器方面的94种期刊及专利、会议录、论文集等。

(3)《中国化学化工文摘》

创刊于1983年，原名《中国化工文摘》由当时的化工部科技情报研究所编辑出版。该刊重点报道我国公开发行和内部发行的化学化工期刊论文、科技图书、会议录、学位论文及专利文献等。

(4)《化工文摘》

由国家科技部西南信息中心主办，属于信息报道类文摘刊物，由科技部西南信息中心与世界著名出版商英国Reed Chemical Publications公司合作出版。

(5)《精细石油化工进展》

1986年创刊，原名为《精细石油化工文摘》，2000年起改为现名。以国内外精细化工新技术、新工艺及新产品为报道重点，同时也报道企业技术改造方面的先进经验。

(6)《日用化学文摘》

创刊于1978年，原名《国外科技资料目录——日用化学工业分册》，1980年改为现名。该刊主要取材于美国《化学文摘》、日本《科学技术文献速报》等国际性检索期刊及40多种英、俄、日、德等外文刊物，专业针对性强。

(7)《涂料技术与文摘》

1962年创刊，原名《涂料文摘》，2002年改为现名。其内容包括各种涂料、树脂、颜料、密封剂、油墨等的制造、施工应用、相关设备及分析、检验方法等。

(8)《环境科学文摘》

1982年创刊，由中国环境科学研究院主办。主要报道国内外400余种期刊中有关环境科学的最新文献资料，包括环保科技成果、研究报告、论文及综述等。

(9)《石油与天然气文摘》

1962年创刊。主要有石油地质、地球物理勘探、地球物理测井、石油钻井、油田开发与开采、海洋油气工程、石油储运、机械、环境污染和防治、石油经济等方面的文摘和简介。

(10)《中国石油文摘》

1985年创刊，其收录范围包括石油工业上下游的12个专业（石油工业经济、石油企业管理、地质勘探开发、物探、测井、钻井、采油、石油炼制、储运、矿场机械、油气田环保等），收录的文献类型有期刊、论文、汇编、内部资料、专利、标准等。

2. 国外主要文摘

(1) 美国《化学文摘》(Chemical Abstracts，CA)

由美国化学会化学文摘社(Chemical Abstract Service，CAS)编辑出版。它是检索化学化工文献的主要工具之一。

(2) 英国《科学文摘》(Science Abstracts，SA)

创刊于1898年，由英国电器工程师协会(the Institution of Electrical Engineers，IEE)和英国物理学会(the Physical Society of London)合作编辑出版。

(3)《法国文摘通报》化学分册(Bulletin Signaletique du CNRS，BS)

创刊于1939年，由法国国立科学研究中心(CNRS)的科技文献中心编辑出版，现已发展成为一套学科齐全（包括文理百科）、著录统一的文摘刊物。

(4)《环境文摘》(Environment Abstracts，EA)

创刊于1971年，EA从世界上主要国家和组织出版的1000余种期刊、科技报告、政府文件、会议录及新书中摘录有关环境污染和环境保护方面的文献。EA收录文献的主题内容包括环境政策、法规、教育、食品、药物、各种自然资源和人类生存环境中所涉及的污染和环境保护等，是世界环境科学界著名的文献检索刊物。

(5)《电分析文摘》(Electro Analytical Abstracts)

英文版，双月刊（1963～1985），由瑞士Birkhuser Verlag出版。该文摘收录世界各国约400种期刊、研究报告及学位论文中有关电分析方面的文献。主要内容有基础理论、仪器与附件、电分析、制备电化学、溶液中的化学平衡与反应、化学动力学与催化、电极过程与性质、生物电化学、能源与转换、腐蚀、固体电化学、评论及图书等。

(6)《气相和液相色谱文摘》(Gas and Liquid Chromatography Abstracts)

由英国应用科学出版公司编辑出版，1958年创刊，现改名为《色谱学文摘》。内容包括一般性文章，理论、定义和保留数据，仪器与技术，载气和柱子填料，试样类型，应用和专门分离，有关方法和技术。

(7)《工程材料文摘》(Engineer Materials Abstracts)

1986年创刊。收录聚合物、陶瓷材料、复合材料的研究、设计、开发的文献资料。文摘每一类目下均细分为陶瓷材料、复合材料、聚合物材料三个部分。用户可购置CD-ROM实施单机或网络检索。

(8)《化工文摘》(Chemical Engineering Abstracts)

由英国皇家学会（the Royal Society of Chemistry）出版，1982年创刊，月刊。收录世界上约80种最重要的化学化工领域学术期刊中涉及化工理论和实践新进展的论文。

(9)《化学工业札记》(Chemical Industry Notes)

由美国《化学文摘》社出版，1971年创刊，周刊。该刊文摘按八大类编排：生产、价格、销售、设备、产品与加工、公司活动、政府活动、人事。每期附有关键词索引和公司索引。另外出版卷（年）累积索引。

(10)《分子筛文摘》(Molecular Sieve Abstracts)

1971年创刊，半年刊，由美国Union Carbide公司编印出版。旨在评述分子筛新发展与应用方面的一切文献，并以表格形式列出最新专利。文摘与专利部分为结构、吸附与催化剂等三部分。

项目练习

1.选择适当的检索工具，利用关键词索引检索关于"纳米材料"的有关期刊论文的信息，要求时间范围在2015年至今。

2.从以上检索出来的信息中选择关于"纳米材料"的"制备""性能"方面的信息，并获取原文。

项目三
牛磺酸的合成路线及分离提纯——专利的检索

 本项目的任务驱动

1. 通过本项目的学习以及具体课题的检索操作,使学生掌握专利文献检索的基本过程和方法。
2. 能力目标
(1)了解 专利文献的基本知识。
(2)掌握 专利文献检索的常用工具、常用方法、检索步骤,重要检索数据库(网站)的检索特点和使用方法。
(3)会做 能够运用专利文献基本知识,按照化学信息检索的步骤,解决遇到的实际检索问题。

任务一 分析检索要素

牛磺酸的生产主要有两种方法。

一、从天然品中提取

将牛的胆汁水解,或将乌贼和章鱼等鱼贝类和哺乳动物的肉或内脏用水提取后,再浓缩精制而成。也可用水产品加工中的废物(内脏、血和肉,与新鲜度无关)用热水萃取后经脱色、脱臭、去脂、精制后再经阳离子交换树脂分离,所得洗提液中的萃出物可达66%~67%,再经酒精处理后结晶而得。

二、化工合成

自1950年世界各国开始进行人工合成研究,目前牛磺酸的合成工艺近10多种,其中乙醇胺法、二氯乙烷法等化学合成法已工业化。另外,日本专利报道可用发酵法制取牛磺酸。目前,牛磺酸的生产厂家主要集中在日本、美国、欧洲等发达国家和地区,近年来其产量迅速增加。我国正常生产厂家不足10家,生产的牛磺酸主要用于出口和医药,其中出口量占90%,作为食品添加剂仅占6%。而在美国食品及饮料中牛磺酸的消费量仅1985年就达到6000t。

任务二 选择检索工具

专利(patent)文献的检索工具很多,手工检索工具主要有《中国专利公报》《中国专利年度索引》《中国专利分类文摘》等。自动化检索工具主要有《中国专利说明书全文》光盘、万方数据、国家知识产权局（http://www.cnipa.gov.cn）、中国专利信息中心（https://www.cnpat.com.cn）、中国专利信息网（http://www.patent.com.cn）、中国知识产权网（http://www.cnipr.com）、欧洲专利局（http://ep.espacenet.com）、美国专利商标局（http://www.uspto.gov）、日本特许厅（http://www.jpo.go.jp）、世界知识产权组织（http://www.wipo.int）、英国德温特（http://www.derwent.com）等。

本课题选择万方数据、国家知识产权局、中国专利信息网、中国知识产权网、欧洲专利局、佰腾网等进行检索。

任务三　确定检索途径

专利的检索途径主要有分类途径、专利人途径、专利号途径、其他途径（包括日期途径和主题途径）。

一、分类途径

分类途径是利用国际专利分类法（International Patent Classification，IPC），从某一个专利分类号入手，查找同属于该分类号所代表的技术领域的专利文献；或者从研究方向出发，确定研究方向所属分类号，查找该分类号下所有专利文献。

分类途径检索举例如下。

（1）输入国家知识产权局网址，进入主页（图3-1）。在主页下方找到专利检索（图3-2），点击进入"专利检索"页面（图3-3）。点击"高级检索"，若为访客身份，则不能进行下一步检索，需先进行注册登录（图3-4，图3-5）。

浏览国家知识产权局网站

图3-1　国家知识产权局专利检索视图1

图3-2　国家知识产权局专利检索视图2

图 3-3　常规检索页面

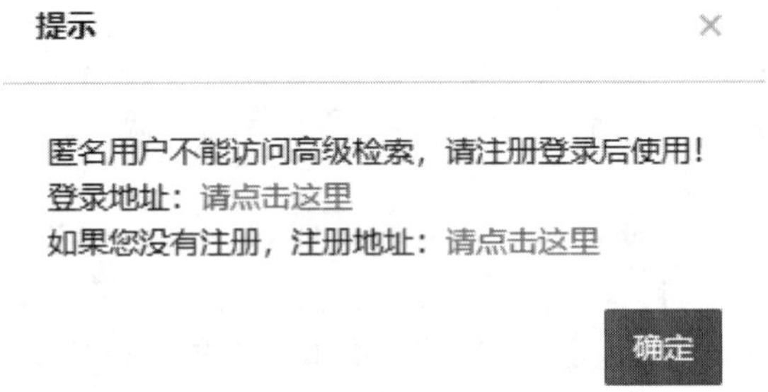

图 3-4　使用提示

图 3-5　用户注册页面

（2）注册登录后再次点击"高级检索"，出现新的检索页面，页面右侧有"IPC分类号"检索条件（图3-6）。

分类途径检索

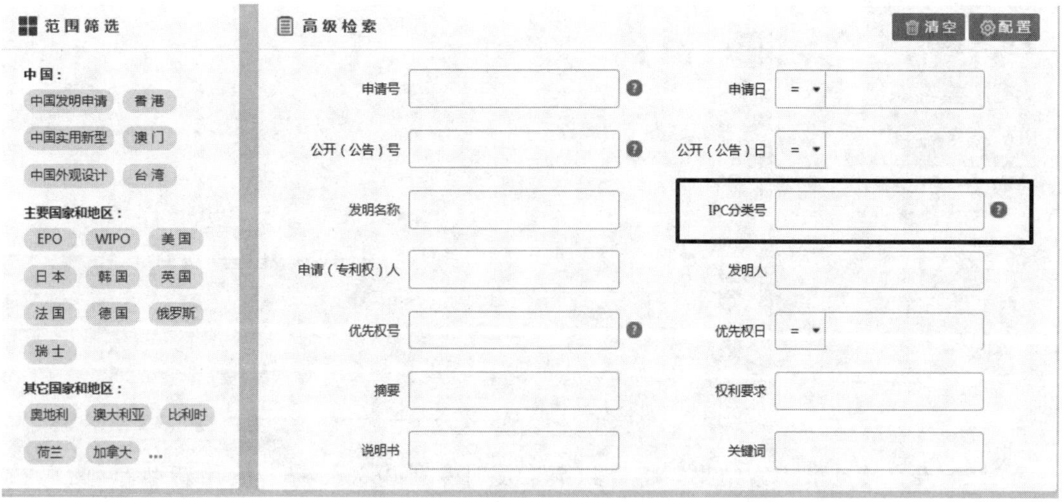

图 3-6　高级检索界面

（3）单击"IPC分类号"右侧问号，得到如下界面。（图3-7）

图 3-7　国家知识产权局 IPC 检索

（4）根据主题选择所属"部"，"牛磺酸的合成及分离提纯"属"C部"化学、冶金范畴，单击。注意，这时右侧检索途径"分类号"中显示分类结果为"C"（图3-8）。

图 3-8　国家知识产权局分类号检索 1

（5）如果直接点击检索结果，将得到结果发明专利 386363 条、实用新型专利 163293 条、外观设计专利 36600 条。所以要继续缩小检索范围，选取适合的"大类"。主题应属 C 部中"C07"有机化学范畴，单击。分类号中显示"C07"，同时分类标准继续显示下一级分类情况（图 3-9）。

图 3-9　国家知识产权局分类号检索 2

(6) 已知牛磺酸分子式：$C_2H_7NSO_3$，结构式：$NH_2-CH_2-CH_2-SO_3H$，判断它属于 C07 大类中的 "C07C" 无环或碳环化合物 "小类"，单击，分类号中显示 "C07C"。

(7) 继续寻找 IPC 中的 "组"，力求将检索范围缩小到最小。根据牛磺酸的结构式缩小检索范围，牛磺酸属 "C07C309/14" 含有连接碳架的氨基，单击，分类号显示 C07C309/14。

(8) 点击 "检索"。检索结果为发明专利 4457 条（图 3-10）。

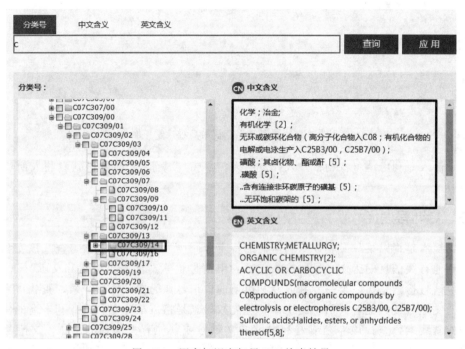

图 3-10 国家知识产权局 IPC 检索结果

(9) 单击 "申请号" 或 "专利名称" 都可以获取专利详细内容及原文，获取原文的方法见国家知识产权局 "基本检索"。

二、专利人途径

专利人途径也叫名称途径，是指以某一名字作为专利检索线索，对专利文献进行查找的工作，其检索的结果是找出与该名字有关的特定或全部专利信息。名称检索包括：发明人、设计人、专利申请人、专利权人、专利受让人检索。发明人、设计人检索是指以某一发明专利，或者实用新型专利的发明人、外观设计专利的设计人的名字作为专利检索线索，查找该发明人或者设计人拥有的某一特定或者全部专利或者专利申请的有关信息。专利申请人、专利权人、专利受让人检索是指以某一专利申请人或专利权人，或者专利受让人名字作为专利检索线索，查找该专利申请人或专利权人或专利受让人拥有的某一特定或全部专利或专利申请的有关信息的工作。

专利人途径检索举例如下。

(1) 输入国家知识产权局网址，进入主页。在主页下方找到专利检索对话框，选择 "高级检索"（图 3-11）。

图 3-11　国家知识产权局高级检索界面

（2）输入专利申请（专利权）人或发明人，点击"检索"，即可得到专利人所属专利的相关内容。

三、专利号途径

号码检索是指以某一专利或专利申请的特定号码作为专利检索线索，查找该专利或专利申请的其他有关信息的工作。号码检索包括：申请号检索、优先权检索和文献号（专利号）检索。申请号检索是指以某一专利或专利申请的申请号作为专利检索线索，查找该专利或专利申请的文献号或其他有关信息的工作。优先权检索是指以某一专利或专利申请的优先权作为专利检索线索，查找该专利或专利申请的文献号或其他有关信息的工作。文献号（专利号）检索是指以某一专利或专利申请的文献号作为专利检索线索，查找该专利或专利申请的其他有关信息的工作。

专利号途径检索举例如下。

（1）输入国家知识产权局网址，进入主页。在主页右下角找到专利检索对话框（图 3-12）。

图 3-12　国家知识产权局专利检索视图

（2）点击"高级检索"进入高级检索页面，由分类途径检索我们得到了主题相关专利的信息，在这里输入申请号 CN200710025570 进行检索（图 3-13）。

（3）得到检索结果（图 3-14）。

（4）单击"详览"获取专利详细信息或原文（图 3-15）。

申请号检索

图 3-13 国家知识产权局申请号专利检索

图 3-14 国家知识产权局申请号专利检索结果

图 3-15 国家知识产权局专利检索结果

四、其他途径

(1) 日期途径:中国专利文献中包含多种日期标识,如专利的申请日、公开日、优先权日等,以这些日期作为检索入口同样是专利文献检索的途径之一。

(2) 主题途径:以专利文献记录中具有检索意义的实词作为检索入口,其所使用的检索词可以是经过规范的主题词,也可以是未经规范的自由词。目前,中国专利文献检索系统主要采用自由词形式,使用者可以在发明名称和专利摘要等字段使用自然语言中的词汇进行检索。主题途径具有较高的查准率,但查全率低,适用于不知道分类号及其他确切的相关信息的情况。

主题途径检索举例如下。

进入万方数据专利检索界面,在搜索框下拉菜单中选择"题名",并输入"牛磺酸"进行检索(图3-16)。

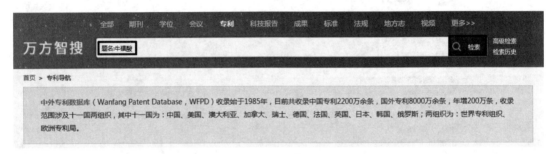

图 3-16　万方数据主题词专利检索界面

点击"检索",即可得到有关"牛磺酸"为主题的所有专利,共计3962条。

任务四　选用检索方法

采用不同的检索方法进行检索,如下所述。

一、万方数据库

1. 主题途径检索

以"牛磺酸""合成""分离""提纯"为主题词作为检索的检索词。

(1) 首先输入万方数据库的网址(根据本学校各自情况选择不同的网址),进入万方数据主页面(图3-17)。点击右侧的"专利",进入万方专利检索主页(图3-18)。

万方数据检索

(2) 在检索框中输入"主题:牛磺酸",点击检索,进入下一个页面(图3-19)。

得到4709条检索结果,页面左侧有专利分类、专利类型、国家/组织、公开/公告日、法律状态、专利权人、发明人,共7项限定条件;在检索结果上面还有专利名称、申请(专利权)人等限定条件。可以再根据这些限定条件,在检索结果中精确检索。这种检索方式称作"进阶检索","进阶检索"是指在专利数据库查询结果页面中继续查找信息出现的两种选择——"重新检索"和"在结果中检索"。"重新检索"是用本次键入的关键词重新检索(默认选项);"在结果中检索"是在上一次的检索结果中再用本次键入的关键词进行检索,本次输入的关键词与前面检索结果是"AND"(且)的关系,可以帮助用户缩小检索范围,进行更有效的查询。

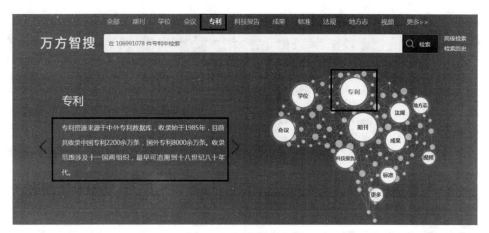

图 3-17　万方数据主页

图 3-18　万方专利检索主页

"专利分类"是根据专利所属专业进行的分类,目前有 5 大类型,可以根据课题所属专业进行分类的限定。

"专利类型"可以是发明、实用新型和外观设计专利。"牛磺酸的合成路线及分离提纯"的相关专利属发明专利,可点击选择发明专利。

"国家/组织"是限定专利的国家/组织,这里一般检索的是中国专利。

"公开/公告日"一项可以根据实际需要选择所要检索专利的大致时间。如需限定时间,可点在"起始年"和"结束年"方框中输入或者在左侧选择具体年份,一般初次检索在不了解专利相关内容数量时可以不选。

图 3-19　万方数据专利检索结果界面

"法律状态"则限定的是专利目前所处的状态:"无权""再审"和"有权"。

(3) 在初步检索结果中的"专利名称"方框中输入检索词"合成"(图 3-20),得到检索结果(图 3-21)。

图 3-20　"在结果中检索"

图 3-21　万方数据主题词进阶检索结果

(4) 根据题目要求选择相关专利,点击专利名称或后面的简单信息、详细摘要信息都可以进行查询。

2. 分类途径检索

在主题途径检索中步骤(2)所对应页面左侧的"专利分类"一栏,选择检索课题的分类,确定检索范围进行检索。方法及步骤同上,不再赘述(图 3-22)。

图 3-22　万方数据数据库分类检索界面

二、国家知识产权局网站

采用基本检索和高级检索。

1. 基本检索

（1）输入国家知识产权局网址（http：//www.cnipa.gov.cn），进入主页。在主页下方找到专利检索对话框（图 3-23）。

图 3-23　国家知识产权局专利检索视图

（2）点击进入"专利检索"，选择"常规检索"，在检索框中可以直接输入检索要素、申请号、公开（公告）号、申请（专利权）人、发明人、发明名称等信息，进行常规检索。在前面我们已经介绍过主题途径相关内容，在这里输入申请号进行检索（图 3-24），得到检索结果（图 3-25）。

图 3-24　国家知识产权局申请号专利检索

图 3-25　国家知识产权局申请号专利检索结果

（3）单击"详览"可获取著录项目（图 3-26）、全文文本（图 3-27）和全文图像（图 3-28）。

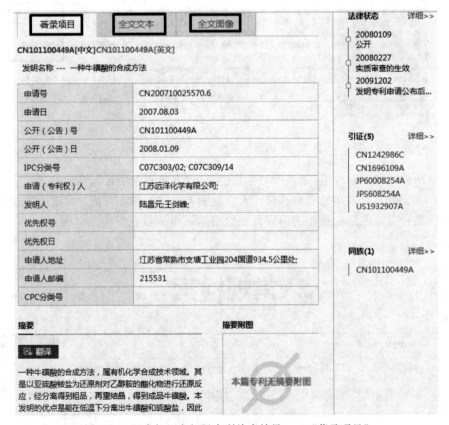

图 3-26　国家知识产权局专利检索结果——"著录项目"

图 3-27　国家知识产权局专利检索结果——"全文文本"

图 3-28　国家知识产权局专利检索结果——"全文图像"

如果需要下载专利信息则可以点击此页面左侧"下载"按钮，进行"文献下载设置"，输入验证码，点击"下载"，选择下载路径，即可将信息打包下载（前提是需要注册并登录国家知识产权局）（图3-29，图3-30）。

图3-29　国家知识产权局专利检索"下载"

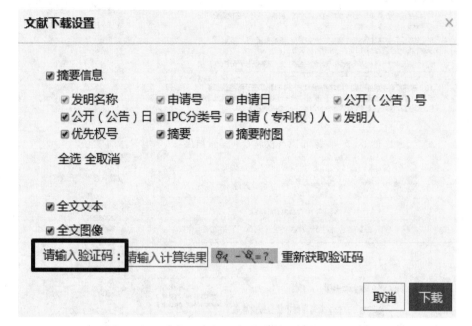

图3-30　国家知识产权局专利检索"文献下载设置"

2.高级检索

在专利检索对话框中选择"高级检索"（图3-31），进入"高级检索"界面（图3-32）。

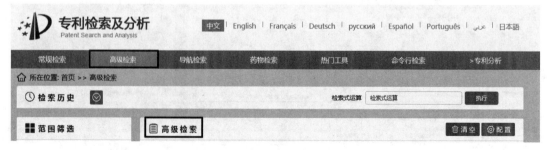

图3-31　选择"高级检索"界面

项目三
牛磺酸的合成路线及分离提纯——专利的检索

图 3-32 "高级检索"界面

下面对每项检索内容作相关说明。

申请号：如果已知完整的申请（专利）号，可直接输入；如果具体号码中一位或几位号码不确定，可以采用％或？来代替（其中？替代单个字符，％替代多个字符），如 CN2007？0025％.6。

申请日：若申请日为 2009 年 1 月 1 日，可直接键入 20090101 或 2009.01.01；若申请日为 2009 年 1 月，可直接键入 200901 或 2009.01；若申请日为从 2008 年到 2009 年的信息，可键入 2008 to 2009。

公开（公告）号：某位号码不详的情况下也可采用？替代单个字符，％替代多个字符。

公开（公告）日：由年、月、日三部分组成。若公开（公告）日为 2009 年 1 月 1 日，可直接键入 20090101 或 2009.01.01；若公开（公告）日为 2009 年 1 月，可直接键入 200901 或 2009.01；若公开（公告）日为从 2008 年到 2009 年的信息，可键入 2008 to 2009。

发明名称：专利名称中涉及多个检索词时，可以通过 and、or、not 进行连接，如：牛磺酸 and 合成、牛磺酸 or 提纯、牛磺酸 not 分析。

IPC 分类号：用户可以直接输入"IPC 分类号"进行检索；不支持所有临近同在的运算

符：F、P、S、W、D、NOTF、NOTP、nW、nD、%n、HIGH、LOW、SEN、FREC；由于字母 DFPSW 是系统运算符关键字，单独使用时应该添加双引号（半角）进行转义。例如 IPC 分类号＝（"D"）。

申请（专利权）人：在人名中个别文字或字母不详时可采用？替代单个字符，%替代多个字符。

发明人：在人名中个别文字或字母不详时可采用？替代单个字符，%替代多个字符。

优先权号：优先权号是该专利要求优先权的申请文件的申请号。用户可以直接输入"优先权号"进行检索；不支持所有临近同在运算符：F、P、S、W、D、NOTF、NOTP、nW、nD、%n、HIGH、LOW、SEN、FREC。

优先权日：可以限定在某个日期之前，例如选择"＜"输入"2020-09-01"；也可以限定在一个日期区间内，例如选择"："输入"20160901 20200901"中间有空格。日期格式可以采用年月日无分隔（月日两位）；支持间隔符-、.；也可以直接输入年份或者年月，如 YYYY-MM-DD、YYYY.MM.DD、YYYYMM、YYYY。不支持所有临近同在运算符：F、P、S、W、D、NOTF、NOTP、nW、nD、%n、HIGH、LOW、SEN、FREC。

摘要：摘要字段内容也可以通过 and、or、not 进行连接，方法同上。

权利要求：如果输入有空格，则需要加英文的双引号，若不加引号系统会按照逻辑或的方式进行检索。英文括号为系统运算符关键字（注意：中文括号不是系统运算符关键字），如果检索内容中出现英文括号，则使用英文双引号进行转义。

说明书：此项检索方法同"权利要求"。

关键词：在发明标题、摘要和权利要求中同时检索。其余方法同"权利要求"。

三、佰腾网

佰腾网（https：//www.baiten.cn）建站于 2006 年，是国家知识产权局认定的全国知识产权服务品牌机构培育单位。网站首页见图 3-33。

佰腾网检索

图 3-33 "佰腾网"首页界面

在首页搜索框中输入检索词，进行简单检索；选择更多检索方式，进行高级检索。

(1) 简单检索：在检索框内键入关键词，各关键词之间用空格隔开，然后点击搜索按钮（图 3-34）。简单检索默认关键词之间的逻辑联系是"且"和"或"的关系，即包含其中一个词或同时包含 2 个词的专利均被检出。系统会在新打开的窗口中列出检索结果（图 3-35）。

图 3-34　简单检索界面

图 3-35　简单检索结果界面

通过简单检索，可以得到检索结果 849 条，可以进行二次检索，得到精确的结果。

（2）高级检索：高级检索可以更准确地检索出用户所要求的专利。在首页点击"更多检索方式"进入"高级检索"页面（图 3-36）。输入关键词进行检索，字段内多个关键词之间可使用 and、or、not 进行逻辑运算；英文检索支持""完全匹配检索。

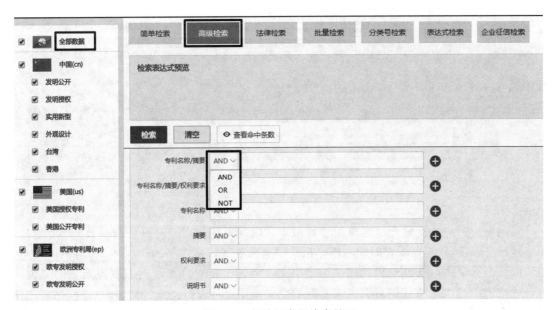

图 3-36　佰腾网高级检索界面

例如，检索"牛磺酸"相关的专利可在"专利名称/摘要"中输入"牛磺酸"，在"专利名称"输入"合成"（图 3-37），点击"检索"，得到检索结果（图 3-38）。单击专利名称即可得到专利详细信息。

图 3-37 "牛磺酸"相关专利检索界面

图 3-38 "牛磺酸"相关专利检索结果

时间限定：高级检索可以对时间进行限定，时间可选择"公开（公告）日""申请日"和"授权日"，可以自己限定时间范围，格式是八位数字，如 20190101（图 3-39）。

（3）浏览全文：点击专利名称，弹出中文专利题录信息界面，点击该界面上的"说明书"或"PDF 全文"按钮即可调出该专利的全文。用户可进行浏览、打印。（此网站需先注册为其会员方可浏览专利全文。）

四、中国知识产权网

登录中国知识产权网（http：//www.cnipr.com）（图 3-40），在首页上有"专利信息服务平台（CNIPR）"点击进入平台首页（图 3-41）。

中国知识产权网检索

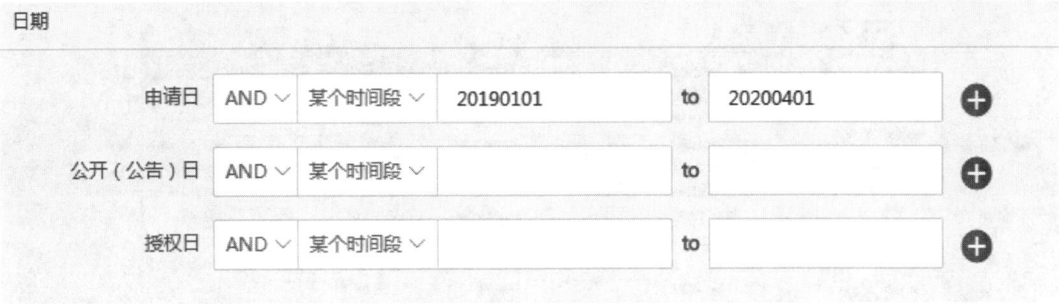

图 3-39　佰腾网时间限定检索

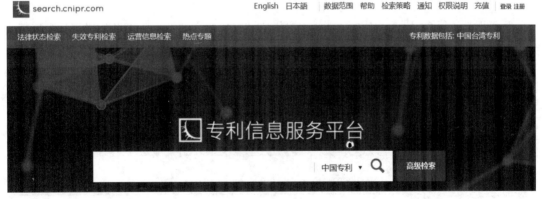

图 3-40　中国知识产权网首页

图 3-41　专利信息服务平台首页

高级检索主要提供以下几种检索方式：申请（专利）号检索、申请日检索、公开（公告）号检索、公开日检索、名称检索、摘要检索、权力要求书检索、说明书检索、申请（专利权）人检索、发明（设计）人检索、国际专利主分类号检索、地址检索、国省代码检索、同族专利检索、优先权检索、代理机构检索、代理人检索、法律状态检索等。每种检索方式均有示例，满足了广大用户的需求。页面左侧有数据范围栏目，同时可以在此栏目中进行范围限定，方便制定各种检索策略（图 3-42）。

这里需要注意的是，需要注册登录才能进行下一步检索，获取专利信息，具体检索方式同"国家知识产权局网"，这里不再赘述。

图 3-42 专利信息服务平台检索界面

五、欧洲专利局

输入欧洲专利局网址（http：//ep.espacenet.com），进入主页。检索方式包括：智能检索（Smart search）、高级检索（Advance search）、分类检索（Classification search）（图 3-43）。

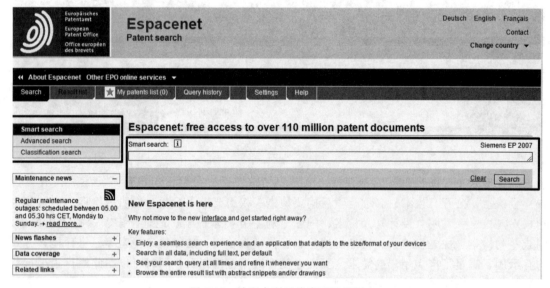

图 3-43 欧洲专利局检索网站首页

1. 智能检索

输入网址进入欧洲专利局网站，在"Smart search"搜索框中输入检索词"taurine"（牛磺酸），也可以采用逻辑关系检索，如输入"taurine and synthesis"（牛磺酸 and 合成），单击"Search",得到初步检索结果进入智能检索界面(图 3-44,图 3-45)。

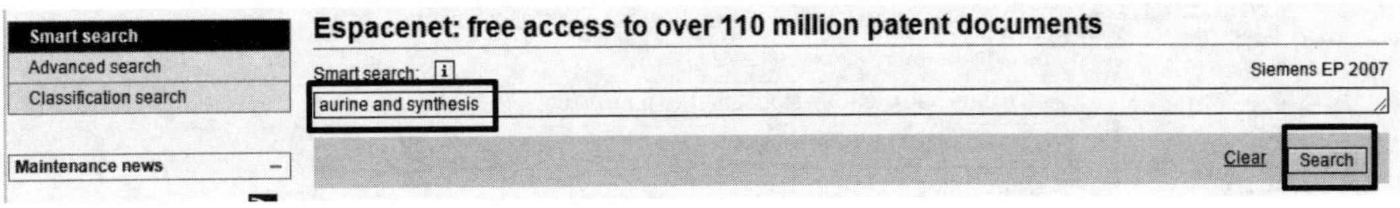

图 3-44 欧洲专利局检索网站 Smart search 页面

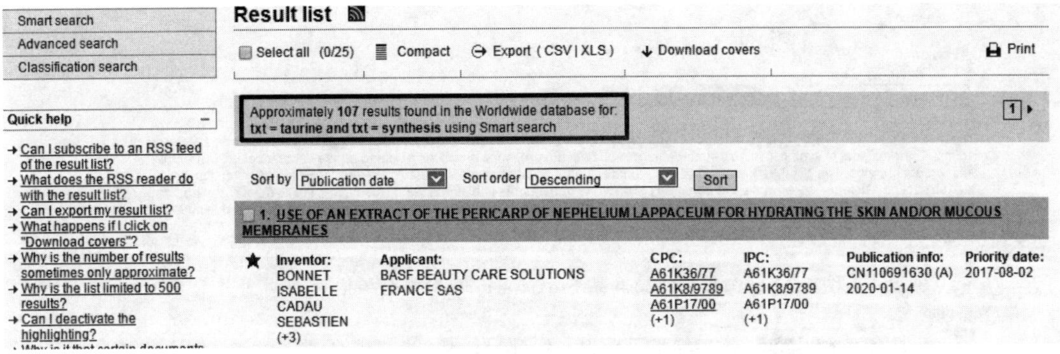

图 3-45 欧洲专利局检索网站 Smart search 检索结果

单击专利名称,进入专利详细内容界面(图 3-46)。

图 3-46 欧洲专利局网站 Smart search 检索结果专利详细内容界面

这里可以提供专利的不同语言说明,供浏览参考,并可下载或打印(图 3-47)。

2. 高级检索

(1) 打开"HOME"主页,点击"Advance search",进入如下界面(图 3-48)。

图 3-47　欧洲专利局网站 Smart search 检索结果语言说明面页

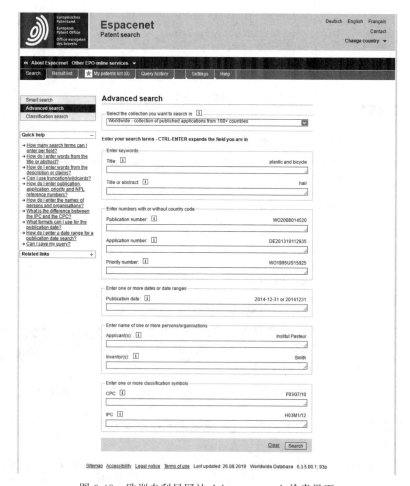

图 3-48　欧洲专利局网站 Advance search 检索界面

高级检索的检索入口有：输入关键词（Enter keywords），包括标题（Title）、标题或摘要（Title or abstract）；输入带或不带国家/地区代码的数字（Enter numbers with or without country code），包括公开号（Publication number）、申请号（Application number）、优先权号（Priority number）；输入一个或多个日期或日期范围（Enter one or more dates or date ranges），包括申请日期（Publication date）；输入一个或多个人员/组织的名称（Enter name of one or more persons/organisations），包括申请人［Applicant（s）］、发明人［Inventor（s）］；输入一个或多个分类符号（Enter one or more classification symbols），包括合作专利分类号（CPC）、国际专利分类号（IPC）。

（2）采用简单逻辑关系输入检索词"taurine and synthesis"，点击"search"，得到检索结果及获取原文方式同"快速检索"。

3. 分类检索

（1）打开"HOME"主页，单击"Classification search"，进入如下界面（见图3-49）。

图3-49　欧洲专利局网站 Classification search 界面

在"Search for"对话框中输入"taurine"，点击"Search"，得到图3-50中结果。"牛磺酸的合成与分离提纯"题目属化学、冶金范畴，可以确定所属分类是"C07C309"，点击分类号或前面文字说明，进入下一级检索。

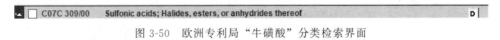

图3-50　欧洲专利局"牛磺酸"分类检索界面

（2）继续缩小检索范围，选择合适的检索分类号，方法同中国专利数据库，确定"taurine"属 containing amino groups bounds to the carbon skeleton 范畴，选中分类号（图3-51）。

☑ C07C 309/14　•••••containing amino groups bound to the carbon skeleton

图3-51　欧洲专利局分类号检索界面1

（3）点击界面左侧"copy to search form"对话框，将分类号复制到"高级检索"界面中分类号一栏（图3-52）。

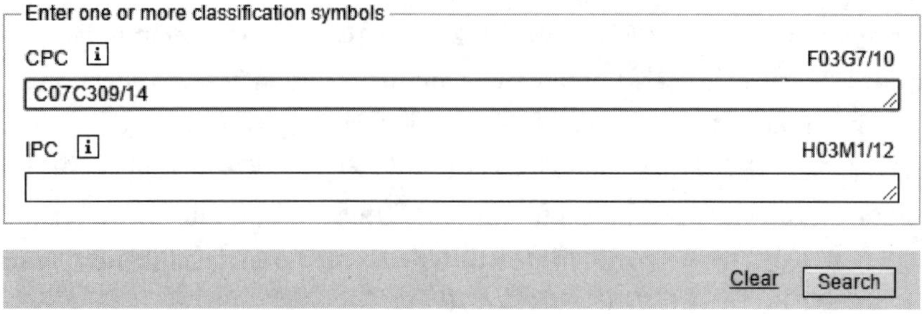

图 3-52　欧洲专利局分类号检索 2

（4）点击"Search"，得到检索结果及获取原文方式同上。

任务五　获取文献信息

以下是万方数据检索得到的有关专利详细摘要信息和专利原文（图 3-53、图 3-54）。

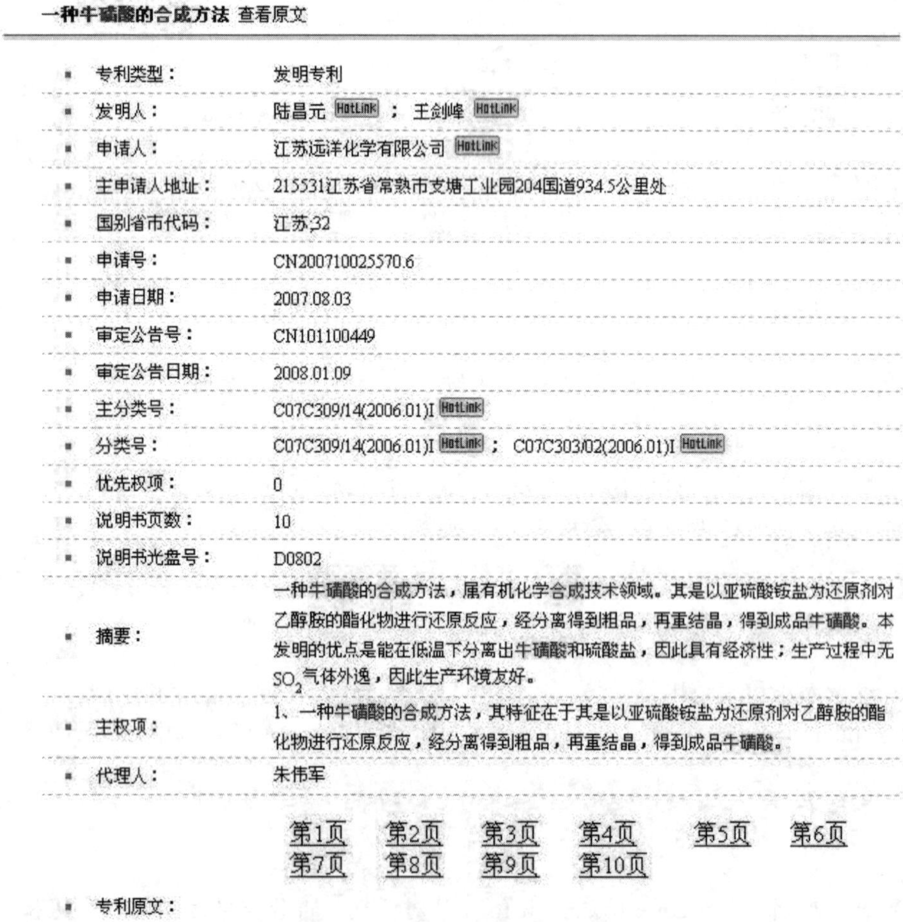

图 3-53　万方数据专利检索详细信息

[19] 中华人民共和国国家知识产权局

[12] 发明专利申请公布说明书

[51] Int. Cl.
C07C 309/14 (2006.01)
C07C 303/02 (2006.01)

[21] 申请号 200710025570.6

[43] 公开日 2008年1月9日

[11] 公开号 CN 101100449A

[22] 申请日 2007.8.3	[74] 专利代理机构 常熟市常新专利商标事务所
[21] 申请号 200710025570.6	代理人 朱伟军
[71] 申请人 江苏远洋化学有限公司	
地址 215531 江苏省常熟市支塘工业园204国道934.5公里处	
[72] 发明人 陆昌元 王剑峰	

权利要求书1页 说明书8页

[54] 发明名称
一种牛磺酸的合成方法

[57] 摘要
一种牛磺酸的合成方法，属有机化学合成技术领域。其是以亚硫酸铵盐为还原剂对乙醇胺的酯化物进行还原反应，经分离得到粗品，再重结晶，得到成品牛磺酸。本发明的优点是能在低温下分离出牛磺酸和硫酸盐，因此具有经济性；生产过程中无SO_2气体外逸，因此生产环境友好。

图 3-54 万方数据专利检索全文

专利文摘通常包含专利名称、专利类型、发明人、申请人、主申请人地址、国别省市代码、申请号、申请日期、审定公告号、审定公告日期、主分类号、分类号、优先权项、说明书页数、说明书光盘号、摘要、主权项、代理人、专利原文获取等信息。我们也可以根据其中一个或几个信息获取与本专利相关的其他专利情况。

专利文献号 CN101100449A 的意义为如下。

CN：国家代码，如，CA（加拿大）、CN（中国）、DE（联邦德国）、GB（英国）、JP（日本）、WO（世界知识产权组织）等。

"1"：专利类型。其中，1代表发明专利；2代表实用新型专利；3代表外观设计专利。

世界知识产权组织关于专利申请号的标准是：采用12位阿拉伯数字表示，包括申请年号（1~4位）、申请种类号（第5位）和申请流水号（第6~12位）三部分。

"A"：文献种类代码。其中，A代表发明专利申请公开；B代表发明专利审定公告；C代表发明专利授权公告；U代表实用新型专利申请公告；Y代表实用新型专利授权公告；S代表外观设计专利申请公告。

专利说明书是专利文献的核心，其主要作用，一是公开技术信息；二是限定专利权的范围。任何用户在检索专利文献时，最终要获取的也是这种全文出版的专利文件。目前各国出版的专利说明书在格式和内容上趋于统一，各种专利说明书基本上包括：扉页、权利要求书、说明书（正文）、说明书附图等部分，有些国家出版的专利说明书还附有检索报告。专利文献著录项目是刊在专利说明书扉页上的表示专利信息的特征。

下面依次介绍专利说明书的各个组成部分。

（一）扉页

扉页在专利说明书里的重要位置如同其他文献的题名页一样，起着快速引导与简单揭示信息的作用。从目前各国的出版情况来看，扉页的基本内容包括：著录项目、摘要、摘要附图。其中著录项目向人们提供有关该说明书所载发明创造的技术、法律等方面的情报特征。包括专利申请人（或专利权人）、申请日期、申请公开日期、审查公告日期、批准专利的授权日期、发明创造的名称、发明技术内容的摘要，以及具有代表性的附图或化学公式等，对享有优先权的申请，还有优先权的申请日、申请号及申请国等内容。

为了便于识别各著录项目，便于计算机处理和检索，各著录事项前标有巴黎联盟专利局情报检索国际合作委员会制定的国际标准代码（Internationally Agreed Numbers for the Identification of Data，INID），由括号及两位数字构成，现列举部分编号如下：

[10] 文献标志
[11] 文献号（或专利号）
[21] 专利申请号
[22] 专利申请日期
[30] 国际优先权案项目
[31] 优先申请号
[32] 优先申请日期
[33] 优先申请国家
[40] 公布日期
[51] 国际专利分类或工业品外观设计国际分类
[54] 发明名称
[55] 关键词
[57] 文摘或权利要求
[58] 检索领域
[71] 申请人姓名（或公司名称）
[72] 发明人姓名

这里出现的优先权项是指同族专利中基本专利的申请号、申请国别、申请日期。由于同族专利或相同专利都有相同的优先权项，故通过优先权项可以方便、快捷地检索出同一发明的全部同族专利。通过某一项发明创造的同族专利数量及申请国别，可以对该项技术的潜在经济价值进行评价，为技术引进提供依据，为产品出口避开对方的专利保护区提供情报。在实际中，可以直接从某一确定的检索入口进行检索，也可以将多个检索入口结合起来进行检索。为了扩大检索范围，可以从检出的专利中寻找更多的检索入口，继续进行检索。

（二）权利要求

一般是将发明的内容概括成若干条，第一条是总的介绍专利的主要内容，后几条是具体的内容。它确定专利技术要保护的具体特征和范围，是法律信息的集中反映，也是处理专利纠纷的法律依据。

（三）说明书正文

发明创造的全部技术信息通过正文部分公布于世，是技术信息的集中反映，也是解决技术问题的关键部分，正文部分内容一般可分为五个方面：

① 前言（发明者或专利权所有者介绍及发明背景介绍）；
② 同类专利存在的问题；
③ 本专利要解决的问题及其优点；
④ 专利内容（原料、制造条件等）的解释（有的略做一点理论性解释）；
⑤ 实施例（包括使用设备、原料制备、配方、生产条件、结果等）。

说明书是清楚完整地描述发明创造技术内容的文件部分；权利要求书是确定申请人请求专利保护的发明创造技术特征范围的文件，也是判定他人是否侵权的法律依据；附图是用于补充说明书文字部分的文件。

在检索过程中，认真阅读专利的摘要部分，确定该专利是否与检索主题吻合，如果符合检索要求，可以直接保存其专利全文；也可以将与主题相关的所有专利的摘要或全文下载到个人电脑上以备查阅。

专利信息检索是一项细致、烦琐、关键的工作，在检索及保存专利全文的过程中一定要清醒的头脑，思路要清晰、敏锐，为今后开展科研和反复查阅做好充分的准备。

教学补充材料

专利及其文献检索

一、专利简介

专利属知识产权范畴，在知识产权中有三种解释。

其一，专利权的简称，指专利权人对发明创造享有的权利，即国家依法在一定时期内授予发明创造者，或者其权利继受者独占使用其发明创造的权利，这里强调的是权利。

知识产权法

其二，指受专利法保护的发明创造，即专利技术，是受国家认可并在公开的基础上进行法律保护的专有技术。"专利"在这里具体指的是受国家法律保护的技术或者方案。

其三，指专利局颁发的确认申请人对其发明创造享有的专利权的专利证书，或指记载发明创造内容的专利文献，指的是具体的物质文件。

各国《专利法》的规定不同，专利的保护期限也不同。部分国家的专利保护期限见表3-1。

表 3-1　部分国家的专利保护期限

国家	保护期限(自申请日起)/年			国家	保护期限(自申请日起)/年		
	发明专利	实用新型	外观设计		发明专利	实用新型	外观设计
美国	20		15	澳大利亚	标准专利:20	革新专利:8	10(自授权日起)
日本	20	10	15(自注册日起)	新西兰	20		5(可续展两次,每次5年)
韩国	20	10	15(自登记日起)	南非	20		具有美感的:15 实用性:10
德国	20	10	20	巴西	20	15	10
英国	20		25	阿联酋	20(自注册日起)	10	10
法国	20	6	25	以色列	20		5(可续展两次,每次5年)
意大利	20	10	25	印度	20		10(自登记日起)
俄罗斯	20	10	15(自注册日起)	马来西亚	20	10	15
加拿大	20		10(自授权日起,可续展5年)	新加坡	20		15

注:美国①2015年5月13日前提交的美国外观专利申请,授权后保护期为授权日起14年;②2015年5月13日后提交的美国外观专利申请,授权后保护期为授权日起15年;③美国的药品、食品、色素添加剂、医疗器械、动物药品、兽用生物制品等专利的专利期可以延长,一个专利最多可以延长保护5年;④在1995年6月8日或之后提交的部分续展、分割或续展申请中授予的专利,其有效期自最早申请的提交日起20年届满。

中国《专利法》规定,发明专利权期限为20年,实用新型专利权和外观设计专利权期限为10年,均自申请日起计算。

我国《专利法》将专利分为三种,即发明、实用新型和外观设计专利。发明是指对产品、方法或者其改进所提出的新的技术方案。实用新型是指对产品的形状、构造或者其结合所提出的适于实用的新的技术方案。外观设计是指对产品的形状、图案或者其结合以及色彩与形状、图案所做出的富有美感并适于工业上应用的新设计。

我国《专利法》明确规定:授予专利权的发明和实用新型,应当具备新颖性、创造性和实用性。同时,我国《专利法》也对不授予专利权的情况作了明确规定,它包括:

① 科学发现;
② 智力活动的规则和方法;
③ 疾病的诊断和治疗方法;
④ 动物和植物品种;
⑤ 用原子核变换方法获得的物质;
⑥ 对平面印刷品的图案、色彩或者两者的结合做出的主要起标识作用的设计。

作为公开出版物的专利文献主要有:专利说明书、专利公报、专利文摘、专利索引和专利分类表等。

1. 专利说明书

专利说明书有广义和狭义两种解释。就广义而言，专利说明书是指各国专利局或国际性专利组织出版的各种类型说明书的统称。它包括未经专利性审查的申请说明书，如德国公开说明书、日本公开特许公报、中国发明专利申请公开说明书等；以及经过专利性审查的专利说明书，如美国专利说明书、中国发明专利说明书等。就狭义而言，专利说明书是指经过专利性审查、授予专利权的专利说明书。

2. 专利公报

专利公报是各国专利局或国际性专利组织报道专利申请审批状况及相关法律、法规信息的定期出版物。多为周刊，也有旬、半月或月刊形式。专利公报的主要内容有：报道一定期间内专利申请的公开、公告和专利授权信息；专利申请撤销、撤回、驳回或专利失效的有关信息；以及专利局或国际性专利组织业务活动及其他专利事务等项内容。专利公报可用于掌握专利申请公布和专利权授予的近期信息，也可用于进行专利文献追溯检索，以及了解各国专利工作动态和法律、法规的变更情况。

3. 专利文摘

专利文摘是对文献的主要内容所做的简略而确切的叙述，是附有摘要的检索工具。它可以帮助人们鉴别、掌握文献的主要内容，使检索者能够迅速获取有关专题的最新学术信息。

4. 专利索引

专利索引是以专利说明书的某一著录项目为依据编制的检索目录。专利索引或者刊载在专利公报中作为检索专利公报各种专利信息之用，或者单独出版，成为一种独立的检索工具。专利索引按照出版周期划分有：专利年度索引、专利季度索引、专利月索引等。专利索引按照编制依据划分有：专利分类（或主题）索引、专利权人（申请人）索引、号码对照索引、综合性索引等。

5. 专利分类表

国际专利分类法（International Patent Classification，IPC）是世界各国专利制度发展的必然产物，也是专利事业国际化的必然结果，它把全世界各国的专利文献进行科学、合理的管理，以满足检索系统化、简易化的要求。

二、专利的检索工具

1.《中国专利公报》

《发明专利公报》《实用新型专利公报》和《外观设计专利公报》是查找中国专利文献、检索中国最新专利信息和了解中国专利局专利审查业务活动的主要工具。三种专利公报的编排结构基本相同，只是《实用新型专利公报》和《外观设计专利公报》无审定公告的请求实质审查项目。各公报的报道内容以固定顺序排列，正文均按国际专利分类号顺序排列。收录内容大致分为3个部分：①公布或者公告专利申请和授权决定；②发布专利事务公告；③索引。《中国专利公报》目前有印刷版、光盘版和网络版等出版形式。

2.《中国专利年度索引》

《中国专利年度索引》是印刷型的专利文献检索工具，每期出版3个分册：《中国专利索引 分类年度索引》《中国专利索引 申请人、专利权人年度索引》和《中国专利索引 申请号、专利号索引》。每个分册均包含发明专利、实用新型专利和外观设计专利3部分内容。《中国专利年度索引》各分册的著录项目完全相同，只是著录项的排列顺序有所不同。这 6 个著录项分别是：国际专利分类号、公开号/公告号、申请号/专利号、申请人/专利权人、发明名称、发布该申请案的专利公报的卷期号。

《中国专利年度索引》是检索中国专利文献的一种十分有效的工具，但其出版速度较慢，不能适应查阅近期专利的需要，并且没有文摘，不便于使用者判断取舍。

3.《中国专利分类文摘》

《中国专利分类文摘》是印刷型的专利文献检索工具，该文摘刊物分两个分册出版，即《中国发明专利分类文摘》和《中国实用新型专利分类文摘》，均为年度累积本。这两种文摘分别收录了每年公开、公告的全部发明和实用新型专利申请，其编排形式是按 IPC 分类号顺序排列，即先按 IPC 表的"部"分类成册，各册再按 IPC 的五级分类类号大小次序排列，文摘前附有 IPC 三级类号简表，其后附有各种年度索引，如公开号索引、公告号索引、申请号索引、申请人索引等，可从不同角度进行检索。该文摘对全年公开的专利申请以题录加文摘的形式予以报道，是深度检索中国专利信息的重要工具。

4.《中国专利说明书全文》光盘

《中国专利说明书全文》光盘于 1994 年 1 月正式出版发行，收录了 1985 年 9 月以来所有发明专利和实用新型专利全文说明书，已发行到全球 15 个国家和地区，是中国最完整、最准确的专利图文信息库，自 2003 年起以 DVD 光盘形式出版，并收录了外观设计专利图形，至今已有千余张光盘。

5. 中国网络专利检索系统

(1) 万方数据　万方数据资源系统的专利数据库收录了从 1985 年至今专利局受理的全部发明专利、实用新型专利和外观设计专利信息。具有数据信息收录全面、更新及时、检索速度快、内容完整等优点，授权用户可以查询、浏览和下载专利信息的文摘及全文。

(2) 国家知识产权局（http://www.cnipa.gov.cn）　国家知识产权局网站提供的中国专利数据库包括了 1985 年中国《专利法》实施以来公开的全部发明专利、实用新型专利和外观设计专利的著录项目及摘要，可浏览和下载各种说明书全文及外观设计图形，可进行 IPC 分类导航检索及法律状态检索，还可以免费浏览和下载最近 12 期 3 种中国专利公报。该网站的专利数据库是目前通过网络查找、获取中国专利的最全面、最权威的检索工具。具有检索操作相对简单，检索速度快，获取信息全面等优点。

(3) 中国专利信息中心（http://www.cnpat.com.cn）　中国专利信息中心由国家知识产权局专利检索咨询中心主办，免费会员可任意检索中国专利文摘数据库，付费会员可任意下载中国发明专利、实用新型专利的全文说明书及其他个性化服务。

(4) 中国专利信息网（http://www.patent.com.cn）　中国专利信息网由中国专利信息中心主办，具备一流的检索数据资源和专家分析系统，具体包括：查新检索、专题检索、授权专利检索、香港短期专利检索、法律状态检索、同族专利检索、跟踪检索、国际联机检索等项目。提供中国专利文摘信息（含英文版）、全文信息和法律状态信息的检索服务，可免费下载说明书全文。

(5) 中国知识产权网（http://www.cnipr.com）　中国知识产权网通过"中外专利数据服务平台（CNIPR）"为公众提供中外专利信息检索服务。该平台数据资源丰富、涵盖面广，除了拥有完整、权威的中国专利数据库，还包含"六国（美国、日本、英国、法国、德国、瑞士）两组织（世界知识产权组织、欧洲专利局）"在内的海量专利数据库，以及经过深度加工标引的中国中药专利数据库和中国专利说明书全文全代码数据库，总量超过千万件，是集专利信息采集、加工、检索、分析于一体的专利信息服务平台。

中外专利数据库服务平台的免费用户可以检索、浏览和下载专利的文摘信息；如果要查看法律状态和获取专利说明书全文，则需购买"专利文献阅读卡"，成为中国知识产权网的专利检索正式会员。

6. 国外网络专利检索系统

（1）欧洲专利局（http://ep.espacenet.com） 欧洲专利数据库涉及国家多、时间跨度大，收录了1920年以来世界上90余个国家和地区出版的超过1.1亿份专利文献，其数据由3个部分构成。

① 世界专利数据库（Worldwide） 收录约70多个国家和地区的专利文献。
② WO数据库 近两年WIPO（世界知识产权组织）公开的国际专利文献。
③ EP数据库 近两年欧洲专利局公开的专利文献。

欧洲专利局（European Patent Office）网站可以为用户免费提供欧洲乃至世界专利信息资源与检索服务，它涵盖的专利范围广、收藏量大，以美国、英国、法国、德国、EP、WO的收藏最全，其他国家可以通过著录数据检索到申请日期、优先权日期、优先权号、相同专利、IPC（国际专利分类法）及EC（欧洲专利分类法）分类等。具有丰富的专利数据资源、多样化的检索字段与入口、人性化的检索界面，促进了专利信息的利用，拓宽了已有的专利文献在全世界范围内的传播渠道。该网站既可提供文本方式的说明书、摘要、权利要求等，又可提供PDF格式的专利全文，包括首页及著录数据、说明书、权利要求、附图、检索报告等。检索界面使用的文字分英文、德文和法文三种。

（2）美国专利商标局（http://www.uspto.gov） 美国于1790年建立《专利法》，是世界上最早建立专利制度的国家之一。美国专利商标局网站所提供的"美国专利文献数据库"是美国专利文献在网上最主要的信息源和检索工具。美国专利文献数据库为广大用户提供免费的在线检索服务，每周更新一次数据，检索速度快。

（3）日本专利特许厅（http://www.jpo.go.jp） 日本专利特许厅（Japanese Patent Office，JPO）的工业产权数字图书馆（IPDL）是一个专利信息检索系统。该系统面向公众提供日本专利信息数据库中的专利信息。IPDL号称是世界上最大的工业产权信息数据库，拥有4500万篇专利文献，每周更新一次，提供日文、英文两种语言检索界面。

该数据库收录了1976年10月以来的所有公开的日本专利（包括发明和实用专利）的扫描图形，其中1993年以后的说明书实现了英文全文数码化，可通过申请人、标题、文摘、公开日、IPC分类号等字段进行检索。

日本专利数据库内容包括发明专利、实用新型专利、外观设计专利和商标四种形式。它可实行分库检索，发明和实用新型专利在同一库，外观设计与商标各为一库。

（4）世界知识产权组织（http://www.wipo.int） 世界专利数据库是世界知识产权组织建立的知识产权数字图书馆（International Property Digital Library）的重要组成部分，提供世界各国专利文献数据库的检索服务。该数据库收录了1997年以来的PCT（专利合作条约）专利申请电子公报，可以检索到最近一年出版的PCT专利公报。该数据库免费提供专利文献的全文扫描图像下载。

(5) 英国德温特 (http://www.derwent.com) 英国德温特公司成立于1951年，是目前世界上最大的一家专门从事专利文献加工报道的私营出版公司"英国德温特信息公司"(Darwent Information Ltd.，简称"德温特")。德温特专利出版物报道范围广泛，出版速度快、质量高、检索途径多，年报道量超过90万件。1987年开始报道中国专利。各国专利公布后，一般在1～3个月内予以收录，采用英语一种语言，以周刊的形式出版。以专利题录、文摘、累计索引等形式报道世界各国的专利文献，除印刷版之外，还提供磁带、缩微平片、胶卷与网络数据库。它出版的专利题录和专利文摘是世界各国主要专利国家查找专利文献的基本工具，在全世界享有盛誉。

德温特出版物报道世界上29个国家，欧洲专利公约(European Patent Convention，EPC)、专利合作条约(Patent Cooperation Treaty，PCT)两个专利组织，以及《研究公开》(Research Disclosure)和《国际技术公开》(International Technology Disclosure，ITD，美国出版，月刊)两种刊物上的专利。德温特公司将所收录专利的国家、组织与刊物分为"主要国家"(Major Country)和"次要国家"(Minor Country)。"主要国家"和"次要国家"是德温特公司根据该国专利的多少以及专利制度的完善程度决定的。对于来自主要国家的专利，德温特公司不仅在专利题录出版物中给出专利名称和副标题，而且在文摘出版物中给出文摘；对于来自次要国家的专利，一般只报道专利题目，不给出副标题和文摘。

德温特出版物体系包括索引部分和文摘部分。

① 索引部分

a. 目录周报　P代表一般；Q代表机械；R代表电气；CH代表化工。

b. 累积索引　目录周报的累积本，分册同上。

c. 优先按对照索引。

② 文摘部分

a. 工程专利索引　P：P_1～P_8，8个分册。Q：Q_1～Q_7，7个分册。

b. 化学专利索引　A…D…M，13个分册。

c. 电气专利索引　S、T、U、V、W、X，6个分册。

d. 分国版专利文献　英国、美国、德国、法国、日本等国家和组织。

德温特公司起初是按不同国家出版专利文摘，有英国、美国、日本、德国、法国、苏联、荷兰、比利时等国家的专利分册；1963年以后，开始按不同专业出版专利文摘，包括药物、农业化学、塑料等与化学化工有关的专利文摘分册。1970年德温特公司又将专利文摘分册扩大到化工与材料工业的各相关领域，建立了一个专利文摘分册刊物体系，称作Central Patent Index（中心专利检索）简称CPI。1974年以后，德温特公司的专利报道覆盖了世界各主要工业国的全部学科领域的专利文献，组成了世界专利文献的检索刊物体系。这是一个比较庞大的专利文献报道体系，由数十个不同分册及其配套手册、累积索引等出版物组成。这些不同的分册，可分为按不同国家的专利分别报道的"分国本"和按不同专业类别报道的"分类本"两大部分。其中"分类本"是较常用的专利检索工具，了解了"分类本"也就基本掌握了世界专利索引的检索方法。

德温特世界专利索引刊物的分类本，主要有三个部分：化学(Chemical)、工程(Engineering)、电子电气(Electronic and Electrical)。

World Patent Index Gazette，简称 WPI。
General & Mechanical Patent Index，Alerting Abstracts Bulletin，简称 MPA。
Electrical Patent Index，Alerting Abstracts Bulletin，简称 EPI。
Chemical Patent Index，Alerting Abstracts Bulletin，简称 CPI。

其中以 WPI 为主，并在检索中起主导作用，因此，德温特世界专利文献检索的出版物体系统称为 WPI 或世界专利索引。

WPI 每周出版 4 个分册，按学科分为综合、化工、机械与电气。每个分册由 4 个索引组成，分别是 Patentee Index，专利权人索引；IPC Index，国际专利分类号索引；Accession Number Index，登记号索引；Patent Number Index，专利号索引。

三、国际专利分类法

国际专利分类法（International Patent Classification，IPC）是世界各国专利制度发展的必然产物，也是专利事业国际化的必然结果，它把全世界各国的专利文献进行科学合理的管理，以满足检索系统化、简易化的要求。IPC 是一套完整的、科学的分类法，在当今世界上起着主导作用，在绝大多数国家都得到了普及和应用。第一版国际专利分类法是在 1968 年 9 月 1 日开始启用的，此后每五年修订一次，每版的部、大类和小类基本变化不大，分类系统中改变的主要是根据科学技术的新发展和分类使用过程中出现的具体问题对大组及其小组的内容进行增删。目前使用的是第八版。我国从 1985 年开始使用 IPC 对专利文献的申请及查询进行分类管理。

一套完整的 IPC 分类号为五级，IPC 形式为：部（Section）、大类（Class）、小类（Sub-class）、大（主）组（Main-group）、小（分）组（Sub-group）。

（1）部　是整个分类表中的最高等级，它的类号由 A～H 中的一个大写字母表明，其类名概括地指出该部所包含的技术范围，通常对类名的陈述主题不作精确定义，每一个部的类名后面是它下面主要细分类名的概要。

A　人类生活需要

B　作业，运输

C　化学，冶金

D　纺织和造纸

E　固定构造

F　机械工程、照明、加热、武器、爆破

G　物理

H　电学

（2）大类　是分类表的第二等级，它由每一个部按不同的技术主题范围分类而成。每一大类的类名对它所从属的各个小类所包括的技术主题作一个全面的说明，表明该大类包括的主题内容。每一个大类的类号由部的类号及在其后面加上两位数字组成。

如：C01 无机化学。

（3）小类　是分类表的第三等级。每一个大类包括一个或多个小类。每一个小类类号由大类类号加上一个大写字母组成，小类的类尽可能确切地表明小类的内容。

如：C01B 非金属元素；其化合物。

（4）大（主）组　是分类表的第四等级，每一个组的类号由小类类号加上用斜线分开的两个数组成。每一个大组的类号由小类类号后面加上一个 1~3 位的数字、斜线及 "00" 组成。

如：C01B11/02 氯的化合物。

（5）小（分）组　是依赖于分类表大组等级的更低等级。大组可以细分为若干个小组，每一个小组的类号由小类类号加上一个 1~3 位的数字，后面跟着斜线 "/" 符号，再加上一个除 "00" 以外的至少两位数字组成。

如：C01B25/02 磷的制备。

其中，每一个"部"为 IPC 的一个分册，8 个部即为 8 个分册。《国际专利分类表使用指南》是 IPC 的第 9 分册，是《国际专利分类表》的大类、小类和大组的索引。此外，它对《国际专利分类表》的编排、分类法和分类原则做了解释和说明，可以帮助使用者正确使用《国际专利分类表》。

《国际专利分类表》分类较细，为了帮助用户从主题事物的名称入手找出所需类目和类号，可用《IPC 关键词索引》，该索引单独出版，版次与《国际专利分类表》的版次对应，按关键词的英文字母顺序排列，并用大写黑体字母表示，在关键词下又进一步分为若干下属关键词，关键词和副关键词后都有类号。一般给出小类或大组类号，有的给出分组类号。

项目练习

1. 纳米材料的制备方法及应用。
2. 聚丙烯成核剂及其制备方法。
3. 石蜡改性的方法及其工艺研究。

项目四
食品添加剂牛磺酸——标准文献的检索

本项目的任务驱动

1. 以具体课题为载体,通过本项目的学习,使学生掌握标准文献检索的基本过程和方法。
2. 能力目标
(1)了解 标准文献的基本知识。
(2)掌握 标准文献检索的常用工具、常用方法、检索步骤,重要检索数据库(网站)的检索特点和使用方法。
(3)会做 能够运用标准文献基本知识,按照化学信息检索的步骤,解决遇到的实际检索问题。

标准文献(standard document)是标准化工作的成果。标准文献主要是指由技术标准、生产组织标准、管理标准以及其他具有标准性质的文件所组成的特种科技文献体系。

任务一 分析研究课题,明确检索范围和要求

牛磺酸作为商品,应该满足相应的标准。如果作为食品添加剂出售,应该满足相应的食品标准。

任务二 选择检索工具

标准文献的检索工具除了"中国知网""万方数据知识服务平台"之外,还有很多专门的检索工具,本项目选择中国标准服务网(http://www.cssn.net.cn)和工标网(http://www.csres.com)进行检索示范。

任务三 确定检索途径

1. 号码途径

这种检索途径是已知一个标准的标准号,按照标准号进行检索。

2. 分类途径

根据检索课题，按照《中国标准文献分类法（试行）》已知牛磺酸作为食品添加剂的标准属于 X 食品，则可以选择中国标准分类进行检索。按照《国际标准分类法(ICS)》其分类号为 67-食品技术，则可以按 ICS 分类进行检索。

3. 主题、关键词途径

本项目可以选择"食品添加剂""牛磺酸"作为关键词进行检索。

任务四 选用检索方法

采用常用法进行检索。

一、中国标准服务网

1. 号码途径

（1）打开中国标准服务网（http://www.cssn.net.cn）（图 4-1）。

图 4-1 中国标准服务网主界面

（2）按照已知牛磺酸的标准号进行检索。

输入牛磺酸作为食品添加剂的标准号 GB 14759-2010，进行简单检索。当标准号输入搜索框时，自动弹出此标准的标题信息（图 4-2）。

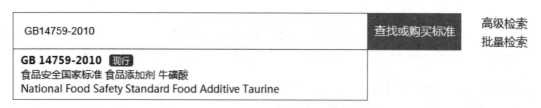

图 4-2 简单检索界面

点击"查找或购买标准"，得到图 4-3 所示结果。检索结果界面显示"检索条件""发布单位""中国标准分类""国际标准分类""发布年代"和"标准状态"。通过检索结果可以知道，此标准为现行国家强制标准（图 4-3）。点击标准题目，可以得到更详细的信息，并进行预览。在界面右侧，还有同一归口单位下其他标准、同一中国标准分类下其他标准和同一国际标准分类下其他标准，如需检索，点击链接即可（图 4-4）。

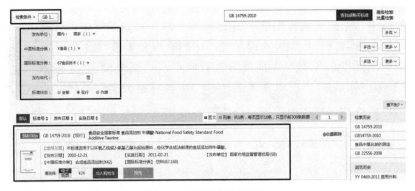

图 4-3　检索结果界面 1

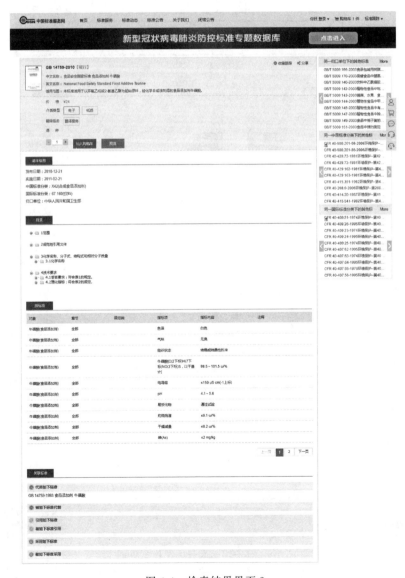

图 4-4　检索结果界面 2

2. 分类途径

已知本项目中，牛磺酸的应用标准属于 X 类食品。可以选择中国标准分类或者国际标准分类进行检索。本课题选择中国标准分类进行检索。

微课扫一扫 分类检索

(1) 在“中国标准服务网”界面搜索框右侧点击“高级检索”，进入“高级检索”界面（图 4-5）。在此界面上选择“中国标准分类”栏目，点击右侧选择按钮，得到分类检索界面（图 4-6）。

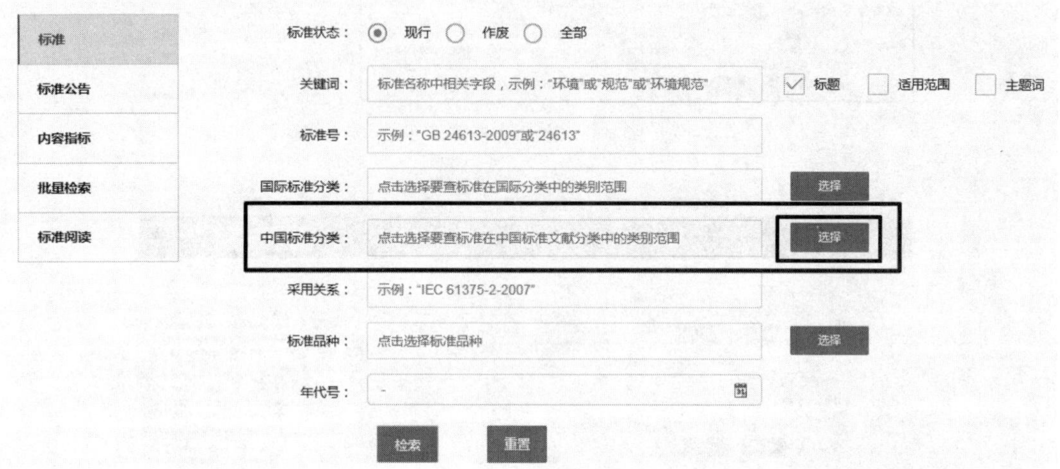

图 4-5 高级检索界面

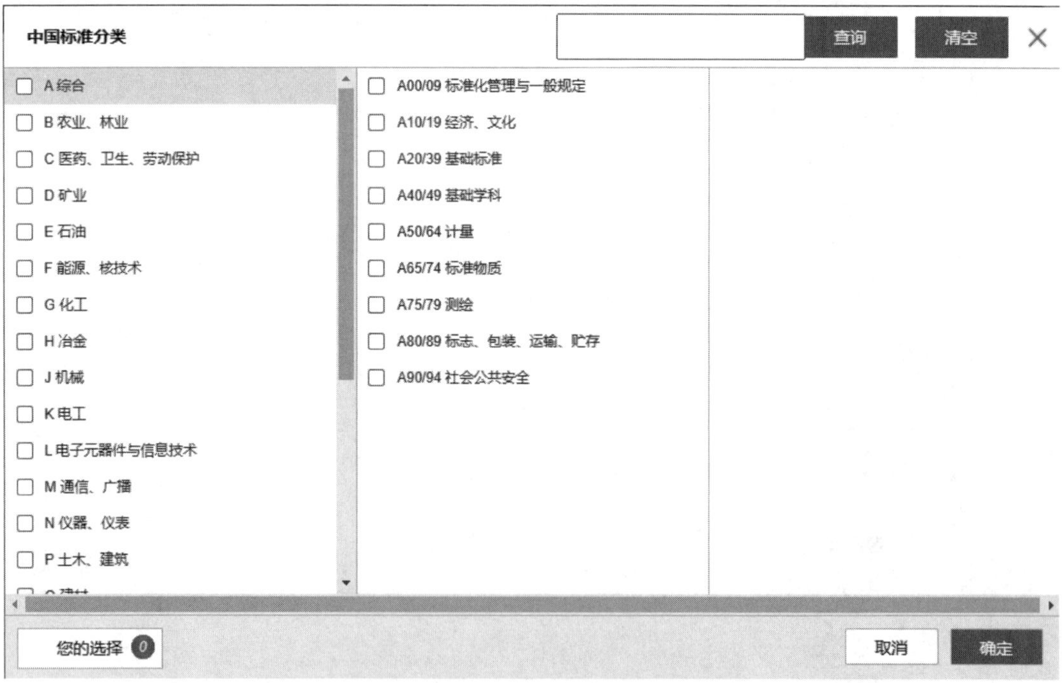

图 4-6 “中国标准分类”检索界面 1

(2) 已知“牛磺酸”属于食品添加剂，依次选择 X 食品、X40/49 食品添加剂与食用香料、合成食品添加剂（图4-7），点击"确定"，回到分类检索界面，然后点击"检索"按钮（图4-8），得到检索结果（图4-9）。

图4-7 "中国标准分类"检索界面2

图4-8 "中国标准分类"检索界面3

图 4-9 "中国标准分类"检索结果

3. 主题、关键词途径

在"中国标准服务网"标准文献检索类目下,有"高级检索",点击此菜单,则可以利用主题、关键词途径进行检索(图 4-10)。

图 4-10 "关键词"检索界面

二、工标网

工标网检索

选择主题、关键词途径进行检索。

(1) 在工标网 (http://www.csres.com) 检索界面上输入"牛磺酸"进行检索(图 4-11)。

图 4-11　工标网搜索界面

(2) 得到 8 条搜索结果，其中，4 条现行标准，4 条作废标准（图 4-12）。

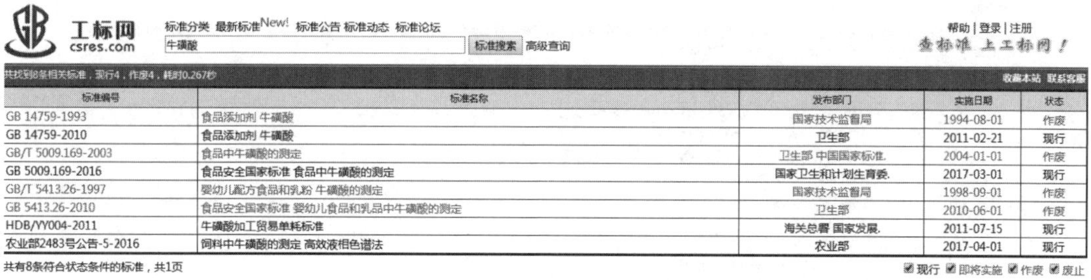

图 4-12　工标网检索结果界面 1

(3) 根据课题需要选择需要的信息内容并获取全文，决定取舍。

① 选择"GB14759-2010"——"食品添加剂 牛磺酸"，获取检索信息（图 4-13）。

② 选择"GB 5009.169-2016""食品安全国家标准 食品中牛磺酸的测定"并获取检索信息（图 4-14）。

(4) 如需获取标准原文，则通过"购买"途径，进行购买。

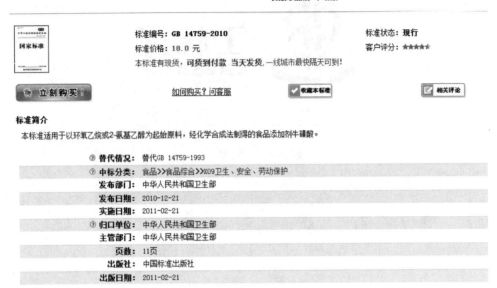

图 4-13　工标网检索结果界面 2

图 4-14　工标网检索结果 3

任务五　获取文献信息

一份文件形式的国家标准文献由封面、正文和附加说明三部分组成。

1. 封面

封面一般包括以下几项。

① 标准名称（附相应的英文名称）；

② 标准编号：由"GB+序号+制定年份"组成；

③ 标准分类号：中国标准分类号（一级类目字母+二级类目代码）；ICS 分类号；

④ 标准的发布单位：发布及实施标准的日期（年、月、日），需要注意的是年份的表示方法，我国在 1995 年以前用两位数表示，从 1995 年以后均用四位数字表示。

2. 正文

在正文部分第一页的最后一行标注有"标准"的批准单位、批准日期（年、月、日）和实施标准的日期（年、月、日）。

正文部分主要包括：

① 主题内容与适用范围；

② 引用标准（标准号及标准名称）；

③ 术语或定义；

④ 原料要求、产品分类；

⑤ 技术要求或质量要求；

⑥ 检验或试验方法；

⑦ 检验或验收的规则；

⑧ 包装、标志、运输、储存。

3. 附加说明

附加说明主要包括：

① 标准制定的提出单位；

② 标准制定的技术归口单位；

③ 标准制定的负责起草单位；

④ 标准制定的主要起草人。

教学补充材料

标准及其文献检索

一、标准及标准文献（Standard document）

我国对标准的定义为：为在一定范围内获得最佳秩序，对活动或其结果规定共同的和重复使用的规则、导则或特性的文件。该文件经协商一致制定并经一个公认机构的批准。即对需要协调统一的技术、概念或重复性的事务所做出的统一的规定。

制定标准的目的是获得最佳秩序和社会效益。标准涉及工农业生产、工程建设、交通运输、环境保护、对外贸易、生活饮食及文化教育等领域。包括质量标准、安全、统计、信息传递、汉字编码等科学管理标准。

标准文献是标准化工作的成果。标准文献主要是指与技术标准、生产组织标准、管理标准以及其他具有标准性质的文件所组成的特种科技文献体系。

广义的标准文献是指记载、报道标准化的所有出版物。狭义的标准文献是指技术标准、规范和技术要求等，主要是指技术标准。它是生产技术活动中必须遵循的一种规范性技术文件。

标准文献的表现形式可以是：
① 规定一整套必须满足的文件；
② 一个基本单位或物理常数，如安培、绝对零度；
③ 可用作实体比较的物体。

构成标准文献的必要条件是：
① 标准是经过有关方面的共同努力所取得的成果，它是集体劳动和智慧的结晶；
② 标准必须经过公认的权威机构或授权单位的批准认可；
③ 标准必须随着科学技术的发展而更新换代，即随着技术水平的提高而不断进行补充、修改，甚至废止。

标准文献除了以标准命名之外，还常以规格、规程等名称出现。但并非所有具有这些名称的文献都是标准文献。一般来说标准文献应该具有如下特征：①标准级别；②标准号；③标准名称；④标准内容；⑤标准提出单位；⑥标准归口单位；⑦标准起草单位与起草人；⑧标准批准机构；⑨标准批准日期；⑩标准实施日期。

二、标准的类型

标准按照不同的分类方式可划分为不同的标准类型。按照标准的使用层次分为国际标准、区域性标准、国家标准、行业标准、地方标准、企业标准。

1. 国际标准（international standard）

国际标准是由国际性组织所制定的各种标准。其中最重要的是由国际标准化组织（International Organization for Standardization）制定的 ISO 标准；国际电工委员会（International Electrotechnical Commission）制定的 IEC 标准和世界卫生组织（World Health Organization）颁布的有关化学产品、食品科学、卫生法规、饮水标准等方面的标准。

(1) ISO 标准　ISO 标准主要包括化学化工、冶金、机械和农业等领域，但不包括电子类。ISO 标准每 5 年审定一次。在使用时应利用最新版本的 ISO 标准，也可参照近期中译本。

国际标准分类法（International Classification for Standard，ICS）是目前标准化组织正在使用，并建议所有 ISO 成员采用的标准文献分类法。1996 年 11 月 28 日我国决定自 1997 年 1 月 1 日起在国家标准、行业标准和地方标准中采用 ICS 分类法。

ICS 分类按照三级构成，ICS 的第一级类目见表 4-1。第一级为标准化领域的 41 个大类，每一大类以两位数字表示。第二级是把全部的大类再分成 407 个二级类，其类号由三位数字组成并与大类号用一个"·"隔开。在 407 个二级类中，有 134 个又进一步分成 896 个三级类目，其类号由两位数字组成，并与二级类以"·"隔开。

例如无机酸的分类号为 $\underset{\mathrm{I}}{71}\cdot\underset{\mathrm{II}}{060}\cdot\underset{\mathrm{III}}{30}$。

Ⅰ：一级类，化工技术。
Ⅱ：二级类，无机化学。
Ⅲ：三级类，无机酸。

表 4-1 ICS 的第一级类目

ICS 分类号	类名	ICS 分类号	类名
01	综合、术语学、标准化、文献	49	航空器和航天器工程
03	社会学、服务、公司(企业)的组织和管理、行政、运输	53	材料储运设备
07	数学、自然学	55	货物的包装和调运
11	医药卫生技术	59	纺织和皮革技术
13	环保、保健与安全	61	服装工业
17	计量学和测量、物理现象	65	农业
19	试验	67	食品技术
21	机械系统和通用件	71	化工技术
23	流体系统和通用件	73	采矿和矿产品
25	机械制造	75	石油及相关技术
27	能源和热传导工程	77	冶金
29	电气工程	79	木材技术
31	电子学	81	玻璃和陶瓷工业
33	电信、音频和视频技术	83	橡胶和塑料工业
35	信息技术、办公机械设备	85	造纸技术
37	成像技术	87	涂料和颜料工业
39	精密机械、珠宝	91	建筑材料和建筑物
43	道路车辆工程	93	土木工程
45	铁路工程	95	军事工程
47	造船和海上建筑物	97	家用和商用设备、文娱、体育

71 化工技术分类如下（表 4-2）。

表 4-2 化工技术 ICS 的第二、三级类目

71.020 化工生产	
71.040 分析化学	
71.040.01 分析化学综合[25]	71.040.10 化学实验室、实验室设备[18]
71.040.20 实验室器皿和有关仪器[30]	71.040.30 化学试剂[379]
71.040.40 化学分析[205]	71.040.50 物理化学分析方法[13]
71.040.99 有关化学分析方法[8]	
71.060 无机化学	
71.060.01 无机化学综合[15]	71.060.10 化学元素[21]
71.060.20 氧化物[129]	71.060.30 酸[58]
71.060.40 碱[63]	71.060.50 盐[273]
71.060.99 其他无机化学[13]	

71.080 有机化学	
71.080.01 有机化学综合[22]	71.080.10 脂族烃[31]
71.080.15 芳香烃[82]	71.080.20 卤代烃[25]
71.080.30 有机氮化物[29]	71.080.40 有机酸[41]
71.080.50 酐[2]	71.080.60 醇、醚[64]
71.080.70 脂类[16]	71.080.80 醛和酮[13]
71.080.90 酚[15]	71.080.99 其他有机化学[35]
71.100 化工产品	
71.100.01 化工产品综合[268]	71.100.10 铝生产用材料[129]
71.100.20 工业气体[89]	71.100.30 爆炸物、烟火[419]
71.100.35 工业和家庭用化学品[24]	71.100.40 表面活性剂及其他助剂[295]
71.100.45 制冷剂和防冻液[2]	71.100.50 木材防护化学药品[10]
71.100.55 硅树脂[4]	71.100.60 香精油[110]
71.100.70 美容品、化妆品[73]	71.100.80 水净化用化学试剂[31]
71.100.99 其他化工产品[61]	
71.120 化工设备	
71.120.01 化工设备综合[3]	71.120.10 反应容器及其组件[48]
71.120.20 蒸馏塔[0]	71.120.30 热交换器[12]
71.120.99 其他化工设备[147]	

（2）IEC 标准　国际电工委员会（International Electrotechnical Commission，IEC）成立于 1906 年，是世界上成立最早的非政府性国际电工标准化机构，是联合国经社理事会（ECOSOC）的甲级咨询组织。IEC 的最高权力机构是理事会。目前有 53 个成员国，称为 IEC 国家委员会，每个国家只能有一个机构作为其成员。IEC 目前有 104 个技术委员会、143 个分技术委员会。中国于 1957 年成为 IEC 的执委会成员。IEC 设有三个认证委员会，一个是电子元器件质量评定委员会（IECQ）、一个是电子安全认证委员会（IECEE）、一个是防爆电气认证委员会（IECEX）。为了统一制订有关认证准则，IEC 还于 1996 年成立了合格评定委员会（CAB），负责制定包括体系认证工作在内的一系列认证和认可准则。

IEC 标准目前有 2000 件左右，都以 IEC 为代号，其编号结构如下：

$$\text{IEC} \quad 127\text{A} \quad 1980$$
$$\text{I} \quad\quad \text{II} \quad\quad \text{III}$$

Ⅰ：代号；Ⅱ：顺序号（原标准的补充）；Ⅲ：发布年份。

2. 区域性标准（regional standard）

区域性标准是只向某一个地理、政治或经济范围内各国中一个有关的国家团体提供成员资格的标准化组织。也就是世界某一区域标准化团体通过的标准，也包括参与标准化活动的区域团体通过的标准。

3. 国家标准（national standard）

国家标准是指由国家标准化主管机构批准发布，对全国经济、技术发展有重大意义，且在全国范围内统一的标准。中国国家标准是在全国范围内统一的技术要求，由国务院标准化行政主管部门编制计划，协调项目分工，组织制定（含修订），统一审批、编号、发布。法律对国家标准的制定另有规定的，依照法律的规定执行。国家标准的年限一般为5年，过了年限后，国家标准就要被修订或重新制定。此外，随着社会的发展，国家需要制定新的标准来满足人们生产、生活的需要。因此，标准是一种动态信息。

国家标准分为强制性国标（GB）和推荐性国标（GB/T）。中国的强制性标准有：

① 药品标准、食品卫生标准，兽药标准；

② 产品及产品生产、储运和使用中的安全、卫生标准，劳动安全、卫生标准，运输安全标准；

企业安全生产标准化基本规范2016

③ 工程建设的质量、安全、卫生标准及国家需要控制的其他工程建设标准；

④ 环境保护的污染物排放标准和环境质量标准；

⑤ 重要的通用技术术语、符号、代号和制图方法；

⑥ 通用的试验、检验方法标准；

环境空气质量标准

⑦ 互换配合标准；

⑧ 国家需要控制的重要产品质量标准。

中国标准文献依照原国家标准局1984年7月发布的《中国标准文献分类法（试行）》（China Classification for Standard，CCS）进行分类。此分类法设有24个大类，其二级类目由数字00~99的顺序排列，并按照专业内容进行一定范围的划分。

中国标准文献一级类目如表4-3所示。

表4-3 中国标准文献一级类目

代号	类目名称	代号	类目名称
A	综合	N	仪器、仪表
B	农业、林业	P	工程建设
C	医药、卫生、劳动保护	Q	建材
D	矿业	R	公路、水路运输
E	石油	S	铁路
F	能源、核技术	T	车辆
G	化工	U	船舶
H	冶金	V	航空、航天
J	机械	W	纺织
K	电工	X	食品
L	电子元器件与信息技术	Y	轻工、文化与生活用品
M	通信、广播	Z	环境保护

中国标准文献化工类标准文献二级类目如表4-4所示。

表4-4 化工类标准文献二级类目

分类号	类名	分类号	类名
00/09	化工综合	50/59	涂料、颜料、染料
10/14	无机化工原料	60/69	化学试剂
15/19	有机化工原料	70/79	化学助剂、表面活性剂、催化剂、水处理剂
20/29	化肥、农药	80/84	信息用化学品
30/39	合成材料	85/89	其他化工产品
40/49	橡胶制品及其辅助材料	90/99	化工机械与设备

国家标准的编号由国家标准的代号、国家标准发布的顺序号和国家标准发布的年份构成。

例如：GB 12904—2003

　　　Ⅰ　　Ⅱ　　　Ⅲ

Ⅰ：国标代号；Ⅱ：顺序号；Ⅲ：发布年份。

《中华人民共和国标准化法》将我国标准分为国家标准、行业标准、地方标准、企业标准四级。截至2003年年底，我国共有国家标准20906项（不包括工程建设标准）。

4. 行业标准

根据《中华人民共和国标准化法》的规定：由我国各主管部、委（局）批准发布，在该部门范围内统一使用的标准，称为行业标准。例如：机械、电子、建筑、化工、冶金、轻工、纺织、交通、能源、农业、林业、水利等，都制定有行业标准。随着国家机构的改革和市场经济体制的完善，现在国家标准的发布与修订由国家市场监督管理总局统一管理，先前的行业标准主管部门、代码和内容已经发生比较大的变化，同时，还会制定出其他新的行业标准。

行业标准的表示方法为：行业代码＋标准顺序号＋年份。

我国行业标准代码如表4-5所示。

表4-5　我国行业标准代号

BB	包装行业标准	GA	社会公共安全行业标准
BJG	城乡建设环境保护部	GB	中国国家标准
CB	船舶行业标准	GBZ	国家职业卫生标准
CCEC	中国节能产品认证管理委员会	GH	供销合作行业标准
CECS	工程建设标准化协会标准	GJB	中国国家军用标准
CH	测绘行业标准	GSM	全球移动通信系统
CJ	城镇建设行业标准	GY	广播电影电视行业标准
CJJ	建设行业标准	GZB	国家职业标准
CNS	台湾标准	HB	航空工业行业标准
CY	新闻出版行业标准	HG	化工行业标准
DA	档案行业标准	HJ	环境保护行业标准
DB	地方标准/地震行业标准	HS	海关行业标准
DB35	福建省地方标准	HY	海洋行业标准
DE	地质仪器标准	JB	机械行业标准
DG	上海市建设和管理委员会	JC	建材行业标准
DJ	电力建设标准	JG	建筑工业行业标准
DL	电力行业标准	JGJ	建筑工业工程建设技术规范
DZ	地质矿产行业标准	JJ	城乡建设环境保护行业标准
EJ	核工业行业标准	JJF	计量检定规程
EO	电子	JJG	计量检定规程
FJ	纺织工业部标准	JR	金融行业标准
FZ	纺织行业标准	JT	交通行业标准

续表

JTJ	交通行业工程建设技术规范	SN	进出口商品检验行业标准
JY	教育行业标准	SY	石油行业标准
LB	旅游行业标准	SZ	中国生产力促进中心协会
LD	劳动和劳动安全行业标准	SZJG	深圳经济特区技术规范
LS	粮食行业标准	TB	铁道运输行业标准
LY	林业行业标准	TD	土地管理行业标准
MH	民用航空行业标准	TY	体育行业标准
MT	煤炭行业标准	WB	物资管理行业标准
MZ	民政行业标准	WH	文化行业标准
NY	农业行业标准	WJ	兵工民品行业标准
QB	轻工行业标准	WM	外经贸行业标准
QC	汽车行业标准	WS	卫生行业标准
QJ	航天工业行业标准	XB	稀土行业标准
QX	气象行业标准	YB	黑色冶金行业标准
SB	商业行业标准	YC	烟草行业标准
SC	水产行业标准	YD	邮电通信行业标准
SD	水利电力行业标准	YS	有色金属行业标准
SH	石油化工行业标准	YY	医药行业标准
SJ	电子行业标准	YZ	邮政行业标准
SL	水利行业标准	ZB	专业标准

5. 地方标准

地方标准又称为区域标准：对没有国家标准和行业标准而又需要在省、自治区、直辖市范围内统一的工业产品的安全、卫生要求，可以制定地方标准。地方标准由省、自治区、直辖市标准化行政主管部门制定，并报国务院标准化行政主管部门和国务院有关行政主管部门备案，在公布国家标准或者行业标准之后，该地方标准即应废止。地方标准属于我国的四级标准之一。

地方标准的表示方法为：DB（地方标准代号）＋省、市编号＋专业类号（以字母表示）＋顺序号＋年份。

如 DB/3204-G24—98，其中"32"表示江苏省，"04"表示常州市，"G"表示某一专业，"24"为顺序号，"98"为年份。

6. 企业标准

企业标准是对企业范围内需要协调、统一的技术要求、管理要求和工作要求所制定的标准。企业标准由企业制定，由企业法人代表或法人代表授权的主管领导批准、发布。

企业标准的表示方法为：以 Q 为分子（表示企业），以企业名称的代码为分母，企业代码可以用汉语拼音字母，后面再加上顺序号和年份，即 Q/企业代号＋标准序号＋年号。如"Q/BYP004—1994"为北京燕京啤酒集团公司生产的燕京啤酒的企业标准。

三、标准文献的检索工具

1. 手工检索工具

(1)《国际标准化组织标准目录》(ISO Catalogue) 为英文、法文对照版或英文版，年刊，报道 ISO 的现行标准（包括新近批准生效和废止的标准），内容几乎包括所有领域的技术标准。

《国际标准化组织标准目录》主要由正文部分即主题分类目录和索引两大部分组成。其中正文部分按照国际标准分类法中的专业英文字母顺序排列，每一专业领域的条目按标准序号由小到大依次排列。

ISO 标准的著录内容有大类号及大类名称；小类号及小类类目名称；标准号；版次；页数；价格代码；TC（技术委员）号；标准名称。

ISO 目录有主题索引（Subject Index）、标准序号表（List in Numerical Order）、作废标准目录（Withdrawals）、国际十进位分类号与 ISO 技术委员会编号对照索引（UDC/TC Index）以及技术委员会序号目录（Technical Committee Order）。

(2)《国际电工委员会出版物目录》(Catalogue of IEC Publications) 和《国际电工委员会年鉴》(IEC Yearbook) 是 IEC 标准的检索工具，用英文、法文两种文字编辑出版，为年刊。

(3)《中国标准化年鉴》由国家市场监督管理总局编，中国标准出版社出版。年鉴中的国家标准目录按照《中国标准文献分类法》的大类名称编排，后附有标准号索引。

(4)《中华人民共和国国家标准目录》由国家市场监督管理总局编，中国标准化出版社 2007 年出版。

本目录收编了 2006 年度批准、发布的所有国家标准的信息，包括编号、名称、分类、采用标准、发布日期、修订日期、实施日期、代替标准等信息，按《中国标准文献分类法》（简称中标分类）的专业分类顺序编排，中文目录在前，英文目录在后。书后附有中英文目录标准顺序号索引。

(5)《中国国家标准汇编》。

(6)《标准新书目》。

(7)《中国标准化》。

(8)《中华人民共和国工农业产品，工程建设标准和部标准目录》。

(9)《标准化通信》。

(10)《分类标准》。

2. 标准文献网络检索工具

(1) 国家标准化管理委员会 (http://www.sac.gov.cn) 属于政府网站，有法律法规、国家标准公告、国家标准计划、国家标准修改通知、标准化动态、全国专业标委会等内容（图 4-15）。

图 4-15 国家标准化管理委员会主界面

（2）中国标准服务网（http：//www.cssn.net.cn）是世界标准服务网在中国的网站，含有中国国家标准、国际标准以及发达国家标准15种，由中国国家质量技术监督局标准化司提供，具有完整性和权威性（图4-16）。这是一个收费网站。

图4-16　中国标准服务网主界面

（3）中国标准化协会（http：//www.china-cas.org）传播我国标准化工作现状、企业采用标准、技术及产品信息等信息，是我国与世界各国进行标准化信息交流的重要渠道，免费提供标准的简介（图4-17）。

图4-17　中国标准化协会主界面

（4）ISO在线（http：//www.iso.org）包括ISO标准、论坛服务等内容（图4-18）。

图4-18　ISO在线主界面

（5）万方数据资源系统（http：//www.wanfangdata.com.cn）提供的标准数据库是国内标准最全的数据库。它包含的标准有：中国国家标准、行业标准简介、建设标准、建材标准、国际标准库、国际电工标准、欧洲标准、美国国家标准、英国国家标准、日本工业标准、法国国家标准、德国国家标准（图4-19）。

图4-19　万方数据主界面

项目练习

1.根据标准文献的网络工具，查找碳酸钠的标准信息。
2.根据标准文献的网络工具，查找纳米氢氧化镁的标准信息。

项目五
水污染治理——科技报告的检索

 本项目的任务驱动

1. 以具体课题为载体检索,通过本项目的学习,使学生掌握科技报告(technical report)检索的基本过程和方法。

2. 能力目标

(1)了解　科技报告的基本知识。

(2)掌握　科技报告检索的常用工具、常用方法、检索步骤,重要检索数据库(网站)的检索特点和使用方法。

(3)会做　能够运用科技报告检索的基本知识,按照化学信息检索的步骤,解决遇到的实际检索问题。

任务一　分析检索要素

一、水污染的概念及来源

当肮脏、有害的物质进入洁净的水中,水污染就发生了。

水的污染源主要有:未经处理而排放的工业废水;未经处理而排放的生活污水;大量使用化肥、农药、除草剂的农田污水;堆放在河边的工业废弃物和生活垃圾;水土流失;矿山污水。

二、水污染的危害

以下所列是主要引起水污染的物质、来源以及所带来的危害。

(1)死亡有机质　主要来源是未经处理的城市生活污水、造纸污水、农业污水、城市垃圾。死亡有机质会消耗水中溶解的氧气,危及鱼类的生存;导致水中缺氧,致使需要氧气的微生物死亡。而正是这些需氧微生物因能够分解有机质,维持着河流、小溪的自我净化能力。

(2)有机和无机化学药品　主要来源于化工、药厂排放,造纸、制革废水,建筑装修,干洗行业,化学洗剂,农用杀虫剂、除草剂等。绝大部分有机化学药品有毒性,它们进入江河湖泊会毒害或毒死水中生物，引起生态破坏。一些有机化学药品会积累在水生生物体内，致使人食用后中毒。被有机化学药品污染的水难以得到净化，人类的饮水安全和健康受到威胁。

（3）磷　主要来源于含磷洗衣粉、磷氮化肥的大量施用。磷会引起水中藻类疯长。因为磷是所有的生物生长所需的重要元素。自然界中，磷元素很少，人类排放的含磷污水进入湖泊之后，会使湖中的藻类获得丰富的营养而急剧增长（称为水体富营养化），导致湖中细菌大量繁殖。疯长的藻类在水面越长越厚，终于有一部分被压在了水面之下，因难见阳光而死亡。湖底的细菌以死亡藻类作为营养，迅速增殖，致使鱼类死亡、湖泊死亡。大量增殖的细菌消耗了水中的氧气，使湖水变得缺氧，依赖氧气生存的鱼类死亡，随后细菌也会因缺氧而死亡，最终使湖泊老化、死亡。

（4）石油化工洗涤剂　主要来源于家庭和餐馆大量使用的餐具洗涤剂。大多数洗涤剂都是石油化工产品，难以降解，排入河中不仅会严重污染水体，而且会积累在水产品中，人食用后会出现中毒现象。

（5）重金属（汞、铅、镉、镍、硒、砷、铬、铊、铋、钒、金、铂、银等）　主要来源于采矿和冶炼过程、工业废弃物、制革废水、纺织厂废水、生活垃圾（如电池、化妆品）。重金属对人、畜有直接的生理毒性。用含有重金属的水来灌溉庄稼，可使作物受到重金属污染，致使农产品有毒性。沉积在河底、海湾的重金属，通过水生植物进入食物链，经鱼类等水产品进入人体。

（6）酸类（如硫酸）　主要来自煤矿、其他金属（铜、铅、锌等）矿山废弃物、向河流中排放酸的工厂。主要影响有：毒害水中植物；引起鱼类和其他水中生物死亡；严重破坏溪流、池塘和湖泊的生态系统。

（7）悬浮物　来自土壤流失，向河流倾倒垃圾。悬浮物降低水质，增加净化水的难度和成本。现代生活垃圾有许多难以降解的成分，如塑料类包装材料，它们进入河流之后，不仅对水中生物十分有害（误食后致死），而且会阻塞河道。

（8）油类物质　来自水上机动交通运输工具、油船泄漏等。破坏水生生物的生态环境，使渔业减产。污染水产食品，危及人的健康。海洋上油船的泄漏会造成大批海洋动物（鱼虾、海鸟甚至海豹、海狮等）死亡。

三、水污染的治理方法

（1）强化对饮用水源取水口的保护。有关部门要划定水源区，在区内设置告示牌并加强取水口的绿化工作。定期组织人员进行检查。从根本上杜绝污染，达到标本兼治的目的。

（2）加大城市污水和工业废水的治理力度，加快城市污水处理厂的建设，对于改善水环境状况有着十分重要的作用。目前随着城市人口的增加和居民生活水平的提高，废水排放量正在不断地增加，这必然会导致水环境质量的下降。因此建设更多的污水处理厂是迫在眉睫的事。

（3）加强公民的环保意识。改善环境不仅要对其进行治理，更重要的是通过各方面的宣传来增强居民的环保意识。居民的环保意识增强了，破坏环境的行为就自然减少了。

（4）实现废水资源化利用。随着经济的发展，工业的废水排放量还要增加，如果只重视末端治理，很难达到改善目前水污染状况目的，所以要实现废水资源化利用。

四、检索要素的确定

（1）主题词及英文翻译：水污染治理（water pollution control；disposal of water pollution）

（2）学科范围：环境科学

（3）语种：中文、英文

（4）年代范围：1970年到现在

任务二　确定检索工具

科技报告的检索工具有很多，国内的主要有：国家科技成果网（http://www.tech110.net）、航空工业信息中心（http://www.aeroinfo.com.cn）、中国科技成果数据库（CSTAD）、国家科技图书文献中心（NSTL）（http://www.nstl.gov.cn）、国家科技报告服务系统（https://www.nstrs.cn）、中科院国家科技图书文献中心（www.nstl.gov.cn）、中国科学院文献情报中心（http://www.las.ac.cn）、万方数据、中国知网等。国外的科技报告检索工具主要有：美国联邦商务部的国家技术情报服务局（http://www.ntis.gov）、美国国家航空宇航局（NASA）科技报告服务器网站（http://www.sti.nasa.gov）、美国能源部科技报告全文数据库（http://www.osti.gov/bridge）、美国国家经济研究局研究报告（http://www.nber.org）、美国国防部国防技术信息网（http://www.dtic.mil）、美国航空航天研究所（http://www.aiaa.org）、网上计算机科学技术报告图书馆（Networked Computer Science Technical Reports Library，NCSTRL）（http://www.ncstrl.org）、美国国会研究服务报告（The Congressional Research Service Reports）（http://www.ncseonline.org/NLE/CRS/）、加利福尼亚环境文件搜索（Search for California Environmental Documents）、世界银行集团文件和报告（Documents & Reports of the WorldBank Group）（http://www-wds.worldbank.org）、Russian Prospects-Political and Economic Scenarios（俄罗斯政治和经济需求前景）。

本课题采用万方数据、国家科技报告服务系统进行检索。

任务三　确定检索途径

检索科技报告的途径有主题途径、分类途径、著者途径、报告号途径、资助号途径。主题与分类途径是当代文献检索的主要途径。

一、主题途径

主题途径是指通过科技报告的内容主题进行检索的途径，它依据的是各种主题索引或关键词索引，检索者只要根据项目确定检索词（主题词或关键词），便可以实施检索。主题途径检索文献关键在于分析项目、提炼主题概念，运用词语来表达主题概念。主题途径是一种主要的检索途径。

二、分类途径

分类途径是指按照科技报告所属学科（专业）类别进行检索的途径，它所依据的是检索工具中的分类索引。分类途径检索文献关键在于正确理解检索工具的分类表，将待查项目划分到相应的类目中去。一些检索工具如《中文科技资料目录》是按分类编排的，可以按照分类进行查找。

三、著者途径

著者途径有个人著者途径和团体著者途径。

四、报告号途径

中国科学技术报告号（简称报告号）是采用字母、数字混合字符组成的完整的、格式化的一组代码。

利用已知文献的报告号可以直接查到所对应的文献资料。

五、资助号途径

利用已知报告文献的资助号（主要从手工检索工具获取）直接查到所对应的文献资料。

科技报告编号规则

报告号和资助号途径具有简洁快速准确的特点，不过在国内用的不是很多。

在本课题中以主题途径和分类途径结合运用来检索文献资料。

任务四　选用检索方法

采用常用法进行检索。

万方数据检索

一、万方数据

（1）进入万方数据主页，选择"科技报告"，在搜索框中输入"水污染治理"，点击"检索"按钮（图5-1）。

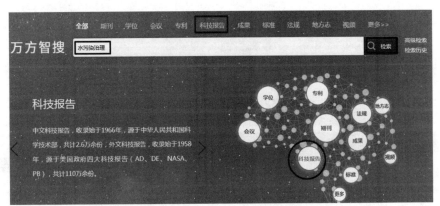

图 5-1　万方数据平台的检索页面

(2) 共检索到 47 篇文献资料（图 5-2）。在检索结果页面的左侧一列，有检索结果的分类及文献数量：计划分类、学科名称、报告范围、地域、报告类型（图 5-3），可以利用此栏目对检索结果进行二次检索，比如，选定学科为"环境科学、安全科学"（36 篇），计划分类为"国家高技术研究发展计划"（4 篇），利用这两个检索条件，则可检索得到 2 篇文献（图 5-4）。

图 5-2　科技报告检索结果

图 5-3　限定检索范围检索结果

图 5-4　检索结果

二、国家科技报告服务系统

(1) 进入国家科技报告服务系统首页(http://www.nstrs.cn),见图 5-5,在页面左侧选择"社会公众"(图 5-6)直接进入检索界面。在社会公众检索界面左侧有分类导航,右侧可以直接在搜索框输入检索要素进行检索(图 5-7)。

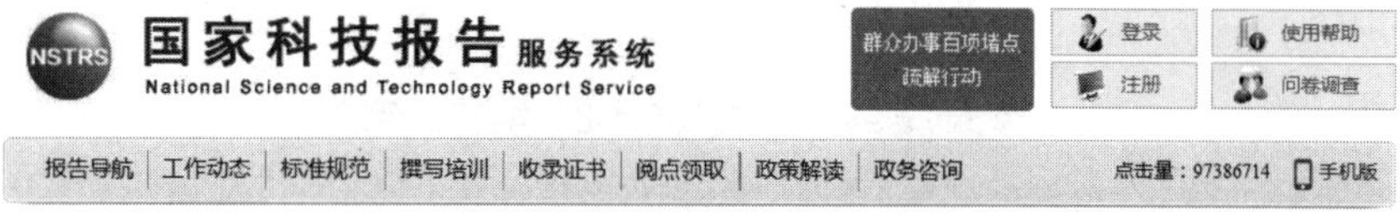

国家科技报告服务系统检索

图 5-5 国家科技报告服务系统首页

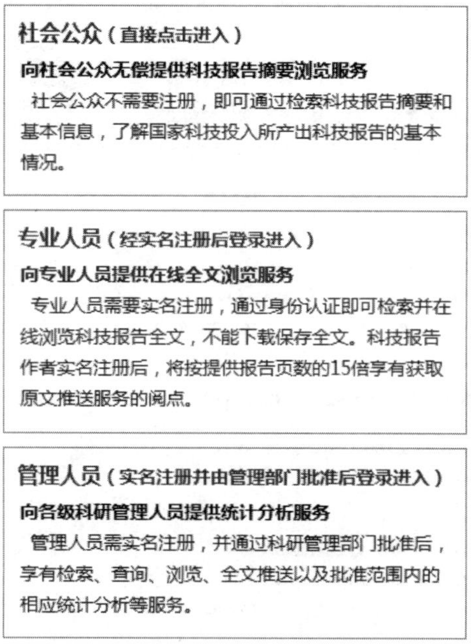

图 5-6 国家科技报告服务系统身份选择

图 5-7 社会公众检索界面

(2) 在搜索框输入"水污染治理"为报告名称进行检索（图 5-8），点击检索按钮。

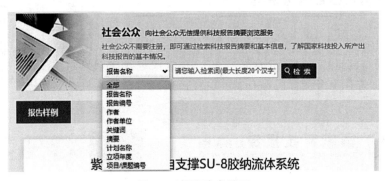

图 5-8　标准检索界面

(3) 共检索到 7 篇科技报告文献记录（图 5-9），显示结果中有科技报告的标题、作者及作者单位、计划名称和立项/批准年度。选择第 1 条记录进行预览。

图 5-9　科技报告检索结果

任务五　获取文献信息

由中国知网检索得到科技报告原文（图 5-10）。

> **完善我国跨界水污染治理的对策研究**
>
> 陈开琦　刘飞　（四川省社会科学院）
>
> **摘要：** 在水资源污染日益严重、环境保护的理念逐渐深入人心的大背景下，跨界水污染问题及其治理依旧是一个亟待解决、又久解不决的"老大难"问题。本文主要是针对目前中国的跨界水污染的问题，对跨界水污染治理难的原因进行了经济性、法律性和体制性的分析，并借鉴美国、欧洲、澳大利亚等发达国家成功治理流域跨界水污染问题的宝贵经验，切实结合我国国情，对完善我国跨界水污染治理难题提出了一些意见和建议。
>
> **关键词：** 水资源；跨界水污染；跨界水污染治理
>
> **一、概述**
>
> **（一）我国流域水资源概况**
>
> 我国的流域水资源丰富，江、湖、河纵横交错，为我国提供了最主要的淡水水源，也提供了丰富的水能资源和航运条件。在河流流域内有干流、支流、人工水道、水库、湖泊、地下暗河等连接，使流域构成了一个整体性和关联性的生态系统。我国流域面积大于 1000km² 的河流有 5 万多条，流域面积在 1000km² 以上的河流有 1500 多条。我国七个最大的流域分别是长江、黄河、海河、松花江、淮河、珠江、辽河流域。它们的沿岸汇集了中国 80% 的城市及乡镇，穿越了全国九成的省份。

图 5-10　科技报告原文

科技报告的种类很多，但大部分科技报告都有固定的著录格式。主要由前置部分、主体部分、附录部分和结尾部分四部分组成。

（一）前置部分

1. 封面

封面是报告的外表面，提供应该有的信息并起保护作用。封面是必不可少的，科技报告如果是期刊、书或其他出版物的一部分无需封面，如作为预印本、抽印本等单行本时可以有封面。封面上可包括下列内容：

（1）分类号　在左上角注明分类号，便于信息交换和处理一般应注明《中国图书资料分类法》的类号，同时应尽可能注明《国际十进制分类法（UDC）》的类号。

（2）本单位编号　一般标注在右上角。

（3）密级　报告的内容，按国家规定的保密条例，在右上角注明密级如公开发行不注密级。

（4）题名和副题名或分册题名　加大号字标注于明显地位。

（5）卷、分册、篇的序号和名称　如系全一册，无需此项。

（6）作者姓名　必要时可注明个人的职务、职称、学位、所在单位名称及地址。

（7）工作完成日期　包括报告提交日期、出版部门收到日期（必要时）。

（8）出版项　出版地及出版者名称、出版年月日（必要时）。

2. 题名页

题名页是对报告进行著录的依据，题名页置于封二和衬页之后，成为另页的右页。

报告如分装两册以上，每一分册均应各有其题名页，在题名页上注明分册名称和序号。

题名页除与封面应有的内容并取得一致外还应包括下列各项：单位名称和地址，在封面上未列出的责任者及职务、职称、学位、单位名称和地址，参加部分工作的合作者姓名。

3. 题名

题名是以最恰当、最简明的词语反映报告、论文中最重要的特定内容的逻辑组合。题名一般不宜超过 20 个字，报告用作国际交流应有外文题名（多用英文），外文题名一般不宜超过 10 个实词。

4. 序或前言

序或前言一般是他人或作者对本篇基本特征的简介，如说明研究工作缘起、背景、主旨、目的、意义、编写体例，以及资助支持协作经过等；也可以是评述和对相关问题的研究阐发。这些内容也可以在正文引言中说明。

5. 摘要

摘要是对报告、论文的内容不加注释和评论的简短陈述，摘要应具有独立性和自含性，即不阅读报告论文的全文就能获得必要的信息。摘要中有数据，有结论，是一篇完整的短文，可以独立使用，可以引用，可以用于工艺推广。摘要的内容应包含与报告论文同等量的主要信息，供读者确定有无必要阅读全文，也供文摘等二次文献采用。摘要一般应说明研究工作目的、实验方法、结果和最终结论等，而重点是结果和结论。

6. 关键词

关键词是为了文献标引工作从报告中选取出来用以表示全文主题内容信息款目的单词或术语。每篇报告选取 3~8 个词作为关键词，以显著的字符另起一行排在摘要的左下方，如有可能，尽量用《汉语主题词表》等词表提供的规范词。为了国际交流，应标注与中文对应的英文关键词。

7. 目次页

长篇报告可以有目次页，短文无需目次页，目次页由报告的篇、章、条、款、项、附录、题录等的序号、名称和页码组成，另页排在序或前言之后。整套报告分卷编制时每一分卷均应有全部报告内容的目次页。

8. 插图和附表清单

报告论文中如图表较多可以分别列出清单置于目次页之后，图的清单应有序号、图题和页码，表的清单应有序号、表题和页码。

（二）主体部分

主体部分的编写格式可由作者自定但一般由引言或绪论开始，以结论或讨论结束。

1. 引言（绪论）

引言或绪论简要说明研究工作的目的和范围、相关领域的前人工作和知识空白、理论基础和分析、研究设想、研究方法和实验设计、预期结果和意义等，应言简意赅，不要与摘要雷同，不要成为摘要的注释。一般教科书中有的知识，在引言中不必赘述。

2. 正文

报告的正文是核心部分，占主要篇幅，可以包括调查对象、实验和观测方法、仪器设备、材料原料、实验和观测结果、计算方法和编程原理、数据资料、经过加工整理的图表、形成的论点和导出的结论等。由于研究工作涉及的学科、选题、研究方法、工作进程、结果表达方式等有很大的差异，对正文内容不能作统一的规定。但是必须实事求是、客观真切、准确完备、合乎逻辑、层次分明、简练可读。

3. 结论

报告的结论是最终的总体的结论，不是正文中各段的小结的简单重复。结论应该准确、完整、明确、精练。如果不可能导出应有的结论，也可以没有结论而进行必要的讨论，可以在结论或讨论中提出建议、研究设想、仪器设备改进意见、尚待解决的问题等。

4. 致谢

可以在正文后对下列方面致谢：国家科学基金、资助研究工作的奖学金基金、合同单位、资助或支持的企业、组织或个人；协助完成研究工作和提供便利条件的组织或个人；在研究工作中提出建议和提供帮助的人；给予转载和引用权的资料、图片、文献、研究思想和设想的所有者及其他应感谢的组织和人。

国家科学技术进步奖

（三）附录部分

附录是作为报告主体的补充项目并不是必需的，附录编在文章之后、也可以另编成册。

科技报告的撰写格式

（四）结尾部分

为了将报告、论文迅速存储入电子计算机可以提供有关的输入数据，可以编排分类索引、著者索引、关键词索引等。封三和封底包括版权页。

教学补充材料

科技报告（Scientific and Technical Report）

科技报告也称技术报告、研究报告，它是科学研究工作和开发调查工作成果的记录或正式报告，这是一种典型的机关团体出版物。科技报告萌芽于20世纪初，到20世纪中叶随着科学研究工作的大量进行，使研究报告的数量不断增加，逐步发展成为一大文献类型。

识别科技报告的主要依据有：报告名称、报告号、研究机构、完成时间等。

一、科技报告的性质

科技报告与学术论文都是表述研究成果的文章，体例、格式也相似。但它们有着根本差别。学术论文以阐述作者的科学见解为目的，科技报告则以报告科研工作的过程与结果为目的。前者的学术性、理论性强，后者的告知性、技术性强。因科技报告反映新的研究成果，故它是一种重要的信息源，尤其在某些发展迅速、竞争激烈的高科技领域，人们对其需求更为迫切。在我国，国家图书馆、上海图书馆、中国科技信息研究所和国防科技信息研究所等收藏有较全面的科技报告。

科技报告的任务是向上级科研主管部门或资助单位等报告科技研究工作情况的。在报告中应该说明工作的性质、进展情况以及取得的成果，以便取得指导和支持。同时在科技人员之间相互告知，促进学术交流。因此，科技报告不同于科技应用文"报告"。科技报告是研究者对研究工作的学术性报告，科技应用文中的"报告"通常是用来处理科技管理中的事务，并不具备学术性。

二、科技报告的特点

科技报告一般都是由科研机构，包括政府机构所属的科研单位、学术机构、高等院校及附设的研究部门、行业团体和厂矿企业等单位出版的，由于机构众多分散，种类多样繁杂，搜集起来比较困难。它一般具有以下几个特点。

第一，在形式上，每份科技报告自成一册，篇幅长短不一，并有连续编号，装帧简单，出版发行不规则。

第二，在内容上，科技报告的内容比较新颖、详尽、专深，其中可以包括各种研究方案的选择和比较、成功和失败两方面的体会，还常常附有大量的数据、图表、原始实验记录等资料。

第三，在时间上，科技报告发表比较迅速及时，许多最新研究课题和尖端学科的资料，往往抢先在科技报告中发表，报道速度快于其他类型文献。

第四，在流通范围内，大部分科技报告都有一定的控制，即属于保密的或控制发行的，仅一小部分可以公开或半公开发表，印数一般也较少，人们常把它称为"难得文献"。

第五，每份报告自成一册，装订简单，一般都有连续编号。

三、科技报告的分类

科技报告的种类很多，按时间划分有初期报告（Primary Report）、进展报告（Progress Report）、中间报告（Interim Report）、终结报告（Final Report）；按流通范围划分有绝密报告（Top Secret Report）、机密报告（Secret Report）、秘密报告（Confidential Report）、非密限制发行报告（Restricted Report）、公开报告（Unclassified Report）、解密报告（Declassified Report）等。按报告的文献形式可分为：①报告书（Report），是一种比较正式的文件；②技术札记（Technical Notes），研究中的临时记录或小结；③论文（Paper），准备在学术会议上或期刊上发表的报告；④技术备忘录（Technical Memorandum），供同一专业或同一机构中的少数人沟通信息用的资料；⑤特种出版物（Special Publication），对外公布的、内容较为成熟的摘要性文件；⑥技术译文（Technical Translation）。

四、科技报告的作用

第一，传播信息的能力。

科技报告是适应科学技术的迅猛发展而产生的一种独特文体。它以灵活的形式报道科技研究的实践和成果，揭示科学发展的规律，以及科技工作成功的经验或失败的教训。其报道研究课题的全部信息，大大地超过了科学论文传播科技信息的能力。而且科技报告因发表快，出版快，能够极大地促进科技成果早日问世，这种快速地传播信息的能力，也是任何科技论文所望尘莫及的。

第二，储存资料的功能。

科技报告具有储存科学研究资料的功能。这表现在科技报告保存了从科技研究的内容、研究的思路、研究的方法至研究的过程等科技研究工作所获得的一切资料，这些资料一般都比较详细、全面、系统，积累成为文献资料，并成为目前文献资料的一大门类。

五、各国科技报告简介

目前全世界每年发表科技报告数量庞大，其中绝大多数产自发达国家，较著名的有美国政府的四大报告（PB、AD、NASA、DOE）、英国航空委员会（ARC）报告、英国原子能局（UKAEA）报告、法国原子能委员会（CEA）报告、联邦德国航空研究所（DVR）报告、日本的原子能研究所报告、东京大学原子核研究所报告、三菱技术通报、苏联的"科学技术总结"和中国的"科学技术研究成果报告"等。

英国的科技报告和原子能局（U. K. Atomic Energy Aulthrity，UKAEA）的UKAEA报告最具有代表性。UKAEA的公开和解密的科技报告，主要指研究报告、备忘录、技术札记、年度报告等。这类报告的内容大致包括有一般问题；生物、医药和农业、化学和化学工程；数学与计算机；核辐射及其应用；普遍物理与固体物理；原子能工业等。UKAEA的报告不论是公开的还是解密的都有自己的一套编号，这些编号一般表示提供文献的单位和文献类型。

我国从20世纪60年代开始了科研成果的统一登记和报道工作，凡是有科研成果的单位都要按照规定及时整理，按照程序上报、登记。国家科委根据调查情况发表科技成果公报和出版研究成果报告。现在由中国科技信息研究所出版，名称为《科学技术研究成果公报》。《科学技术研究成果公报》分为"绝密""秘密""内部"三个密级，根据内容密级控制使用。我国出版的这套科技报告内容十分广泛，是一种较为正规的、代表了我国科技水平的科技报告。

六、美国的四大报告

1. PB报告

美国在1945年6月成立了商务部出版局（Office of the Publication Board）专门负责整理从德国、意大利、日本等战败国夺取的科技资料，并在这些资料上冠以PB（Publication Board）字样，即PB报告。这些资料编号到十万号为止。之后的PB报告，主要涉及美国国内政府科研机构、公司企业、高等院校、研究所以及部分国外科研机构的科技报告。美国国家技术情报服务局（National Technical Information Services，NTIS）是专门负责科技报告的收集、处理、检索与发行的机构。PB报告内容侧重于民用工程方面，如土木建筑、城市规划、生物医学、航空、电子、原子能利用、军械等。PB报告的编号为"PB＋年代＋顺序号"。

2. AD报告

AD报告是美国国防技术信息中心（Defence Technical Information Center，DTIC）出版的报告。早期成立于1952年，凡美国国防部所属研究所及其合同单位的技术报告均由当时的美国武装部队技术情报局（ASTIA）整理，是美国空军控制的一个组织。它由早期的国会图书馆海军研究部和大气文献局中心合并组成。AD报告主要报道美国国防部所属的军事机构与合同单位完成的研究成果，主要来源于陆海空三军的科研部门、企业、高等院校、国际组织及国外研究机构。AD报告的内容涉及与国防有关的各个领域，如空间技术、海洋技术、核科学、自然科学、医学、通信、农业、商业、环境等38类。由于保密，早期的AD报告往往加编"PB"字样发行，致使两种报告有交叉现象。自AD254980号报告之后，AD不再以PB号码字样出现。PB、AD报告的主要检索工具为美国《政府报告通报和索引》。1975年以来通过报告号可以区分AD报告的密级：AD-A000001——公开报告，AD-B000001——非密限制发行报告，AD-C000001——秘密、机密报告，AD-D000001——美军专利文献，AD-E0000001——美海军研究所报告，AD-L0000001——内部限制使用。

3. NASA 报告

NASA 报告是美国国家航空宇航局（National Aeronautics and Space Administration）出版的报告。NASA 成立于 1958 年 10 月，其前身是美国国家航空咨询委员会（National Advisory Committee for Aeronautics, NACA）。NASA 报告的内容侧重于航空和空间科学技术领域，广泛涉及空气动力学、飞行器、生物技术、化工、冶金、气象学、天体物理、通信技术、激光、材料等方面。NASA 报告的类型繁多并有专利文献和学位论文等，主要检索工具为《宇航科技报告》(STAR)。通过报告号可以识别：NASA-CP-会议出版物，NASA-EP-教学出版物，NASA-TN-D-技术札记，NASA-TR-技术出版物，NASA-Case 专利说明书，NASA-SP-特种出版物，NASA-TP-技术论文，NASA-TR-R-技术报告，NASA-CR-合同户报告，NASA-TB-技术简讯，NASA-TM-X-技术备忘录，NASA-TT-F-技术译文。

4. DOE 报告

DOE 报告是美国能源部（Department of Energy）出版的报告，其前身是 1946 年美国建立的原子能委员会，简称 AEC，AEC 报告即为该委员会所属单位及合同单位编写的报告；AEC 报告于 1976 年改称能源研究与发展署（简称 ERDA）；1977 年该署又改组扩大为美国能源部（简称 DOE），1978 年 7 月起逐渐改为冠以 DOE 的科技报告。DOE 报告是美国能源部及其所属科研机构、能源情报中心、公司企业、学术团体发表的技术报告文献。DOE 报告的内容已由核能扩大到整个能源领域，包括能源保护、矿物燃料、化学化工、风能、核能、太阳能与地热、环境与安全、地球科学等。DOE 报告主要报道能源部所属的研究中心、实验室以及合同单位的研究成果，也有国外能源机构的文献。其主要检索工具为《核子科学文摘》，继之为《能源研究文摘》。DOE 报告没有统一的编号，它的报告号是由研究机构名称代号＋顺序号组成。凡能源报告，均冠以 DOE 字样，如 DOE/AD 代表业务管理局的报告；DOE/CS 代表能源保存与太阳能的报告；DOE/ERA 代表经济管理局的报告等。

七、科技报告的检索工具

中国科技报告信息资源

中国科技报告的手工检索可以通过各机构编制的科技报告通告与索引，如科技部科成果管理办公室编的《科学技术研究成果公报》，近几年也以数据库形式提供检索；国防科工委情报研究所编的《中国国防科技报告通报及索引》；机械工业部科技信息研究所主办的《中国机械工业科技成果通报》；中国科技信息研究所编的《科学技术译文通报》、《对外科技交流通报》与《台湾科技文献通报》。

除了利用手工检索的方法外，网络检索更是快速获取科技报告的途径，这些网站主要是国家科技成果网（国科网）等。

国家科技成果网（http://www.tech110.net）是科技部主办的科技成果发布网站。可按行业分类目录进行分类检索，支持组合、条件查询。该网站除提供查询外，还有科技资讯报导、科技法规介绍等内容。目前该数据库已被收录到中国知网的数据库中，在中国知网就可以检索到该数据库中的信息（见图 5-11）。

图 5-11 国家科技成果网界面

项目练习

1. 浏览重要的科技报告检索网站。
2. 根据自己感兴趣的检索主题，进行科技报告文献的检索。

项目六
大蒜油的提取——学位论文的检索

 本项目的任务驱动

1. 以具体课题为载体检索，通过本项目的学习，使学生掌握学位论文（thesis，dissertation）检索的基本过程和方法。

2. 能力目标

（1）了解　学位论文的基本知识。

（2）掌握　学位论文检索的常用工具、常用方法、检索步骤，重要检索数据库（网站）的检索特点和使用方法。

（3）会做　能够运用学位论文检索的基本知识，按照化学信息检索的步骤，解决遇到的实际检索问题。

近年来，关于大蒜油的提取研究常出现在硕、博研究生的毕业课题中，所以可以通过检索学位论文，来获取这部分知识。学位论文检索是一项有计划的活动，对于本课题设计五个检索步骤：分析检索要素、确定检索工具、确定检索途径、选用检索方法、获取文献信息。阅读分析并修正检索策略直到获得满意的文献为止。在这个程序化的检索过程中，每一个环节都是不可或缺的，各个环节环环相扣，既互相依赖，又互相制约。全面地分析检索要求和目的，选择合适的数据库，制定正确的检索策略。

任务一　分析检索要素

分析检索要素，以明确课题所包含的概念成分及其相互关系。这是文献检索的根本出发点，也是检索效率高低或成败的关键。分析检索要素要明确以下问题：分析课题的主要概念；确定课题所涉及的专业范围；所需文献的类型、语种、年代及文献量的范围。

一、课题主要概念分析

分析课题概念的目的在于获得检索词，在分析过程中通常可以把课题所涉及的词语分成主要检索词、辅助检索词和禁用词。主要检索词是指与课题研究的对象、方法有关的特指性事物名称。辅助检索词是指泛指性名词，它们只在检索结果过多需要限制时使用。禁用词是指介词、连词等虚词，一般不能用作检索词。

常用扩展检索词概念的方法主要有基于同一概念、基于内容分析和基于检索结果三种方法。同一概念的检索词的扩展方法如下。

（1）同一事物的学名和俗名。例如，生石灰和氧化钙、小苏打和碳酸氢钠等。

（2）如检索外文文献，要注意同一事物的简称、全称、音译和意译。例如，LLE 和 liquid/liquid extraction、SDE 和 simultaneous distillation/extraction、SAFE 和 solvent assisted flavor evaporation 等。

（3）同一事物名称的反义词。例如，安全与危险等。

（4）寻找不同的词形。英语中同一事物名称的单复数、不同词性、英式和美式英语的不同形式等。

为了更全面、准确地把握课题所涉及的概念，获得对"大蒜油的提取"更为系统的认识，通过查阅教科书、专著、百科全书、专业手册、图录和数据汇编等文献，获得对该领域研究的了解和把握，同时可以对背景知识和相关名词术语得以全面的了解。若查找不到相关书籍，可检索相关的中文综述性文献。

通过阅读相关的中文综述性文献，得到该课题的研究背景：大蒜既是一种历史悠久的香辛料，同时也是常用的传统中医药材，除含有大蒜辣素、大蒜新素及多种烯丙基和甲基组成的硫醚化合物等主要生理活性物质外，还含有丰富的有益矿物元素，特别是钙、镁、铁、锌、锰、磷、硒等元素含量很高，具有明显的抗癌防癌作用。大蒜集营养、调味、保健于一身，是一种很有开发利用价值的经济作物。大蒜油是多组分混合物，由大蒜辣素、大蒜新素及多种烯丙基和甲基组成的硫醚化合物组成还含有柠檬醛、牻牛儿醇、芳樟醇等。大蒜油的提取目前常用的有传统的水蒸气蒸馏提取、超临界二氧化碳萃取、溶剂浸提法、超声波提取法。从该课题的研究背景得知，"大蒜油的提取"隐含着其他概念，为了防止漏检，需把这些概念增加到检索中来。在此基础上，分析课题所包含的概念，并确定概念之间的关系。

从该课题的研究背景可知，课题主要概念包括大蒜油、提取、分离，又通过进一步阅读一些中文文献可知"提取"的方式有水蒸气蒸馏、超临界二氧化碳萃取、溶剂浸提法、超声波提取，它们都是"提取"的分支概念。与大蒜油同意或相近的检索词有大蒜精油、大蒜素。

"提取"与"分离"为同义词，逻辑关系为"或"，提取与水蒸气蒸馏、超临界二氧化碳萃取、溶剂浸提法的逻辑关系为"或"，"大蒜油"与"提取"的逻辑关系为"与"，"大蒜油"与"水蒸气蒸馏""超临界二氧化碳萃取""溶剂浸提法"的逻辑关系均为"与"。超临界二氧化碳萃取有些文献上称"CO_2 超临界萃取"。大蒜油、大蒜精油、大蒜素为同义词，逻辑关系为"或"。

如果需要检索英文文献，还需进一步分析主要概念的英文表达形式，"大蒜油"的英文单词为"garlic oil"，"大蒜"的英文单词为"garlic"、大蒜素的英文单词为"allicin"，"水蒸气蒸馏"的英文表达为"steam distillation"，"溶剂萃取"对应的是"solvent extraction"，"超临界二氧化碳萃取"英文单词为"supercritical carbon dioxide extraction"。检索概念对应的英文表达形式可以从科技词典中获得，也可以参考中文文献中的英文摘要和关键词，而且同样要随时留意检索结果中出现的对同一概念的不同英文表达形式，需将新的表达形式作为同义词进行补充检索。

二、专业范围分析

把握课题所属的专业范围关系到检索信息源（特别是专业信息源）的选择，大蒜属于农产品，大蒜油属于生物医药材料，提取方法应用到水蒸气蒸馏提取、超临界二氧化碳萃取、溶剂浸提法、超声波提取法属于化工分离过程，因此本课题涉及生物医药、农业、化学化工专业领域。从本课题分析可以发现，随着科技的发展，学科之间的交叉、融合日益深化，因此应多方面对课题进行把握，才可以保证所选信息源的全面性。特别对于手工检索进行专业范围的分析尤为重要。

三、时间范围

针对本课题，关于"大蒜油提取"的研究背景及现状，要了解一个全过程就要回溯以前很长一段时期的大量文献，要求检索全面、详尽、系统，则要强调一个"全"字。而跟踪"大蒜油提取"最新研究进展，则又属于了解科技的最新动态、学科的进展、了解前沿、探索未知，则检索需要强调一个"新"字，要求文献的时效性，这种检索可以通过限制检索年限以及借助数据库的定期跟踪功能来实现。因此，查全、查新是本课题文献检索的重点。

四、国家范围

通过查阅教科书、专著、中文文献等，可知中国是世界上种植大蒜面积最大的国家，大蒜深加工也正在兴起。在欧美国家大蒜深加工的产业已具规模。因此，检索文献重点选择中国及欧美国家的文献。

任务二　确定检索工具

在确认了检索目的和内容以后，需要选择合适的学位论文数据库，这关系到检索工作能否顺利进行，还关系到检索效率，选择准确就能快速获得丰富而有价值的资料。要准确选择学位论文数据库就需要充分了解各学位论文数据库的特点。常用的国内外学位论文数据库有以下四个。

一、学位论文数据库简介

1. CALIS 高校学位论文数据库

该数据库是 CALIS "十五"期间重点建设的子项目之一，其目的是在"九五"期间 CALIS 博硕士学位论文文摘数据库基础上，建设一个集中式元数据检索（含前 16 页全文浏览）、分布式全文获取服务的 CALIS 高校博硕士学位论文文摘与全文数据库，该库提供简单检索和高级检索两种检索方式，用户可以用题名、论文作者、导师、作者专业、作者单位、摘要、分类号、主题等角度进行检索。

CALIS 高校学位论文数据库收录包括北京大学、清华大学等全国著名大学在内的 83 个 CALIS 成员馆的硕士、博士学位论文，现已超过 25 万条。其数量正在扩大。网址：http：//opac.calis.edu.cn。

2. 中国学位论文全文数据库

中国学位论文文摘数据库资源由国家法定学位论文收藏机构——中国科技信息研究所提供，并委托万方数据加工建库，收录了自1980年以来我国各学科领域的博士、硕士研究生论文。中国学位论文全文数据库精选相关单位近几年来的博硕士论文，涵盖基础科学、理学、天文、地球、生物、医药、卫生、工业技术、航空、环境、社会科学、人文地理等各学科领域，作为我国最早建设的全国性学位论文数据库，它是我国目前收录学位论文信息最多、最全的数据库。可通过全文、论文题名、论文作者、作者专业、授予学位、导师、关键词、授予学位单位、馆藏号、分类号等途径检索。检索到的论文，可直接浏览PDF格式的全文，并可按章节保存及打印。网址：http://c.wanfangdata.com.cn/thesis。

3. 中国博硕士学位论文全文数据库

中国博硕士学位论文全文数据库（CDMD）是CNKI（中国知识基础设施工程）的系列产品之一，是目前国内资源最完备、收录质量最高、连续动态更新的博硕士学位论文全文数据库，知识来源于全国490余家博士培养单位的优秀博士学位论文和770余家硕士培养单位的硕士学位论文。覆盖基础科学、工程技术、农业、医学、哲学、人文、社会科学等各个领域。网址：http://kns.cnki.net/kns8?dbcode=CDMD。

4. ProQuest学位论文全文检索系统

ProQuest学位论文全文检索系统中的论文是国外著名的博硕士学位论文数据库ProQuest Digital Dissertations（PQDD）中的一部分。2002年开始，为满足国内对博士论文全文的广泛需求，国内各高等院校、学术研究单位以及公共图书馆，以优惠的价格、便捷的手段共同采购国外优秀博硕士论文，建立了ProQuest博士论文全文数据库，实现了学位论文的网络共享。国内一些高校都有镜像站点，检索途径有：作者（AU）、摘要（AB）、论文名称（TI）、学校（SC）、学科（SU）、指导老师（AD）、学位（DG）、论文卷期次（DISVOL）、ISBN、论文号（PN），可直接打开或下载PDF格式的论文全文。本检索系统网址为：http://www.proquest.com。

二、学位论文的检索方式

不同学位论文数据库的检索方式基本相似。下面以中国博硕士学位论文全文数据库为例介绍这些检索方式。它主要有检索、高级检索、专业检索、句子检索四种面向不同需要的检索方式。

1. 检索

检索提供了类似搜索引擎的检索方式，用户只需要输入所要找的题名、作者、关键词等检索要素，点击"检索"就查到相关的学位论文文献（图6-1）。

2. 高级检索

在高级检索中，将检索过程规范为三个步骤（见图6-2）：

第一步：限定时间范围、论文级别、并进行文献类别筛选；

第二步：输入主题、篇名、关键词、作者、导师、学位授予单位等内容检索条件，并采用逻辑关系进行检索；

第三步：对检索结果的分组排序，反复筛选修正检索式得到最终结果。

3. 专业检索

使用逻辑运算符和关键词构造检索式进行检索（图6-3）。

图 6-1 检索界面

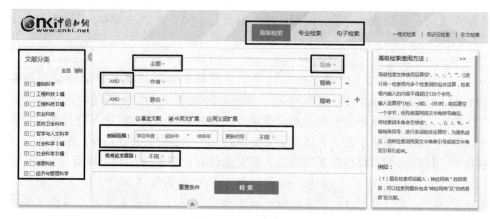

图 6-2 标准检索界面

在高级检索页切换"专业检索"标签,可进行专业检索。专业检索用于图书情报专业人员查新、信息分析等工作,使用运算符和检索词构造检索式进行检索。

专业检索的一般流程:确定检索字段构造一般检索式,借助字段间关系运算符和检索值限定运算符可以构造复杂的检索式。专业检索表达式的一般式:<字段><匹配运算符><

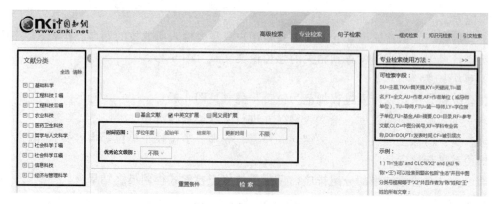

图 6-3 专业检索界面

检索值＞。

4. 句子检索

句子检索是通过用户输入的两个关键词，查找同时包含这两个词的句子。由于句子中包含了大量的事实信息，通过检索句子可以为用户提供有关事实的问题答案（见图 6-4）。

检索时应注意：同一句，包含 1 个断句标点（句号、问号、感叹号或省略号）；同一段，20 句之内。

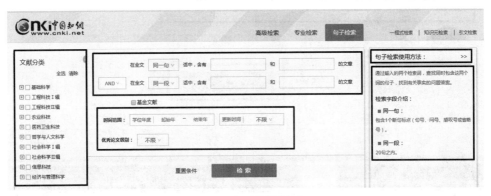

图 6-4　句子检索界面

任务三　确定检索途径

学位论文的检索途径主要有主题途径、关键词途径和著者途径。在检索过程中往往采取三种途径相结合的方式。

本课题主要以检索中国优秀博硕士学位论文全文数据库为例来学习检索策略的制定。

任务四　选用检索方法

一、选择检索词

通过课题分析知，可用如下检索词：大蒜油、大蒜精油、大蒜素、提取、分离、水蒸气蒸馏、超临界二氧化碳萃取、溶剂浸提法。

二、检索策略及结果

由于只检索大蒜油提取方面的学位论文，估计学位论文数量不多，采用"宽进严出"的检索原则。登录中国优秀硕士学位论文全文数据库后，确定先选用主题途径，选定时间范围为 2000～2020 年，输入主题"大蒜油"，共找到 118 篇，与主题相关的 7 篇。用该检索策略论文数目不多，采用检索范围更宽的摘要途径，输入检索词为"大蒜油"，共找到 81 篇的论文，与主题相关的 10 篇，用"关键词＝大蒜油"，检索到与主题相符的文章都已包含在用标题和摘要的检索方法中。（见图 6-5～图 6-8、表 6-1）

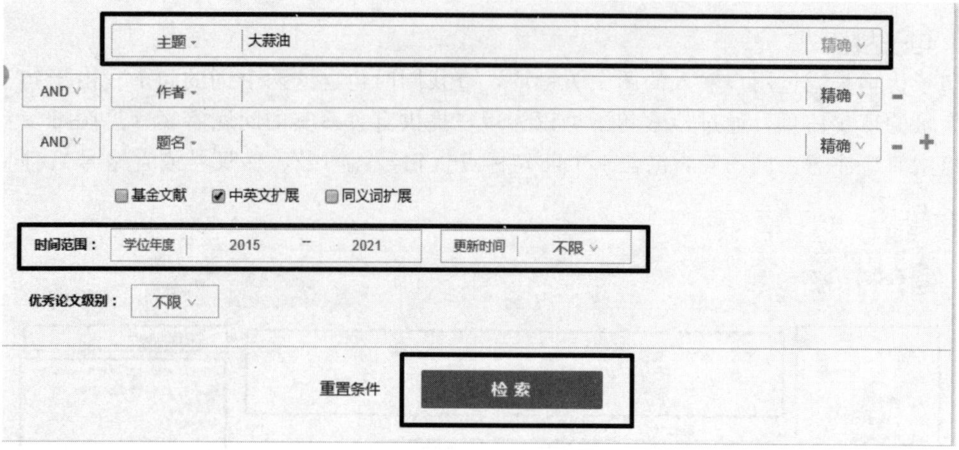

图 6-5　主题检索

图 6-6　主题检索结果

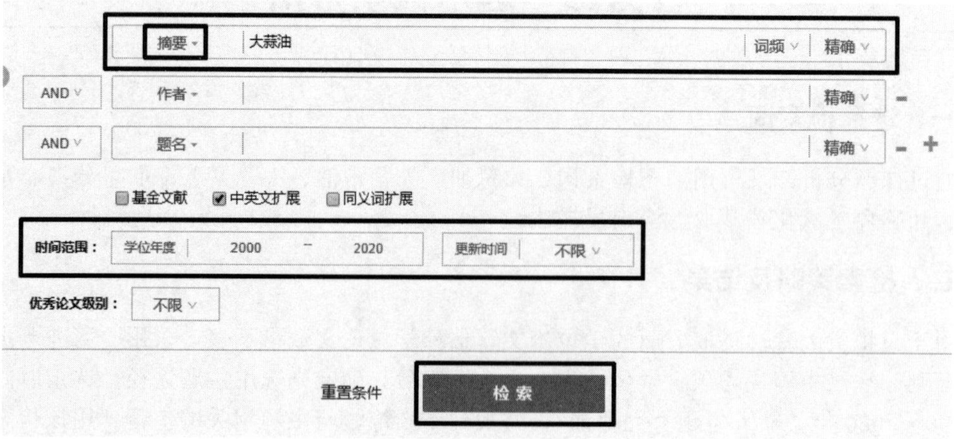

图 6-7　摘要检索

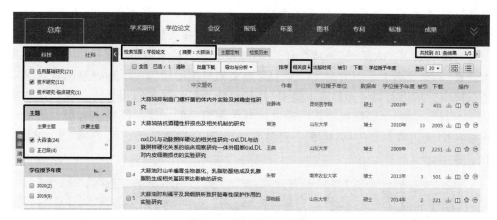

图 6-8 摘要检索结果

表 6-1 学位论文检索策略与结果（一）

检索策略	主题＝大蒜油	摘要＝大蒜油
与主题相关文献	① 王磊.大蒜油的提取及抗菌保鲜膜的研究[D].上海海洋大学,2003.	① 崔胜璐.蒜片加工废水中提取大蒜油的实验研究[D].北京化工大学,2019.
	② 许克勇.大蒜油逆流超临界CO_2萃取及大蒜多糖提取技术研究,西北农林科技大学,2005.	② 王磊,大蒜油的提取及抗菌保鲜膜的研究[D].上海海洋大学,2003.
	③ 周洁.大蒜油自微乳化系统的构建及抑菌研究[D].南昌大学,2020.	③ 李文清.大蒜素的合成、转化及其稳定性研究[D].暨南大学,2015.
	④ 王寅.易溶大蒜油微胶囊的生产技术研究[D].西南大学,2008.	④ 王大芬.大蒜提取物的制备工艺与防污活性研究[D].中国海洋大学,2012.
	⑤ 金丹丹.大蒜中大蒜油和金银花中黄酮类化合物的提取分离[D].南京理工大学,2005.	⑤ 胡勇.大蒜生物富硒作用及大蒜油提取技术研究[D].南京农业大学,2009.
	⑥ 崔胜璐.蒜片加工废水中提取大蒜油的实验研究[D].北京化工大学,2019.	⑥ 毕艳红.分子蒸馏技术分离提纯大蒜精油的研究[D].山东农业大学,2007.
	⑦ 刘冬文.大蒜油的提取及微胶囊化研究[D].中国农业大学,2003.	⑦ 罗兰.大蒜生物转化与有效成分提取工艺研究[D].中南大学,2005.
		⑧ 许克勇.大蒜油逆流超临界CO_2萃取及大蒜多糖提取技术研究,西北农林科技大学,2005.
		⑨ 金丹丹.大蒜中大蒜油和金银花中黄酮类化合物的提取分离[D].南京理工大学,2005.
		⑩ 刘冬文.大蒜油的提取及微胶囊化研究[D].中国农业大学,2003.

根据阅读文献可知,大蒜素,即二烯丙基硫代亚磺酸钠,是大蒜油中的主要成分。因此"大蒜素的提取"文献也是"大蒜油提取"的重要文献资料。与检索"大蒜油提取"学位论

文一样采用遵循"宽进严出"的原则。先只用一个检索词,用"主题=大蒜素",选定时间范围为2000~2020年,确定主要主题词为"大蒜素",共找到174篇,与主题相关的4篇。其中一篇与用检索词"大蒜油"检索出的文章重复。用该检索策略论文数目不多,改用"摘要=大蒜素",共找到173篇的论文,为了提高文献与主题相关度,减少查阅量,可以采用逻辑关系检索。用"摘要=大蒜素+提取",共得到3篇,与主题相关的2篇。用"摘要=大蒜素+萃取",共得到共找到7篇的论文,与主题相关的6篇。同样还有用"摘要=大蒜素+超临界二氧化碳萃取""摘要=大蒜素+溶剂浸提法"等方法检索。(见图6-9~图6-12、表6-2)。

图6-9 检索词为"大蒜素"检索

图6-10 检索词为"摘要=大蒜素+提取"检索

图6-11 检索词为"摘要=大蒜素+提取"检索结果

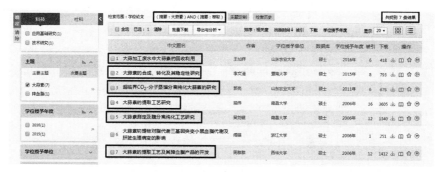

图 6-12 检索词为"摘要＝大蒜素＋萃取"检索结果

表 6-2 学位论文检索策略与结果（二）

检索策略	主题＝大蒜素	摘要＝大蒜素＋提取
与主题相关文献	① 王加祥.大蒜加工废水中大蒜素的回收利用.山东农业大学,2016.	① 李旭光.PEF下酶解提取蒜氨酸、大蒜素及其保鲜应用研究[D].吉林大学,2014
	② 熊伟.大蒜素的提取工艺研究[D].南昌大学,2006.	② 周黎黎.大蒜素的提取工艺及其降血脂产品的开发[D].西华大学,2006
	③ 周黎黎.大蒜素的提取工艺及其降血脂产品的开发[D].西华大学,2006	
	④ 李文清.大蒜素的合成、转化及其稳定性研究[D].暨南大学,2015.	
	⑤ 吴刘健.大蒜素测定及膜分离纯化工艺研究[D].南昌大学,2006.	
	⑥ 周黎黎.大蒜素的提取工艺及其降血脂产品的开发[D].西华大学,2006	

用大蒜精油作为检索词进行进一步检索，用"标题＝大蒜精油"，共找到 6 篇，与主题相关的 1 篇（见图 6-13）。用"标题＝大蒜＋摘要＝提取"，共找到 63 篇，其中与主题相关且上述检索方法未检索到的学位论文有 6 篇（见图 6-14）。用"标题＝大蒜＋摘要＝萃取" "水蒸气蒸馏" "超临界二氧化碳萃取" "溶剂浸提法"的检索方法检索到的学位论文都已包含在其他检索方法中。（见表 6-3）

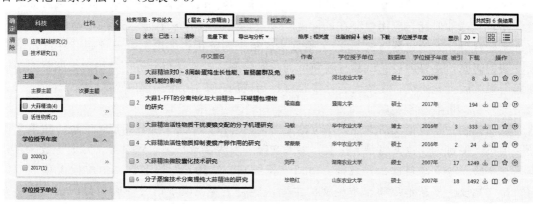

图 6-13 检索词为："大蒜精油"的检索结果

图 6-14　检索词为:"标题=大蒜+摘要=提取"的检索结果

表 6-3　学位论文检索策略与结果(三)

检索策略	标题=大蒜+摘要=提取
与主题相关文献	魏旻晖.大大蒜素类化合物的制备与抑菌研究[D].浙江工业大学,2012
	郭亮.超临界CO_2-分子蒸馏分离纯化大蒜素的研究[D].山东农业大学,2011

任务五　获取文献信息

学位论文可通过中国学位论文全文数据库、中国优秀博硕士学位论文全文数据库、ProQuest 学位论文全文检索系统直接下载获取,如没有下载权限的读者可以通过文献传递服务获取全文,如通过 OCLC 的馆际互借获取各国的学位论文。OCLC 是联机计算机图书馆中心(OCLC Online Computer Library Center)的简称,登录网址为:https://www.oclc.org,总部设在美国的俄亥俄州,是世界上最大的提供文献信息服务的机构之一,它是一个非营利的组织,以推动更多的人检索世界上的信息、实现资源共享并减少使用信息的费用为主要目的。数据库的记录中有文献信息、馆藏信息、索引、名录、全文资料等内容。资料的类型有书籍、连续出版物、报纸、杂志、胶片、计算机软件、音频资料、视频资料、乐谱等。

下面以《大蒜油的提取及微胶囊化研究》这篇硕士学位论文为例说明学位论文写作格式。

正文前有封面、中英文摘要、中英文关键词、论文目录。正文包括五章。第一章文献综述,主要内容:大蒜油的基本特性及优点;大蒜油的提取;大蒜油的生理功能;大蒜油的开发利用;大蒜油研究与应用中存在的问题。第二章蒸馏-萃取法提取大蒜油的研究,主要内容:实验材料;实验仪器与试剂;实验方法;结果与分析;结论。第三章超临界流体萃取大蒜油的研究,主要内容:试验材料和试剂;实验方法;结果与分析;结论。第四章大蒜油喷雾干燥微胶囊化研究,主要内容:实验材料与试剂;实验方法;结果与分析;结论。第五章全文总结。最后参考文献。

从阅读相关学位论文后发现,学位论文著录内容由以下几个部分组成:封面、中英文摘要、中英文关键词、论文目录、正文、参考文献、发表文章目录、致谢等。封面一般又含分类号、密级、论文题目、指导教师、申请学位级别、学科、专业名称、学位授予单位等信息。论文摘要应概括地反映出本论文的主要内容,主要说明本论文的研究目的、内容、方法、成果和结论。论文目录是论文的提纲。正文是学位论文的主体和核心部分,不同学科专业和不同的选题可以有不同的写作方式。正文一般包括以下几个方面：引言、各具体章节、结论、参考文献。不同学位授予单位对各个部分的著录格式都有严格要求。

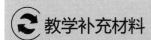 教学补充材料

学术规范

一、学术规范和学术道德

1. 学术规范

学术规范涉及学术研究的各方面、全过程。包括学术研究规范，学术评审规范，学术批评规范和学术管理规范。具体指，学术共同体根据学术发展规律制定的、有关各方共同遵守的、有利于学术积累和创新的各种准则和要求。

学术规范通常可以分为三个层次：

（1）逻辑层面 主要规范逻辑思维与创造性等方面的内容，包括交代学术缘起、问题意识、已有研究、个人独创和理论发展等，以确保在原有研究的基础上发现新问题，达到思想的深化和学理的创新。

（2）方法层面 主要规范研究的路径、边界与方法等，包括说明源流传承、范式依托、理论框架、分析模型、方法创新等。

（3）形式层面 主要指文本规范，包括文献索引、引证出处、参考书目、注释体例等。其中，形式层面在很大程度上反映着方法和逻辑层次上达到的水平，是基础性、核心性的，也是最重要的规范要求。

学术规范的意义是有助于彰显学术研究的价值，使学术活动制度化、学术研究标准化和专业化；有助于学术积累和创新，强调学术史的研究和学术传统的养成，从而推动学科发展；有助于解决学风建设问题，规约和惩处学术研究活动中的各种不良行为。

2. 学术道德

学术道德是指在学术界约定俗成并得到学者认同和共同遵守的观念道德和价值取向，包括对待学术事业的态度、学术责任等。学术道德作为社会意识形态之一，对行为者的约束作用是以自觉为特征的。

学术道德与学术规范之间的关系是学者在进行学术活动时自律与他律的关系，也就是说"学术规范是一种外在的、强制性的约束机制，而学术道德则是学者内在的自我修养机制"。

高等学校预防与处理学术不端行为办法

二、学术不端行为

2016年4月5日，教育部第14次部长办公会议审议通过《高等学校预防与处理学术不端行为办法》，于2016年9月1日起施行。

2019年5月29日，国家新闻出版署正式发布我国首个针对学术不端行为的行业标准——《学术出版规范——期刊学术不端行为界定（CY/T 174—2019）》（以下简称《标准》），2019年7月1日正式实施。《标准》首次界定了学术期刊论文作者、审稿专家、编辑者三方可能涉及的学术不端行为。

CY/T 174—2019

项目练习

1. 对《绿色表面活性剂烷基糖苷的合成研究》进行课题分析。
2. 制定《水基柔版油墨的研制》检索策略。
3. 制定《超高分子量氧化乙烯造纸助剂的研制》检索策略。
4. 利用学位论文全文数据库检索关于《新型纳米润滑添加剂的研制》的论文。
5. 检索关于"新型液体燃料——二甲醚的合成工艺"文献资料。
6. 检索关于"纤维状超细特种镍粉的制备"的文献资料。

项目七
关于"陶瓷膜制备"的会议信息——会议文献的检索

 本项目的任务驱动

1. 以具体课题为载体检索,通过本项目的学习,学生掌握会议文献(Conference Papers)检索的基本过程和方法。

2. 能力目标

(1)了解 会议文献的基本知识。

(2)掌握 会议文献检索的常用工具、常用方法、检索步骤。重要会议检索数据库(网站)的检索特点和使用方法。

(3)会做 能够运用会议文献检索的基本知识,按照信息检索的步骤,解决遇到的实际检索问题。

在国际学术交流中,学术会议文献是非常重要的原始文献。新理论、新方案、新迹象以及新观念往往最先在学术会议上宣布,并以会议录的形式发表。由于一些会议论文可能不在期刊上发表,因此对会议论文的检索非常重要。会议录则是发表会议文献的主要出版物。陶瓷膜是现在热门的科学研究对象。国际上,每年都会召开很多关于膜的开发、应用的会议。因此,科研工作者要全面掌握关于陶瓷膜的开发、应用方面的技术,会议文献是必须查找的重要文献之一。

会议文献是指在学术会议上宣读和交流的论文、报告及其他有关资料,多数以会议录的形式出现。随着科学技术迅速发展,世界各国的学会、协会、研究机构及国际性学术组织举办的各种学术会议日益增多。

会议文献具有以下特点:专业性和针对性强,内容新颖,学术水平高,信息量大,涉及的专业内容集中,可靠性高,及时性强,出版发行方式灵活等。因此,会议文献在目前的十大科技信息源中,其利用率仅次于科技期刊。

会议文献按出版时间的先后可分为会前、会间和会后三种类型。

1. 会前文献(Preconference Literature)

会前文献一般是指在会议进行之前预先印发给与会代表的会议论文预印本(Preprints)、会议论文摘要(Advance Abstracts)或论文目录。其中预印本是在会前几个月内发至与会者或公开出售的会议资料,比会后正式出版的会议录要早1~2年,但内容完备性和准确性不及会议录。有些会议因不再出版会议录，故预印本就显得更加重要。

2. 会间文献（Literature Generated During the Conference）

有些论文预印本和论文摘要在开会期间发给参会者，这样就使得会前文献成了会间文献。此外，还有会议的开幕词、讲演词、闭幕词、讨论记录、会议决议、行政事务和情况报道性文献，均属会间文献。

3. 会后文献（Post Conference Literature）

会后文献主要指会议后正式出版的会议论文集。它是会议文献中的主要组成部分。会后文献经过会议的讨论和作者的修改、补充，其内容会比会议前文献更准确，更成熟。会后文献的名称形形色色，常见的如下：会议录（Proceeding）、会议论文集（Symposium）、学术讲座论文集（Colloquium Papers）、会议论文汇编（Transactions）、会议记录（Records）、会议报告集（Reports）、会议文集（Papers）、会议出版物（Publications）、会议辑要（Digest）等。会议文献没有固定的出版形式，有的刊载在学会（协会）的期刊上，作为专号、特辑或增刊，有些则发表在专门刊载会议录或会议论文摘要的期刊上。据统计，以期刊形式出版的会议录约占会议文献总数的 50%。一些会议文献还常常汇编成专题论文集或出版会议丛刊、丛书。还有些会议文献以科技报告的形式出版。此外，有的会议文献以录音带、录像带或缩微品等形式出版。

任务一　分析检索要素

一、课题主要概念分析

为了更全面、准确地把握课题所涉及的概念，获得对"陶瓷膜制备"更为系统的认识，通过查阅教科书、专著、百科全书、专业手册、图录和数据汇编等文献，获得对该领域研究的了解和把握，同时可以对背景知识和相关名词术语作以全面的了解。若查找不到相关书籍，可检索与陶瓷膜相关的中文综述性文献。

通过阅读相关的中文综述性文献，得到该课题的研究背景：陶瓷膜也称 CT 膜，是固态膜的一种，20 世纪 40 年代，美国科学家就掌握了陶瓷膜技术，但当时的陶瓷膜技术只用于高端领域，属于国家机密。20 世纪 80 年代，在欧美发达国家，陶瓷膜已得到广泛应用。1989 年底，南京工业大学膜科学技术研究所徐南平博士开展了陶瓷膜工业生产、人才培养、行业标准制定和推广应用工作，经过十几年的努力，终于在中国形成了能够与国际先进技术相竞争的陶瓷膜应用技术。

陶瓷膜主要是 Al_2O_3、ZrO_2、TiO_2 和 SiO_2 等无机材料制备的多孔膜，其孔径为 2～50mm。具有化学稳定性好，能耐酸、耐碱、耐有机溶剂，机械强度大，可反向冲洗，抗微生物能力强，耐高温，孔径分布窄，分离效率高等特点，在食品工业、生物工程、环境工程、化学工业、石油化工、冶金工业等领域得到了广泛的应用，其市场销售额以 35% 的年增长率发展着。陶瓷膜与同类的塑料制品相比，造价昂贵，但又具有许多优点，它坚硬、承受力强、耐用、不易阻塞，对具有化学侵害性液体和高温清洁液有更强的抵抗能力，其主要缺点就是价格昂贵，制造过程复杂。

目前，已商品化的多孔陶瓷膜的构形主要有平板、管式和多通道 3 种。平板膜主要用于小规模的工业生产和实验室研究。管式膜组合起来形成类似于列管换热器的形式，可增大膜装填面积，但由于其强度问题，已逐步退出工业应用。规模应用的陶瓷膜，通常采用多通道构形，即在一圆截面上分布着多个通道，一般通道数为7、19和37。陶瓷膜的制备方法有很多，可根据应用过程对膜材料、膜结构、膜孔径大小、孔隙率和膜厚要求的不同而加以选择。目前有工业应用前景的制备方法主要有：固态离子烧结法、溶胶-凝胶法、阳极氧化法、化学气相沉淀法、辐射-腐蚀法等。

从该课题的研究背景可知，课题主要概念包括陶瓷膜、制备，制备方法有固态离子烧结法、溶胶-凝胶法、阳极氧化法、化学气相沉淀法、辐射-腐蚀法等，它们都是"制备"的分支概念。陶瓷膜根据不同的应用和特性有时也称陶瓷过滤膜、陶瓷分离膜、陶瓷纳滤膜、陶瓷微滤膜等。

检索式中可将"制备"与"固态离子烧结法""溶胶-凝胶法""阳极氧化法""化学气相沉淀法""辐射-腐蚀法"等词的逻辑关系作为"或"来处理。

如果需要检索英文文献，还需进一步分析主要概念的英文表达形式，"陶瓷膜"的英文单词为"ceramic membrane"，"陶瓷过滤膜"为"ceramic filter membrane"，"陶瓷纳滤膜"为"ceramic nanofiltration membrane"，"陶瓷微滤膜"为"ceramic microfiltration membrane"，"制备"的英文表达为"preparation"。检索概念对应的英文表达形式可以从科技词典中获得，也可以参考中文文献中的英文摘要和关键词，而且同样要随时留意检索结果中出现的对同一概念的不同英文表达形式，需将新的表达形式作为同义词进行补充检索。

二、专业范围分析

把握课题所属的专业范围关系到检索信息源（特别是专业信息源）的选择，特别对于手工检索进行专业范围的分析尤为重要。陶瓷膜属于无机化工产品，但是应用领域众多，涉及食品工业、生物工程、环境工程、化学工业、石油化工、冶金工业等专业领域。从本课题分析可以发现，随着科技的发展，学科之间的交叉、融合日益深化，因此应多方面对课题进行把握，才可以保证所选信息源的全面性。

三、时间范围分析

针对本课题，要对陶瓷膜制备进行全面掌握。首先要了解关于"陶瓷膜制备"的研究背景及现状，要了解一个全过程就要回溯以前很长一段时期的大量文献，要求检索得全面、详尽、系统，则要强调一个"全"字。而跟踪"陶瓷膜制备"最新研究进展，则又属于了解科技的最新动态、学科的进展、了解前沿、探索未知，则检索需要强调一个"新"字，要求文献的时效性，这种检索可以通过限制检索年限以及借助数据库的定期跟踪功能来实现。因此，查全、查新是本课题文献检索的重点。

四、国家范围分析

通过查阅教科书、专著、中文文献等，可知在日、美等发达国家，陶瓷膜制备和应用成熟和广泛。在国内，南京工业大学膜科学技术研究所研究较为深入，并已产业化生产。因此，检索文献重点应该选择检索日、美等发达国家及国内著名的相关研究所的文献。

任务二　确定检索工具

检索工具的种类繁多，其文献类型、学科和专业的收录范围各有侧重，所以，根据课题的检索要求，选准、选全检索工具十分重要。

检索工具的选择通常有两种方法：手工检索工具、计算机检索工具。由于手工检索复杂且耗时长，现在应用较小，这里不做具体介绍，我们主要介绍化工类科研人员常用的会议文献数据库。

一、万方会议论文数据库

万方会议论文数据库是万方数据资源系统（http://www.wanfangdata.com.cn）的科技信息子系统所提供的会议论文数据库，会议文献收录在中国学术会议文献数据库（China Conference Proceedings Database）中。

中国学术会议文献数据库会议资源包括中文会议和外文会议，中文会议收录始于1982年，年收集约3000个重要学术会议，年增20万篇论文，每月更新。外文会议主要来源于NSTL外文文献数据库，收录了1985年以来世界各主要学协会、出版机构出版的学术会议论文共计766万篇全文（部分文献有少量回溯），每年增加论文约20余万篇，每月更新。

二、国内外重要会议论文全文数据库

国内外重要会议论文全文数据库是中国知网（CNKI，http://www.cnki.net）的会议论文数据库，重点收录1999年以来，中国科协系统及国家二级以上的学会、协会、高校、科研院所，政府机关举办的重要会议以及在国内召开的国际会议上发表的文献，部分重点会议文献回溯至1953年。产品分为十大专辑：基础科学、工程科技Ⅰ、工程科技Ⅱ、农业科技、医药卫生科技、哲学与人文科学、社会科学Ⅰ、社会科学Ⅱ、信息科技、经济与管理科学。十专辑下分为168个专题。

三、中国会议论文数据库

国家科技图书文献中心（NSTL，http://www.nstl.gov.cn）的中国会议论文数据库收录了1985年以来我国国家级学会、协会、研究会以及各省、部委等组织召开的全国性学术会议论文。数据库的收藏重点为自然科学各专业领域，每年涉及600余个重要的学术会议，年增加论文4万余篇，每季或月更新。外文会议论文数据库主要收录了1985年以来世界各主要学会协会、出版机构出版的学术会议论文，部分文献有少量回溯。学科范围涉及工程技术和自然科学各专业领域。每年增加论文约20余万篇，每周更新。

四、《科技会议录索引》

《科技会议录索引》（Index to Scientific & Technical Proceedings，简称ISTP（CPCI)），是由ISI出版，1978年创刊，报道世界上每年召开的科技会议的会议论文。

ISTP（CPCI）的光盘版检索通过ISI公司出版的ISTP（CPCI）光盘来检索，作者著录方式、检索软件基本与SCI光盘相同，不同的是一次可检索五年的数据。ISTP（CPCI）数据库中作者单位字段著录不完全,在检索 ISTP(CPCI)收录时,用单位来限制检索可能不全。

ISTP(CPCI)的网络版检索通过 ISI 的 Web of Science Proceedings(ISTP,ISSHP)来检索,网络版的检索平台是 Web of Science,检索方法与 SCI 网络版基本相同。

《科技会议录索引》特点:

① ISI(CPCI)可提供两个版本:科技版、社会和人文科学版。

② 每周更新;每年新增超过 385,000 条记录。

③ 覆盖 250 个学科,包括工程学、物理学、生物学、化学、精神病学和经济学。

④ 结合了来自世界上最新出版的书籍、杂志、报告、丛书和预订本的综合多学科内容。

⑤ 内容包括国际会议录,不限于以英语发表的论文。

⑥ 提供检索入口有:会议录标题、会议赞助方、论文作者、会议召开地点、会议说明、作者地址或日期、主题词。

⑦ 有一般检索也有复杂检索。

五、其他会议信息资源

1. 学术团体数据库及网站

学术团体是会议文献的重要来源,许多专业协会、学会拥有自己的数据库和网站,如 IEEE、ACM、ASME 等,一方面可以使用他们的数据库获取全文,另一方面可以直接利用其网站获取相关信息。世界上一些著名的专业协会、学会如下:

ACM——美国计算机学会

ACS——美国化学学会

AIP——美国物理研究所

APS——美国物理学会

ASCE——美国土木工程师学会

ASME——美国机械工程师协会

ASTM——美国试验与材料协会

IEE——英国电子电气工程师学会

IEEE——美国电子电气工程师学会

SAE——美国机动车工程师协会

SPIE——美国光学工程师学会

2. 会议信息网站

(1) 学术会议网(http://www.keoaeic.org) 是由多所国内外大学、科研院所和企业联合创建的一个成熟的国际学术交流品牌,简称 AEIC。2014 年起,已成功举办 200 场国际学术会议,参与人数突破 30000 人次。会议主题涉及能源与环境、水利土木工程、电子信息工程、生物工程、计算机科学、地球科学、机械自动化、材料与制造技术、经管金融、人文社科等主流学科。

(2) 艾会网(http://www.aconf.cn) 此网会议管理软件是一个集学术管理、会务管理、在线收款、视频直播与点播、酒店预订、财务管理及会议建站于一体的会议管理 SAAS 软件。通过艾会网会议管理软件,可以大大降低办会成本并提高办公效率和效果。

(3) 万方数据知识服务平台(http://www.wanfangdata.com.cn) 通过此平台中的"会议速递"栏目,可以获取国内外重要会议信息情况。

任务三　确定检索途径

根据会议文献自身的特点，用户在使用会议检索类工具时，主要通过以下两种途径来检索：一是直接根据会议文献的特征检索某篇会议论文，常用的检索途径包括论文题名、关键词、摘要、作者、分类号、会议名称、主办单位、会议时间、会议地点、出版单位等；二是通过某届会议的举办特征检索这届会议上的相关信息和文献，通常使用分类号、会议名称、主办单位、会议时间、会议地点、出版单位等就可以了。

会议名称、主办单位、会议时间、会议地点、出版单位等检索入口，要求用户对会议的举办及会议文献的出版事项比较了解。一般来说，如果关注某些学术会议，会了解一些关于会议的举办及出版事项，使用这些字段也会得心应手。需要注意的是："主办单位"和"出版单位"不一定是一个单位。若用户对这些事项不了解，又想检索关于某学科方向的会议论文时，建议使用论文题名、关键词、摘要、作者、分类号等入口。

确定检索途径，应根据已知条件，选取最易查获所需文献的途径，例如：

第一，若已知文献的著者、号码、分子式和地名等，可利用相应索引查获所需文献，同时，还可通过上述途径间接核准确切的分类号或主题词。第二，要根据检索工具的具体情况选择检索途径。检索工具一般都有多种检索途径，若课题的检索泛指性较高，即所需文献范围较广，则选用分类途径较好；反之，课题检索的专指性较强，即所需文献比较专深，则选主题途径为宜。

一、轮排主题途径

轮排主题途径使用的主题词是直接来自著者在论文题目中使用的词。如 ISTP 就采用这种方式。这种属于自然语言的主题词称为题内关键词，它们由计算机根据预定程序对输入的论文篇名处理后产生。轮排主题途径是以代表文献主题内容的实质性的词汇作为检索标识进行文献检索的一种检索途径。即按检索课题的检索词先查"主题索引"，由此获得文摘号（文献顺序号），然后转查正文。

二、会议录编号途径

会议录编号途径：有一些文献如专利、科技报告等每篇文献都有一个或多个号码，这些号码可编为号码索引。这需要事先知道号码。

三、编著者途径

编著者途径：作者（编著者）包括个人作者和团体作者，还包括专利发明者、专利权所有者等。作者索引按字顺编排，适用于各种类型的文献，几乎所有的检索工具都配有作者索引。从编著者途径检索必须事先已知作者姓名，所以编著者途径只能作为辅助途径。

如果已知编著者姓名，可以查"作者索引"，由获得的文摘号（文献顺序号）转查正文。

四、主办单位途径

如果事先知道主办单位，就可以选择主办单位途径进行检索。

任务四　选用检索方法

选用检索方法的目的在于寻求一种花时少、检索效果好的有效方法。检索方法多种多样,究竟采用哪种方法最合适,主要应根据检索条件,检索要求和学科特点而定。

(1) 检索工具的条件　在没有检索工具可利用的情况下,可采用追溯法。在检索工具比较齐全的情况下,可采用常规法和分段法,因为这两种方法的查全性、查准性都较高。

(2) 检索课题的要求　通常要求检索全、快、准,但三者又难以兼得。若以全、准为主,应采用顺查法。顺查法适用科研主题复杂、研究范围较大、研究时间较长的科学研究。新兴的课题研究以快、准为主,宜用倒查法。

(3) 学科发展特点　选择检索方法还须考虑课题的学科发展特点。① 检索课题属于年轻新兴学科,起始年代不太长,一般采用顺查法(也可采用倒查法);② 检索课题属于较老课题,起始年代较早或无从考查,则可采用倒查法;③ 有的学科在一定的年代里处于兴旺发展时期,文献发表得特别多,则在该时期内采用抽查法检索效果好。

一、轮排主题途径

选用中国重要会议论文全文数据库为例,进行检索学习。通过相关课题知识分析后,可用如下检索词:陶瓷膜、陶瓷过滤膜、陶瓷分离膜、陶瓷纳滤膜、陶瓷微滤膜、制备、固态离子烧结法、溶胶-凝胶法、阳极氧化法、化学气相沉淀法、辐射-腐蚀法等。

由于陶瓷膜属于热门研究对象,估计论文数量较多,如为了查找准确,在采用主题途径的时候,陶瓷膜和制备应同时作为检索词。检索界面见图7-1。共检索到相关论文38篇(图7-2)。为了避免漏检,可将上述列出的检索词采用不同组合进行文献检索,如陶瓷微滤膜和制备、陶瓷纳滤膜和制备等。另外,通过文献阅读,对课题知识掌握的深入,随时调整检索策略。

主题途径检索

图7-1　轮排主题检索界面

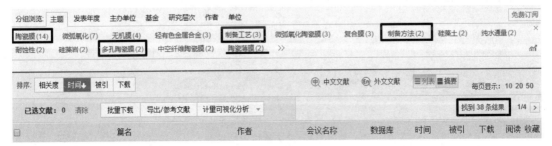

图7-2　轮排主题检索结果

二、论文集名称途径

为了更多掌握与陶瓷膜相关的膜科学领域的研究动态，有时需要科研人员掌握相关膜科学领域的会议及论文集。采用检索词"膜"检索相关的论文集（图 7-3）。共检索到相关论文 7000 多篇（图 7-4）。在检索结果界面左侧，有学科分类、会议论文集、主题等类目，根据检索要素分析，缩小检索范围，依次选择"国内会议""材料科学""第 19 届全国分子筛学术大会论文集——B 会场：等级孔材料多孔膜材料多孔材料理论研究"，进行二次检索，得到检索结果，从中筛选会议文献。

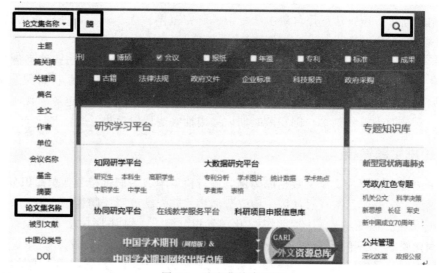

图 7-3　论文集检索界面

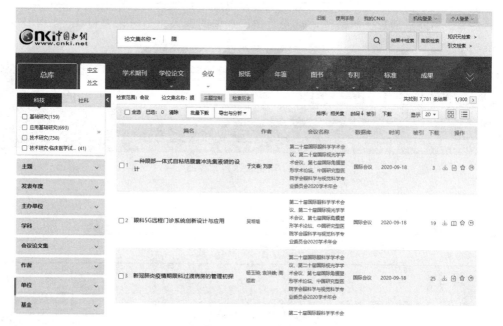

图 7-4　论文集检索结果

三、作者途径

通过对课题知识深入的了解掌握,知道国内陶瓷膜方面的知名专家有南京工业大学的徐南平,他是中国膜领域国家"973"项目首席科学家,是中国陶瓷膜产业化的探索者。因此,作为从事陶瓷膜研究的工作人员,追踪查阅徐南平及他的研究团队的人员论文就显得非常重要。为防止出现其他单位的同名作者。检索式采用"徐南平"+"南京工业大学"。检索结果见图7-5。

图7-5 作者检索界面

通过阅读文献发现徐南平团队中的主要研究学者有邢卫红、金万勤、范益群等,接着可以用同样的检索方法对该团队人员的论文进行检索。

四、主办单位途径

通过有关途径了解到中国蓝星(集团)总公司曾经主办过与膜相关的会议,想了解详情,可通过检索查得,见图7-6。

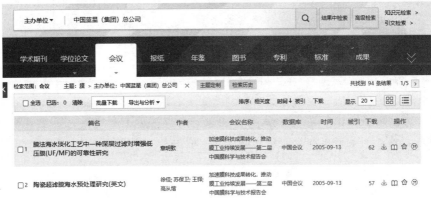

图7-6 主办单位检索界面

任务五 获取文献信息

中国知网数据库中的国际会议论文全文数据库、中国重要会议论文全文数据库可直接检索到全文会议文献。会议论文的著录格式与一般期刊基本一致，主要有篇名、作者、摘要、正文、参考文献构成。见图 7-7。

·274· 第四届中国膜科学与技术报告会论文集 2010年10月

基于 TiO_2 纳米纤维制备高性能陶瓷超滤膜

邱鸣慧，范 苏，蔡媛媛，范益群，徐南平

（南京工业大学 膜科学技术研究所，材料化学工程国家重点实验室，江苏 南京 210009）

摘 要：以 TiO_2 纳米纤维为原料，采用浸浆法在多孔 $\alpha-Al_2O_3$ 支撑体上制备 TiO_2 膜，针对 TiO_2 纳米纤维高温煅烧易使纤维形貌发生变化，低温煅烧难以到达足够强度的问题，提出在纤维层中加入 TiO_2 溶胶促进烧结. 结果表明：烧结温度为 480 ℃时，溶胶颗粒包覆在纳米纤维表面，通过溶胶颗粒之间形成的颈部连接使膜层具有良好的结合强度和完整的表面结构. 以纳米纤维层为过渡结构，浸涂三次溶胶，480 ℃共烧结后可以得到双层结构明显 TiO_2 超滤膜，其对葡聚糖的截留分子量达到 32 000，对应的 stokes 直径为 8 nm 左右.

关键词：陶瓷膜；溶胶包覆纤维；共烧结；超滤膜

陶瓷纤维是一种纤维状轻质陶瓷材料，具有高模量、高耐热性和低导热率等特点，最初作为耐火保温材料被发展起来，而后逐渐作为过滤材料得到新

层 TiO_2 超滤膜.

1 实验部分

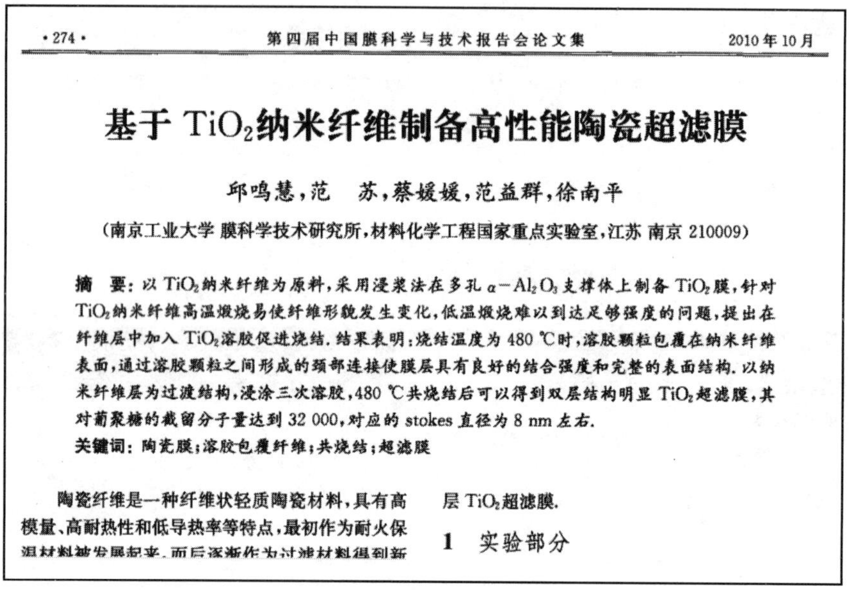

图 7-7 会议论文格式

教学补充材料

国际会议文献的报道工具

国际会议文献的报道工具主要有：《世界会议》，预报未来两年内即将召开的国际会议和重要会议的消息，因此它只是一种消息性检索工具；《会议论文索引》，报道已经召开或即将召开的会议消息以及在会议上宣读的论文（题录性质）；《科技会议录索引》，是一种详尽收集会后发表的会议文献的检索工具（参见任务二）。

一、《世界会议》

《世界会议》（World Meetings，WM）是由美国 World Meetings Information Center Inc. 编辑，MacMilan Publishing Company 出版，专门报道未来两年内将要召开的国际学术会议信息，是查阅最新国际会议消息的工具。它共分 4 个分册。

(1) World Meetings United States & Canada,1963 年创刊,只预报美国、加拿大两国当年和次年将要召开的各种世界性会议。

(2) World Meetings Outside United States & Canada,1968 年创刊,专门预报美国、加拿大两国以外当年和次年将要召开的各种世界性会议。

(3) World Meetings Medicine,1978 年创刊,专门报道医学方面的国际会议。

(4) World Meetings Social & Behavioral Science、Education & Management,1971 年创刊。

这 4 个分册都是季刊,而且编排方法和著录格式都相同。

会议论文最大的特征在于标注有明确的会议信息,包括会议名称、会议召开的地点和时间、会议文集的名称和出版时间等。斜体字代表了作者在会议上发表的论文题名。

二、《会议论文索引》

《会议论文索引》(Conference Papers Index,CPI)是由美国 Data Courier Inc.(数据快报公司)于 1973 年创刊(现在属于美国剑桥科学文摘社)的月刊型检索工具,主要检索最新会议论文。这些论文可能已经收集在会议录中,也可能还只是一个预告,不过都有论文的标题,因此是一种题录式报道工具。CPI 报道的会议文献,时间上介于其他二者之间,能同时拥有"过去"和"将来",既比《世界会议》"实在"(有论文),又比《科技会议录索引》新和快,年报道量达 10 万,因此是检索最新研究成果的好工具。

CPI 由正文和索引两大部分组成,正文部分是会议消息和会议论文的标题,按 17 个学科专业分类排列,每一类目下列出该类各种会议的名称、召开日期及地点、订购消息等项,会议消息之后著录了会议上即将宣读或已经宣读的多篇论文、著者及其单位等。

项目练习

1. 检索"陶瓷膜在污水处理中的应用"的会议文献资料。
2. 检索"膜技术在氨基酸生产中的应用"的会议文献资料。
3. 检索"离子交换树脂的绿色再生工艺"的会议文献资料。
4. 检索"膜分离技术研究动态"的会议文献资料。
5. 利用"艾会网"检索近 6 个月的会议信息。

项目八
壳聚糖在水果储存方面的应用——美国《化学文摘》(CA)检索实例

 本项目的任务驱动

1. 通过本项目的练习,使学生了解美国《化学文摘》(CA)检索的基础知识,以及利用其进行检索的基本方法。

2. 能力目标

(1)了解　美国《化学文摘》(CA)的基本知识。

(2)掌握　美国《化学文摘》(CA)的常用工具、常用方法、检索步骤。CA数据库(网站)的检索特点和使用方法。

(3)会做　能够运用美国《化学文摘》(CA)的基本知识,按照信息检索的步骤,解决遇到的实际检索问题。

任务一　分析检索要素

《壳聚糖在水果储存方面的应用》课题的检索应当从两个主题词加以考虑:"壳聚糖"和"水果储存(水果保鲜)"。

壳聚糖(chitosan)是由乙酰氨基葡萄糖多聚物——甲壳素(chitin)在强碱性条件下进行部分脱乙酰基作用后形成的一种重要的衍生物,呈白色或灰白色、无定形、半透明、略有珍珠光泽。分子式为$(C_6H_{11}NO_4)_n$。壳聚糖的化学结构与纤维素相似(图8-1),是由多个N-乙酰氨基葡萄糖通过β-(1,4)-糖苷键连接起来,是唯一的碱性天然多糖,与甲壳素相比,它的溶解性增强了许多,可溶于低浓度的无机酸和某些有机酸;同时,性质也更为活泼,表现出多种独特的生物活性和功能,包括止血活性、抗微生物活性、生物降解性以及与金属离子有强的亲和性,在医学、食品、化工、环保等方面具有广泛的用途。

而甲壳素是存在于自然界中的唯一一种带阳离子能被生物降解的高分子材料,大量存在于昆虫、甲壳纲动物外壳及真菌的细胞壁中,是地球上仅次于纤维素的第二大可再生资源,在自然界中生物合成量每年高达几百亿吨之多。但甲壳素不溶于水及有机溶剂,很难被人体利用,转化为壳聚糖则能被人体吸收利用。丰富的甲壳素资源为壳聚糖的广泛应用提供了有

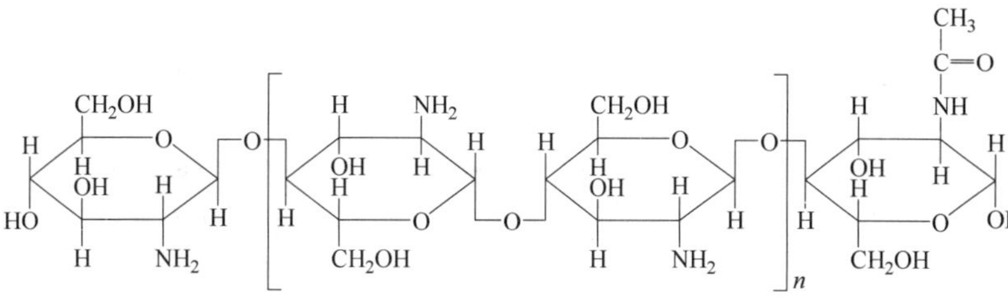

图 8-1 壳聚糖结构式

利条件。

壳聚糖在水果储存方面的作用机理：壳聚糖具有良好的成膜性，可在水果表面形成一层无色透明的半透膜，进而调节水果采后的生理代谢过程，如抑制呼吸、延缓衰老等；壳聚糖还具有使水果表面伤口木栓化、堵塞皮孔和增强 HMP 途径等作用，从而提高果实的抗病能力。壳聚糖涂膜后在一定程度上可改变钙在细胞内存在的状态，使结合态钙增多，可溶性钙减少，因而可以增强细胞壁和细胞膜的稳定性，缓解促熟作用。此外，壳聚糖能够对真菌孢子产生直接的抑制作用，使菌体变粗、扭曲，甚至发生质壁分离。经损伤接种细链格孢的兰州大接杏，用壳聚糖涂膜处理后，在常温和低温下储藏，可明显降低其黑斑病的发病率，抑制病斑的扩展速度。

任务二 研究课题确定检索工具

通过对课题进行简要分析，可以将检索文献的范围锁定在生物化学学科内，常用检索工具有：斯普林格 Springer（www.springer.com）、Elsevier Online（www.sciencedirect.com）、美国《化学文摘》（CA）、Wiley InterScience（www.interscience.wiley.com/cgi-bin/home）等。而在此领域内可供参考的中文、英文文献当以美国《化学文摘》（CA）收录最全面。因此，检索工具选择美国《化学文摘》。

美国《化学文摘》(Chemical Abstracts，CA) 是世界上著名的检索刊物之一。创刊于 1907 年，是由美国化学会化学文摘社（CAS of ACS, Chemical Abstracts Service of American Chemical Society）编辑出版的一种特大型文献检索工具书，到目前为止，CA 已收文献量占全世界化工化学总文献量的 98%，被称为是"打开世界化学化工文献的钥匙"。因此，对于从事化学化工研究工作的单位和个人来说，CA 都是必不可少的重要工具书。

> **教学补充材料**
>
> **美国《化学文摘》（CA）的特点**
>
> （1）历史悠久，收录内容广泛，且迄今从未间断，是举世公认的最完整的化学文献检索工具之一。
>
> 美国《化学文摘》（CA）前身为美国在 1895～1901 年出版的《美国化学研究评论》(Review of American Chemical Research) 和 1897～1906 年间出版的《美国化学会杂志》(J. of the American Chemical Society) 中的文摘部分。美国《化学文摘》（CA）1907 年正

式创刊（半月刊），一年一卷；1961年改为双周刊，一年一卷，每卷26期；1962年（双周刊）改为一年两卷，每卷13期；1967年改为周刊，一年两卷；现在发行采用周刊，每年出版2卷，每卷26期。

美国《化学文摘》（CA）收录的文献以化学化工为主，除包括无机化学、有机化学、分析化学、物理化学、生物化学、高分子化学外，并在不同程度上涉及冶金学、地球化学、药物学、毒物学、环境化学、生物学以及物理学等很多学科领域，它着重摘报纯化学和应用化学各领域的科研成果和工艺成就。其来源为不少于2万种出版物，期刊收录多达9000余种，另外还包括47个国家和3个国际性专利组织的专利说明书、评论、技术报告、专题论文、会议录、讨论会文集等，涉及世界200多个国家和地区60多种文字的文献，近年来每年收集的文摘至少约50万条以上。

(2) 报道迅速，与时俱进，不断发展（图8-2）。

从20世纪60年代起，美国《化学文摘》（CA）的编辑工作就开始从传统方法逐步向自动化过渡，1975年第83卷起，CA的全部文摘和索引均采用计算机编排，报道时差从11个月缩短到3个月，美国国内的期刊及多数英文书刊在CA中当月就能报道。网络版SciFinder更使用户可以查询到当天的最新纪录。CA的联机数据库可为读者提供机检手段进行检索，大大提高了检索效率。

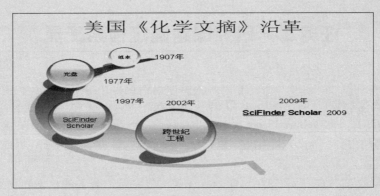

图8-2　CA发展沿革

此外，随着科学技术的发展，化学文献数量与日俱增。CA的收录数量、报道方式、检索方法也随之不断发展和变化。特别是近三四十年来发展更快。

(3) 分类详细、索引齐备、检索途径多。

美国《化学文摘》（CA）由文摘和索引两部分组成。文摘按类目编排，按流水号连续编号。索引按收录范围划分有期索引（Keyword Index、Author Index、Patent Index）、卷索引、累积索引（同卷索引）等。

《化学文摘》初创刊时未做具体的分类。随着学科的发展，到1911年设置了30个类目，后来几经变动，从1967年起按照学科共设80个类目，划分成5个部分，即生物化学（1~20类）、有机化学（21~34类）、高分子化学（35~46类）、应用化学与化学工程（47~64类）、物理化学与分析化学（65~80类）。

索引是否完善是文摘刊物质量的标志，CA的索引系统完善，每期都刊有期索引。以前有4种期索引,自1981年第94卷起改为3种,即关键词索引、专利索引和作者索引。另单独出版有卷索引,每年出2卷,是查阅当卷各期中全部文摘的工具。卷索引有普通主题索引、化学物质索引、作者索引、专利索引、分子式索引、环系索引6种。还出版有多年度累积索引,每隔5卷单独出版一次累积索引。索引种类与卷索引相同,是卷索引的累积本。此外,还出版多种辅助性、指示性和工具性索引,如《登记号索引》、《索引指南》和《CAS资料来源索引》。近年《化学文摘》出现手册化的趋势,如《登记号手册》《母体化合物手册》等。

(4) 形式多样,满足不同用户的需求。

美国《化学文摘》(CA)的版本根据不同用户的需求分为不同的介质载体,出版周期虽有差异,但内容基本一致。随着互联网的普及,网络版的使用成为用户检索的主要方式,但其比较昂贵的使用费用也限制了更多需求者的使用。

任务三　学习检索工具的构成与使用

每一款为使用者津津乐道的检索工具必然有其独特而丰富的内涵,贸然上手经常会一叶障目而错过很多机会。因此,检索工具一经确定,随之而来的任务即是学习掌握该工具的构成与使用。

 教学补充材料

美国《化学文摘》(CA)的组织与编排

一、CA 的载体形式

美国《化学文摘》(CA)出版的主要载体形式如下。

1. 印刷型刊物

主要用于手工检索。出版周期长,费用相对便宜,检索速度慢,检索效率低(图8-3)。

图 8-3　美国《化学文摘》(CA)封面

2. 光盘数据库（CA on CD）

主要用于计算机局域网检索。出版周期较短，费用相对略贵。检索速度尚可，检索效率不高（图 8-4）。

图 8-4　光盘数据库（CA on CD）

3. 网络数据库（SciFinder）

主要用于计算机互联网检索。更新周期短，费用贵（一般包年 50 万元以上）。检索快捷、高效（图 8-5～图 8-9）。

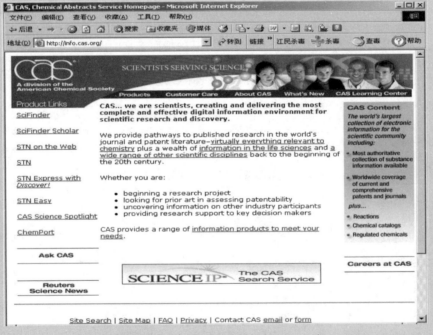

图 8-5　CAS 主页（http：//info.cas.org/）

此外，CA 还有缩微胶片、磁带等形式。

通常，本着成本与效率兼顾的原则选择适宜的检索方式。

二、CA 的组织与编排

掌握检索工具的构成有利于使用者高效地达到检索目的。

美国《化学文摘》（CA）的印刷版（文摘本）周刊是 CA 的基础，下面以印刷版为例介绍 CA 的组织与编排形式（图 8-10）。

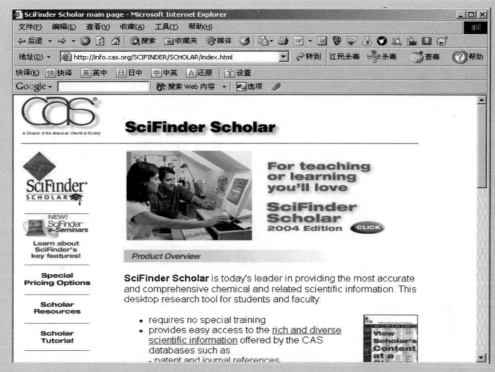

图 8-6 CAS 网络数据库检索 (http://info.cas.org/SCIFINDER/SCHOLAR/index.html)

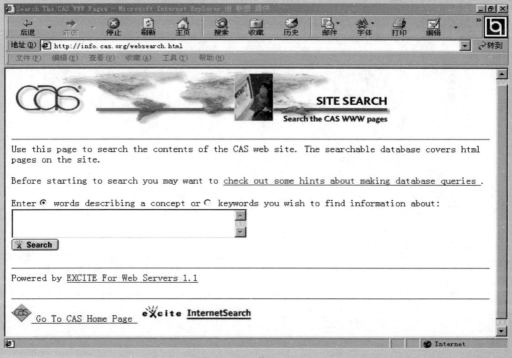

图 8-7 CAS 网上检索 (http://info.cas.org/websearch.html)

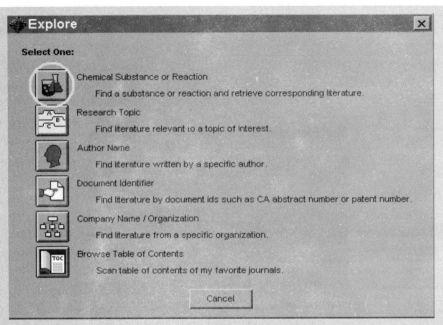

图 8-8　客户端界面

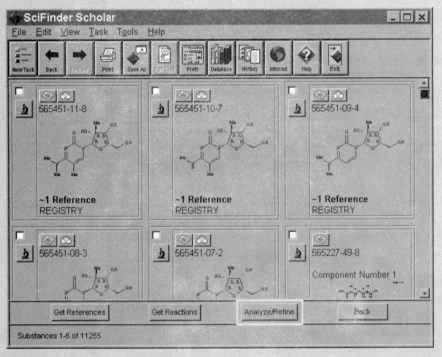

图 8-9　客户端检索界面

CA 的编排结构分为文摘和索引两大部分。其印刷型刊物的结构体系可以概述为期刊结构、卷索引、累积索引和辅助索引。期刊结构的内容又分为分类目次、文摘正文、期索引。

1. 分类目次

分类目次是 CA 正文编排的依据，CA 的文摘分为五个部分共 80 大类。

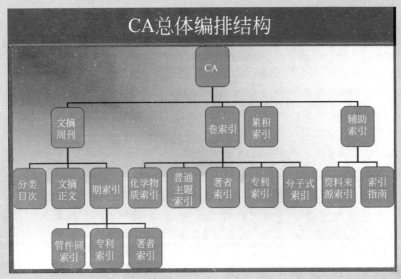

图 8-10　CA 总体编排结构

随着科学的发展，学科间的划分日趋细化。CA 所报道的学科类目也随之逐年有所变更和增加。CA 的第 1～38 卷分为 30 类；第 39～55 卷分为 31 类；第 56～57 卷分为 73 类；第 58～65 卷分为 74 类；从第 66 卷（1967 年）改为周刊后，则分为五大部分共 80 个类目。

从 1971 年第 74 卷起，将 5 大部分又划分成两半，交替出版，即逢单期专门刊载生物化学与有机化学两大部分，包括 1～34 类；逢双期专门刊载高分子、应用化学和化学工程、物理与分析化学三大部分，包括 35～80 类。从 1997 年开始不分奇、偶数期号均登 1～80 类的内容，2000 年开始每期分为 A、B 两个分册。从 1982 年 96 卷开始，80 个类目中部分类目的内容和名称以及顺序有所变动。

各大类中的子目虽没有在文摘中载明，但各条文摘都是按子目顺序编排的。用户了解子目内容，可以掌握文摘内容的编排层次，对于需要时能够有目的地直接浏览 CA，以便快速寻找某一方面的文献是非常有帮助的。

子目层次规律大体上是：综述、方法设备、理论概念、性质与测试、单元操作、制备、工艺流程、处理、其他等。

收录内容分类（类目）：五大部分，80 小类（1967 年起），分单、双期出版。1997 年起，每期包括 80 类的全部内容。

① 生物化学（Biochemistry Sections）：1～20 类。
② 有机化学（Organic Chemistry Sections）：21～34 类。
③ 高分子化学（Macromolecular Chemistry Sections）：35～46 类。
④ 应用化学和化学工程（Applied Chemistry and Chemical Engineering Sections）：47～64 类。
⑤ 物理化学、无机化学与分析化学（Physical, Inorganic and Analytical Chemistry Sections）：65～80 类。

2. 文摘正文

文摘正文是 CA 的主体，也是文献检索的最终对象。文摘正文的结构可分为文摘编排与著录格式（本小节只介绍文摘编排，著录格式将在下一小节专题介绍）。

CA 印刷版周刊的各类目文摘款目分成四部分，编排顺序如下。

类号---类名

（短序）

① 论文（包括期刊论文、会议文献、学位论文、科技报告和专题综述等）。
② 新书及视听资料通报。
③ 专利文献。
④ 参见文献（与本类目有关的参见目录）。

每部分之间用虚线"----"分开，其中综述性文献排在最前面。

需要特别说明的是"参见文献"这一部分相当重要。一些与某类目内容相关的文摘，由于学科的相互渗透和交叉，可能被安排在其他的类节中。在这种情况下，如果查一查"参见文献"就很容易找到。同时，"参见文献"把普通文摘和专利文摘分开列示，每部分之前用黑体字加一个标题，普通文摘部分的标题是："For papers of related interest see also section："。专利文摘部分的标题是"For patents of related interest see also section："。

很多用户在进行文献检索时，往往习惯从索引（特别是主题索引——关键词）入手，认为比较方便快捷。而实际的情况是，对于某些特殊的问题，或者由于很难找到意思确切的主题词，或者由于具体到这个主题词的项目很少有人研究，利用主题索引检索想得到满意的结果往往很困难。这种情况下，就非常有必要了解 CA 的内容是怎样安排的——即了解 CA 的文摘编排与著录格式，在查阅文献的过程中利用它就可以达到省时、省力、尽快检索到相关文献的目的。

从 CA 内容编排的本质上看，每一类目的内容代表的是一个学科分支，是一个小的领域。而科技工作者往往关心的就是与自己工作研究有关的那些领域。因此，有目的地查看一些相关类目的内容，就能达到跟踪或回溯自己所从事领域的文献的目的。

3. CA 的索引

美国《化学文摘》（CA）每期都刊有期索引（包含三种索引：关键词索引、专利索引和作者索引）；每半年 26 期合为一卷，每卷另外出版卷索引；每隔 5 卷单独出版一次累积索引。为指导读者更好地利用 CA，还编辑出版了一系列辅助索引。

期索引、卷索引、累积索引、辅助索引将在下节中详细介绍。

任务四　确定检索途径和步骤

了解检索工具的构成以后，就要在该工具所提供检索途径中选择对本课题最快捷有效的途径和方法。美国《化学文摘》（CA）在这方面提供了组织完善、结构严谨、科学性强的检索体系，无论是查找最新文献，还是回溯累积文献，都为使用者提供了非常便利的条件。

确定检索途径和步骤：根据项目课题已有的条件，选择不同的索引或不同索引的组合作为检索的实施途径。

通常情况若已知化学物质名称，首选从卷索引中的化学物质索引引入检索。其次，若课题中无明确化学物质或有明确化学物质还需要限定于某一具体学科领域内，可以检索卷索引中的普通主题索引作为检索途径；对于尚未出版卷索引的新文献可以检索期索引中的关键词索引作为主要检索途径。

本课题既涉及具体的化学物质（壳聚糖），又涉及概念性主题（水果保鲜），故既可使用化学物质索引，又可使用普通主题索引，两者配合使用以提高文献检出效率。还可以按文献发表时间由近及远进行检索，先查近期未累积的卷索引，再查累积索引。查该课题的最新发展趋势，还可查 CA 的近期关键词索引。

教学补充材料

美国《化学文摘》(CA) 的索引体系

期索引：关键词索引（Keyword Index）、作者索引（Author Index）、专利索引（Patent Index）。

卷索引：普通主题索引（General Subject Index）、化学物质索引（Chemical Substance Index）、分子式索引（Formula Index）、作者索引（Author Index）、专利索引（Patent Index）、环系索引（Index of Ring Systems）。

累积索引：同卷索引。

辅助索引：索引指南（Index Guide）、母体化合物手册（The Parent Compound Handbook）、资料来源索引（Chemical Abstracts Service Source Index，CASSI）、登记号索引（CAS Registry Number Handbook）（图 8-11）。

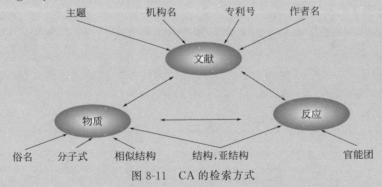

图 8-11　CA 的检索方式

一、期索引

期索引不是独立编排成册的索引，而是附在文摘之后的随刊索引。只对当期文摘有效。卷索引中所包括的作者索引（Author Index）、专利索引（Patent Index），在此一并介绍。

1. 关键词索引（Keyword Index，KI）

关键词索引在 1963 年（58 卷）开始编制。在卷索引出版以前，它是唯一的主题检索途径，用于近期研究状况和进展的检索。

在一卷（每半年 26 期）各期文摘出全之后，CAS（美国化学文摘社）就将"关键词索引"集中起来，并按照 CAS 选用规范的索引主题，将其重新编排，从而形成一套全新的索引，这就是最重要的卷索引之一"主题索引"（58～75卷），在75卷以后又细分为"普通主题索引"和"化学物质索引"。因此，在卷索引（普通主题索引和化学物质索引）出版之前，查阅"关键词索引"往往是查阅每期文摘的主要工具，也是获得最新文献资料的最快途径。一旦卷索引出版，该卷索引期内的期索引就失去作用。

关键词索引所收录的关键词是从文献篇名和内容中抽出的没经过规范化的主题词，可以认为是自由词，因而在"关键词索引"中规范主题和非规范主题兼而有之。一条文摘可有3～5个关键词，每个关键词都有一条相对应的索引。关键词索引按关键词的字顺排列。每条索引文摘中，由3～5个关键词组成，关键词之间没有任何语法关系，只是简单地排列，不成为一个独立的句子，阅读时只能从各个词的含义加上自己的逻辑判断，推测文摘的大致内容。所以，要特别注意在查阅"关键词索引"时不能套用卷索引的方法。

例如，查"Anisidine Value"有关的文献（衡量食用油脂毒性的一项指标），利用"普通主题索引"，根据"索引指南"，应该在"Analytical Numbers, Anisidine"之下查阅，可是在"关键词索引"中，只能查"Anisidine Value"，否则劳而无功。查阅"关键词索引"的关键在于使用的关键词是否与欲查课题贴切。

著录格式：缩两格排列，以关键词为标目，每条索引由关键词、说明语、文摘号组成。

例如：

① Bioreator

② Cirlift Aspergillus itaconic acid ferm

③ P242619x

注：①关键词；②说明语；③文摘号，有些文摘号前有大写字母，表示文献类型。P表示专利，R表示综述，B表示图书。

使用关键词索引应注意以下几点。

① 要查全同一概念，必须把同义词和相关的词都作为检索词。例如：阿司匹林和乙酰水杨酸。

② 关键词若是几个实意的词组，只选词组的首词作为标目词，词组的其他词作说明语。如Spectrometric Techniques，用Spectrometry一词。

③ 有机化合物取代基的定位数字、立体构象以及异构体的表示符号均省略，如"o."、"m."、"p."等。

④ 同类化学物质，用最简单的形式表示，如Phenol表示苯酚或含酚类物质；Thiophene表示噻吩或噻吩类化合物。

⑤ 对于化学名称复杂的化学物质，一般采用其商品名、俗名和习惯名等，如Vitamin C，PVC等。

⑥ 关键词索引中，要查找Book和Review这两类文献时，可直接用这两个词作为入口检索词。

⑦ 化学元素符号和化合物分子式不作关键词，要用其英文名称，如Na用Sodium。

⑧ 关键词索引采用大量缩写词，且尾部圆点省略，如Sepn（separation），Purifn（purification）等。CA每卷第一期卷首都有缩略词表。

只要选词得当，查找并不困难。一般使用可以参考附录中所整理的美国《化学文摘》（CA）中常用词缩写。

2. 作者索引 (Author Index, AI)

CA 从创刊起就编制了作者索引，其作者包括：个人、专利发明人、专利权人、公司及单位名，统一按名称的字母顺序混合排列。在此，将期索引、卷索引和累积索引合并介绍。

作者索引是 CA 最古老而重要的索引之一，它的作用非常大。第一，可以用它把原始文献的作者和文摘联系起来，只要知道了作者，就可以很方便地查找到相关的文摘。第二，对于某些方面的专家、学者，可以通过作者索引检索出他们历年来发表的文献，并且可以依照这些文献研究作者的科研经历和科学生涯。第三，卷索引中的作者索引和累积索引中的作者索引中还加入了团体作者的内容，可以通过它查找相关单位和机构乃至研究其概况和历史。团体作者还有个特殊的用途，许多化学化工产品使用检索工具很难检索，尤其是那些名目繁多的合成试剂，因为一般读者很难找到确切的索引主题或索引化合物名称，但如果知道它们的生产制造商，就比较容易解决这个难题。

作者索引的著录内容及著录格式如下。

① 作者索引（期索引）。随刊作者索引的著录内容比较简单，只有作者姓名和文摘号，而且不管作者是否为第一作者，都在其姓名后列出文摘号。例如：

Yang, Baolin 358141j [CA, 127 (26), 54A]

在这个例子中 Yang, Baolin 只是合著者而非第一作者。

② 作者索引（卷索引和累积索引）。卷索引和累积索引的著录内容与期索引中的作者索引有所差别，只在第一作者的条目下列出原始文献的标题和文摘号；在合著者的条目下只列用"See"参见项引荐到第一著者名下。在卷和累计索引中还增加了团体作者的条目，并将团体作者和个人作者按英文字母的顺序混排在一起。

使用作者姓名应注意以下几点。

① 使用作者索引首先要知道作者的姓名。中国作者按汉语拼音音译；日本作者采用黑本式转译成拉丁字母；非拉丁语系国家的作者在著者索引中用音译姓名。

② 作者姓名的排列规则。作者索引编制原则是首先将作者的"姓"按英文字母顺序排列，即"作者姓名第一字母顺序"。然后，在第一字母顺序的基础上，再按作者的"名"的首字母的顺序排列，即"作者姓名的第二字母顺序"。如果作者的"名"的单词数和首字母都相同，再按其第二、三、四……字母的顺序排列。

因此，需要注意的是：在作者索引中，作者姓名一律按照姓前名后的原则编排；但在西文出版物中，作者姓名一般则是名前姓后，所以在使用的时候，一定将其颠倒过来。

除了姓名排列的一般规则外，还有几个特殊的问题需要注意。

a. 用连字符连接在一起的姓，CAS 将其作为一个姓看待，连字符后面的姓列出参照条目。例如：Margaret, Martin-Smith 在作者索引中列出的条目是 Martin-Smith, Margaret，在 Smith 下有个参照条目 Smith See also Martin-Smith。

b. 作者姓后面跟一个称呼（如 Mrs），或者跟一个似姓非姓的词（如 Klein, Watson 等），这些都当成第一个名字对待。

c. 姓名之后跟的家族等级制度的称呼，排在无此称呼的相同姓名之后，如 Jones, W. M.；Jones, W. M., Ⅱ；Jones, W. M., Ⅲ；Jones, W. M, Jr。

d. 姓名之前的宗教称呼，例如 Brother、Sister 等，这些称呼和姓名一起作为一个整体看待，无需转换到姓名之后。

③ 不同文种作者姓名的拼写和转译问题。

a. 作者姓之前缀有的"Mc""M""Mch"按"Mac"排。如 McCormack；M'dougal；MacGavran。

b. 作者姓前面缀有的冠词"De""Des""Du""La""Le""Della""Van""Von""Vanden""Vonder"，这些冠词和后面的姓合在一起作为一个整体看待，而且它们之间的空格和大写字母对编排没有影响。如 De Lefeore, Alfred; DeLong, A.G.。

c. 在姓名中表示所有格和省略的撇号忽略不排。

d. 缩写和首字母缩写词一律按英文字母顺序排列，但缩写词"St."一定要按"Saint"（圣）排。

e. 外国人名不做翻译。

f. 德语字母 ä、ö、ü 和斯堪的纳维亚语字母在 CA 中分别转译为 ae、oe、ue、oe、aa，因此要特别注意作者姓名在原文中和《作者索引》中的差别。

g. 俄文姓名按"俄-英字母对译表"逐字对译。"俄-英字母对译表"刊登在每卷和每一累积《作者索引》第一册前面的引言中。

h. 中文作者姓名一般按拼音规则对译，但中国香港、中国台湾和新加坡的中文姓名通常采用的是"韦德-贾尔斯拼写法"。

i. 日文姓名采用"赫伯恩拼写法"（Hepburn System）。

j. 西班牙作者姓名，有时用父姓，有时又加上母亲婚前姓名，所以一个作者往往会有两个姓名，作者索引一般会将这两个姓名用参见联系起来。

3. 专利索引（Patent Index，PI）

专利是国家对个人和团体的发明创造通过法律形式给予的一种保护。从法律角度来说，是指专利权；从技术角度来说，是受专利法保护的发明创造；从文献角度来说，是专利发明书。CA 利用专利索引提供寻找专利发明书的途径。

CA 收录了 27 个国家和两个国际专利组织的专利文献。排列顺序按国际标准 ISO 的国家代码字顺排列，在同一国家或地区内，再按专利号和 CA 卷号由小到大顺序排。

CA 从 94 卷开始用 Patent Index 代替以前的专利号索引（Numerical Patent Index）和专利对照索引（Patent Concordance Index）。若已知某篇与课题有关的专利，利用专利索引就能查到全部同族专利，即与发明内容基本相同的所有专利文献。

其著录格式为：

① JP（Japan）

② 01/006065 A2 ③ (01/040064 B4)［89/06065］，

④ 110：214817k

⑤ 01/006207 B4，see DE 2820860 A1

⑥ 01/047894 A2［89/047894］111：237554r

⑦ DE 3740177 A1（Nonpriority）

　　FR 2420670　A1（B1）

⑧ FR 2619561 A1（Related），111：1839032s

　　JP　01/215738　A2（Related）

⑨ US 4873079 A（Continuation；Related）

⑩ WO 89/08663 A 1（Designated States：

　　　　BR，SE；Designated Regional States：

　　　　EP（DE，GB）；Related）

注：①专利国别；②专利号；③不同阶段的专利号；④卷号及文摘号；⑤专利参见；⑥原始专利；⑦等同专利；⑧相关专利；⑨连续专利；⑩世界专利组织专利。

几个概念说明如下。

（1）原始专利　最早批准的、世界尚无相同内容的专利，也即最早申请并最先被CA收录的专利文献称为原始专利，又名基本专利。

（2）等同专利　内容与原始专利相同，但在不同国家申请得到的专利。一些发明人，特别是跨国大公司，为使其专利得到多个国家和组织的保护，常就同一发明向多个国家和组织申请专利，这些获准的专利互称为等同专利。等同专利提供了获取不同语种专利文献的途径。

（3）相关专利　内容相关，但不一定相同的专利互称为相关专利。相关专利对科技人员很有参考价值。

（4）同族专利　原始专利＋等同专利＋相关专利。

二、卷索引

美国《化学文摘》（CA）的索引系统经历了一个不断发展完善的过程。以CA的两个最古老的索引——主题索引（Subject Index）和作者索引（Author Index）为例，作者索引至今仍在沿用，而主题索引则不断进化，从1972年第76卷开始，CAS将由特定的化学物质名称构成的主题从主题索引中抽出来，另编一种索引，叫作化学物质索引（Chemical Substance Index，CS），而将其余的主题编成一种索引，叫作普通主题索引（General Subject Index，GS）。

CA自创刊以来，曾经出版过10种卷索引：作者索引（1907～）、主题索引（1907～1972）、普通主题索引（1972～）、化学物质索引（1972～）、专利索引（1981～）、专利号索引（1935～1980）、专利对照索引（1963～1980）、分子式索引（1920～）、环系索引（1967～）、杂原子索引（1967～1971）。目前仍出版6种卷索引，读者可根据不同需要选择不同的检索途径进行检索。现分别介绍如下。

1. 化学物质索引（Chemical Substance Index，CS）

（1）化学物质索引（CS）的收编范围　包括由CAS给予登记号的全部化学物质。

CAS有这样一个主导思想，以化学物质为主线，将整个CA贯穿在一起。由此可见化学物质索引的重要。凡是检索具体的化学物质如甲苯、聚氯乙烯等，必须使用化学物质索引进行检索。而只有符合要求的化学物质才能使用化学物质索引检索到，按照CAS的规定特定的化学物质必须满足三个条件：元素组成明确、分子价键清楚、立体化学结构确定。归纳起来就是一句话："特定的化学物质必须具有唯一性。"

化学物质包括以下几类。

① 已知的元素，如N。

② 组成的原子和每种原子的数目已知、价键清楚、立体结构确定、组成的元素已知的化学物质（化合物及衍生物），如Benzoic Acid，1-Naphthalenol，2-Propenoic Acid。

③ 成分确定的合金、矿物（不同于岩石，有确定的分子结构），如Steel（钢）、Chromite（mineral）（铬铁矿）。

④ 已知化合物的混合物和聚合物，如PTFE（聚四氟乙烯）。

⑤ 已知的抗生素、酶、激素、蛋白质类、多糖类和基本粒子等，如Penicillin、Necleotidytransferase（核苷酸转移酶）、DNA Polymerase（DNA多聚酶）。

⑥ 基本粒子，如 Atom、Neutron。

⑦ 用代号或商品名称定名的物质，如 Span 80（Surfactant 表面活性剂）、OV-101（固定液）。

需要特别说明的是，确定一个化学物质的名称是否是 CAS 确定的索引化合物并不容易。因为，第一，许多化学物质有多个名称，有系统命名、习惯用名、商品名、俗名、缩写名称等，但 CAS 只选用其中的一个作为索引化合物名称；第二，索引主题词是有选择的，并不是符合条件的所有索引化合物的名称都被用作索引主题词。对有机化合物而言，通常只有母体化合物的名称才用作索引主题，那些由母体化合物衍生而来的化合物、聚合物等，通常只列在用作索引主题的母体化合物之下。

因此，了解化学物质索引（CS）中用作索引主题的化学物质名称和普通主题索引（GS）中用作索引主题的化合物名称的区别，就成了熟练使用化学物质索引的关键所在。

判定一个化合物是否是 CAS 确定的索引化合物，最常用也就是最简单的办法就是查 CA《索引指南》。在《索引指南》中，那些后面缀有化学物质登记号的，而且常常位于"参见"（See）一词之后的化合物名称，一定是 CAS 确定的索引化合物的名称。

（2）化学物质索引的编排结构　先按主标题词字顺排列，若主标题词相同，再按副主题词类别字顺排列，而副主题中先排限定性副主题词，再排功能基副主题词。若副主题词相同，按说明语字顺排列。即：

主题词（化学物质母体化合物名称）—CAS[登记号]—副主题词—说明语—文摘号

例如：

① Acetamide ② [60-35-5]，③ biological studies ④ biodegrdn. of，by seudomonas, amidase in relation to ⑤168705j

主题词的选择要求使用规范的 CA 命名名称。但对于有些化学物质，常用名与规范名不同，需要先对照 CA 出版的《索引指南》查出该物质的规范名称，然后才能使用化学物质索引。

如检索丙烯酸，查汉英化学词典为：acrylic acid，化学物质索引中无此词汇，查《索引指南》：acrylic acid see 2-propenoic acid [79-10-7]，然后改查化学物质索引中 2-propenoic acid。

（3）化学物质索引的副主题词　为了进一步限定和细分主题词，同时对主题词起说明作用，CA 化学物质索引部分增加设定了副主题词。副主题词分为两类。

① 普通副主题词　有 7 个，按字母顺序排列：

a. analysis（分析）　有关化学物质的成分检测方法及属于分析目的的分析方面文献。

b. biological studies（生物学研究）　有关生物用途和在生物体内的演变、性质、存在及形成，对人体或其他生物体等的毒性等方面的文献。

c. occurrence（存在）　有关生物系统外的自然存在方面的文献。

d. preparation（制备）　有关合成、制造、精制、分离、回收等方面的文献。

e. properties（性质）　有关物理、化学性质等方面的文献。

f. reactions（反应）　化学反应方面的文献。

g. use and miscellaneous　（用途及其他）。

② 化学功能基副主题词　有 15 个，按字母顺序排在普通副标题后面。这些副标题为：acetals（缩醛）、anhydrides（酐）、anhydrosulfides（硫代酐）、compounds（化合物）、derivatives (general)（普通衍生物）、esters（酯）、ethers（醚）、hydrazides（酰肼）、hydrazones（腙）、lactones（内酯）、mercaptals（缩硫醛）、mercaptoles（缩硫醇）、oxides（氧化物）、oximes（肟）、polymers（聚合物）。

使用上述副主题时应注意其使用范围。例如，esters 仅适用于酸醇标题、ethers 仅用于纤维素、淀粉、葡聚糖三类碳水化合物标题。

(4) 化学物质索引的说明语　主题词后的说明语主要用来表达文摘的内容或主题词的含义，对索引主题词起说明和解释作用。一般来说，说明语是带有介词的词组，伴有不少逗号，各说明语之间有肯定的语法关联（专业知识）。

说明语分为一级说明语和二级说明语。一级说明语排在主题词的下一行，缩进两格，用来限定主题词和副主题词的范围，使之更具有专门指向性。二级说明语排在一级说明语的下一行，再缩进两格，用来进一步限定一级说明语的内容。

说明语用逗号分隔语段，逗号在说明语中所起的作用如下。

① 隔离作用　如：主题词、副主题词说明语、文摘号

如 Benzoic acid [65-85-0], analysis
Chromatog. of, 75444t

② 代替作用（代替主题词）　逗号前一般有 of、by、in、from、to 等前置介词和 and 连词（单逗号句尾），如 Benzoic acid [65-85-0], analysis
detn. of, in food, 41805d　意即：食物中苯甲酸的测定

③ 调头作用（多逗句中）　在一些多逗号句中，若末尾带前置词如 of、on、by、in、from、to 等，阅读时将分句移至多逗句的句首，如：

Benzoic acid [65-85-0], preparation
　　prepn. of（换行符相当于逗号）
　　　　from toluene oxidn, app. for, P8805b

此句可读成：app. for prepn. of benzoic acid from toluene oxidn…
意即：从甲苯氧化制苯甲酸的设备。

若末尾是 in relation to，则先将句子倒置，如：
　② benzoic acid [65-85-0], uses and miscellaneous
　　　① removal of
　　　③ from wastewater, at high concns.,
　　　　　④ activated-sludge process in relation to, 236615v
　④ in relation to activated-sludge process

(5) 化学物质索引的著录格式　简单的化学物质，例如：
① Acetamide　② [60-35-5]，③biological studies
④ biodegrdn. of by pseudomonas, amidase in relation, to ⑤ 168705j
Acetamide [60-35-5], reactions…

注：①主题词；②登记号；③副主题词；④说明语；⑤文摘号。

比较复杂的有机化合物，例如：

① Benzoic acid
——, ② 4-[(1,5-dimethylhexyl)oxy]-③ (＋)- ④ [32619-44-6], ⑤ pr 110964m
① Benzoic acid ④ [65-85-0], ⑥ analysis ⑦ detn. of org acid in food, ⑤ 41804d

注：① 主题词，一般为化学物质母体名称；② 取代基，位于主题词下，逗号前的横线代表母体化合物名称；③ 立体化学表示符号，位于取代基之后，氨基酸和碳水化合物的立体化学符号位于母体化合物之前；④ 化学物质登记号；⑤ 文摘号，文摘号前的字母代表文献类型，B、R、P 分别表示图书、专利、综述，pr 表示原始文献是有关化合物制备的文章，cat 表示原始文献是有关催化剂的文章，rct 表示原始文献为有关化学反应的文章；⑥ 副标题；⑦ 说明语。

2. 普通主题索引（General Subject Index，GS）

普通主题索引（GS）是以普通主题词为目标，通过说明语和文摘号进行筛选，进而查找文献的一种索引。内容编排先按主题词字顺排，若相同再按副主题词字顺排，副主题词相同，再按说明语字顺排。

(1) 普通主题索引（GS）的收编范围　包括所有未录入化学物质索引（CS）的物质和概念性标题。主题词包括如下几类。

① 化学物质类属名(Class of Chemical Substance)　未列入 CS 中的广泛性的、非特定性的物质。如羧酸、无机酸盐、氨基酸（GS）。

② 化学成分不完全肯定的物质(Incompletely Defined Material)　Planets。

③ 岩石（Rocks）　Zeolites（沸石），Clays（黏土），Kaolin（高岭土）。

④ 物理化学的概念和现象(Physicochemical Concepts and Phenomena)　Phase（相），Kinetics（动力学）。

⑤ 化学反应名称(Reactions)　Reaction，Reduction，Oxidation。

⑥ 化工设备、化工操作(过程)单元(Engineering Industrial Apparatus and Process)　Petroleum refining，Distillation，Reactors。

⑦ 生物化学的名词(Biochemical and Biological Subjects)　Gene and Genetic Element（遗传基因）。

⑧ 动植物俗名和学名(Common and Scientific Names of Animals and Plants)　Forest，Animal，Heart，Abdomen。

总之，CS 中没有查到的主题词，可转查 GS。

(2) 普通主题索引的副主题词　与化学物质索引的副主题词的作用相同。

① 专用副主题词（修饰性副主题词）　与 Heading 有关，如 Chromatography 副主题词有 Column and Liquid，Gas，Gel，Paper，Thin-layer；Petroleum 副主题词有 Products。

专用副主题词从《索引指南》可以查到。

② 普通副主题词（7个）　不确定的化学物质类，与化学物质索引的普通副主题词相同，其作用是按原文讨论的对象将主题词所包括内容限于一定范围内。

③ 化学功能基副主题词（15个）　专用于标注化合物的衍生物，与化学物质索引的化学功能基副主题词相同。一般排在普通副主题词之后。

④ 射线副主题词（2个）　Biological Effect，Chemical and Physical Effect。

⑤ 合金副主题词（2个） Base（占大量）、Nonbase（占少量）。
⑥ 器官和组织副主题词（5个） Composition（成分）、Diseases or Disorder（疾病与失调）、Metabolism（代谢）、Neoplasm（肿瘤）、Toxic Chemical and Physical Damage（化学中毒及物理损伤）。

（3）普通主题索引的著录格式 例如：
① **Amines.** ② **analysis**
③ planar chromatog. for anal. of ④ R47900h
⑤ Concentration（condition）
concn. measurement app. for liqs. ④ P126741p
⑤ Concentration（process）
processing and concg. fruit and vegetable juices using membrane techniques，53630u

注：①主题词（黑体）；②副主题词（黑体，与主题词同行）；③说明语，来自原文献或文摘的关键词；④文摘号；⑤同形（或形近）词释义，起说明和区别同形异义词的作用。"Concentration"前者指浓度，后者指浓缩工艺。

普通主题索引和化学物质索引的关系如下。
① 普通主题索引（GS）用于检索某类化学物质，化学物质索引（CS）用于检索某种确定的化学物质。
② 同一个课题可从不同的角度检索，如"表面活性剂烷基苯磺酸钠的应用"，既可从物质角度用化学物质索引检索 ABS（Surfactant）下的钠盐，又可用普通主题索引检索"磺酸盐类""表面活性剂"。
③ 未知名称的新化合物或结构非常复杂的物质，可根据用途检索，如 N-月桂酰-β-丙氨酸，它的唯一用途是生物表面活性剂，可用"生物表面活性剂（Biosurfactants）"作为主题词检索。

3. 分子式索引（Formular Index，FI）

分子式索引（FI）是从1920年第14卷开始编制的，能单独使用，也可与化学物质索引配合使用。该索引特别适用于一些分子量大、结构复杂、异构体少的化合物，或只有分子式、尚未正式命名、没有系统名称的化合物。

（1）分子式索引（FI）的编排方式
① 分子式索引按分子式符号的英文字母顺序及其右下角的原子数由小到大顺序编排，相同的分子式下按化学物质名称的字母顺序编排，其后列出 CAS 登记号及文摘号。
② 将分子式相同的化学物质的有关文献集中在同一分子式下。
③ 分子式索引中的分子式按希尔规则（Hill System）排列。所谓希尔规则，概括起来有以下两点。第一，对于含 C 的化合物，首先排 C；如果有 H 的话，将 H 排在 C 的后面；然后排其他的元素，其他的元素按元素符号字母顺序排列。第二，不含 C 的化合物，严格按元素符号的字母顺序排列。例如：
a. 无机物，如 $H_2SO_4 \rightarrow H_2O_4S$；
b. 有机物，碳在前、氢在后，其他按字顺排列，如 $CH_3COOH \rightarrow C_2H_4O_2$；
c. 结晶水不列入分子式中，只在分子式后注出；
d. 酸、醇、有机胺的金属盐，均不列入分子式索引（按母体排列，金属离子不计入分子式），如 $CuSO_4$，查 H_2O_4S Cu Salt（Sulfuric Acid, Copper Salt）；

e. 共聚物、加成物和络合物，其相关文献分别列在其各个单体下，如 $AlCl_3$、$POCl_3$，其索引标题为 $AlCl_3$ 或 Cl_3OP。

(2) 分子式索引（FI）的著录格式　分子式标题：

化合物名称，[CAS登记号]，文摘号

说明语

分子式索引（FI）所列出的化合物分子式用黑体字单列一行，下一行开始，缩进几个字母，分别按字母顺序列出该分子式所能代表的元素组成相同的不同化合物，之后列出相应的文摘号。所列出的化合物名称，都是 CAS 选用的索引主题化合物和索引化合物名称，和《化学物质索引》《化学物质登记号手册》中所用的化合物名称是完全一致的。例如：

① $C_9H_8O_4$

　② Benzoic acid，③ 3-acetyl-4-hydroxy-　④ [16357-40-7]，⑤ .20710v

　⑥ For general derives. See Chemical Substance Index

　⑦ ----，⑧ 2-(acetyloxy)-[50-78-2]. See Chemical Substance index

　⑨ sodium salt [493-53-8]，P33874g

$C_{11}H_{18}N_2$

　⑩ Compd.，b1292-3 o，1520p

注：①分子式；②母体化合物名称；③取代基；④化学物质登记号；⑤文摘号；⑥普通衍生物参见，分子式索引不收录普通衍生物，应查化学物质索引；⑦横线代表母体化合物；⑧常见化合物，应查化学物质索引，本例为"乙酰水杨酸"；⑨上面化合物的盐类（本例为乙酰水杨酸的钠盐）；⑩名称不确定的化合物分子式下用"Compd.""Acid""Ester"等表示，并给出物理性质数据，如沸点、熔点、折射率等。

4. 环系索引（Index of Ring System，IRS）

有机化合物中，环状化合物的比例很大，而环状化合物的命名较复杂，母体化合物难以确定。CAS 为了解决此问题，1967 年第 66 卷开始编制出版了环系索引，其中汇集了化学物质索引中的全部环状化合物，按环的数序排列。通过 IRS 查到环状化合物的母体在化学物质索引中的选用名称，然后再通过文摘号查找文摘。环系索引不提供文摘号，必须与化学物质索引配合使用，是一个辅助性的索引。

(1) 环系索引（IRS）的编制原则

① 环系索引按化合物环的数目由小到大排列。相同环数再按环的大小和环上元素成分排列，其下列出环状化合物的母体名称。

② 各环元素的排列按希尔规则，不考虑氢原子。

③ 环与环之间没有公用原子的化合物不列入环系索引。

④ 两环以上的化合物，环与环之间的公用原子应重复计数。

(2) 环系索引（IRS）的著录格式　例如：

① 2-Ring systems

② 5,6

③ C_4N-C_6

④ 1H-Indole

查 CS　1H-Indole, 3-methyl [83-34-1]

注：①化学物质中环的数目；②环上原子数，表示环的大小；③环的组成元素，注脚表示该元素的组成原子数；④母体化合物的名称。

5. 杂原子索引（Hetero-Atom-Io-Contex Index，HAIC）

杂原子索引和环系索引是分子式索引的两种延伸形式。延伸的目的是让读者从一个新的切入点入手（如从环形化合物的环结构或分子式C、H以外的元素入手），更容易得到所需要的文献。

该索引以杂原子（除碳、氢以外的所有原子）作为检索目标，用以查找含该杂原子的化合物的分子式。当一些含有特殊元素或基团的化合物在分子式索引、化学物质索引中查找困难时，一般要用到杂原子索引。该索引于1971年第75卷后停止出版。

三、累积索引（Collective Index）

CA累积索引是将十年或五年内的索引全部混编，使读者能在最短的时间内查完十年或五年的有关资料。累积索引的种类与相应时期的卷索引相同。1907～1956年每十年出版一次，共有五个十年累积索引，1957年以后每五年出版一次，其用法与卷索引相同，只是在文摘号前加一个卷号。

四、辅助索引

1. 索引指南（Index Guide）——索引之索引

索引指南是CA的指导性索引，它不直接提供文摘号，只是指导读者更好地利用主题索引。所以化学物质索引和普通主题索引中都有用方框标出的"在使用主题索引前参阅索引指南"字样。

索引指南从1968年69卷开始出版，包含原来分散在主题索引中的交叉参考、标题解释、同义词和结构式图解等内容全部。是查找化学物质索引和普通主题索引必不可少的辅助工具，不提供文摘号，仅起参考、引导、说明解释作用。是比一般索引更高一级的索引。

（1）索引指南的主要作用

① 指导读者选择检索所需的主题词。根据化学物质的商品名、俗名和习惯名，查出其CA选用名及化学物质登记号，即化学物质索引主题词的规范化——(See)。例如：

PVC

　　See Ethene, chloro, polymers, hompolymer [9002-86-2]

Vitamin C

　　See L-Ascorbic acid [50-81-7]

② 起到扩大检索范围的作用（注释作用）。包括：内容注释、假设注释、命名注释。例如：

Aluminum fluoride [7748-18-1]

　　The formula AlF_3 has been assumed unless otherwise stated in the original document

③ 在某些主题词下列出意义相关的主题词，供读者选择，以扩大查阅线索（参照系统）。

See 参照，如：

Stacking fault see crystal defects（CA采用的正规词）

See also 参照，如：

Petroleum gases, liquefied

See also natural gas, liquefied

④ 对一些已知结构的环系和非环系物质列出了结构简图，并标出 CA 对组成主要分子骨架上所采用的原子编号。例如：Furo [2, 3-e][1, 2] benzisoxaxole

(2) 索引指南的内容　索引指南主要由正文和附录两个部分构成。正文按索引条目的字母顺序排列，每条条目下最多可包括以下 7 个方面的内容：①正确有效的普通主题索引标题（均为《普通主题索引》采用的索引标题词，一般含注释性内容，阐明所含的主题范畴）；②化学物质名称对照参考款目；③普通主题词对照参考款目；④"See-also"对照参考款目（提供相关主题词以扩大检索范围）；⑤索引注释条目；⑥多义词区分；⑦解释性的结构简图（列出了一些已知环系和非环系物质的结构简图）。

此外，索引指南还有四个附录（Appendix）。

附录一普通主题标题等级表（Hierarchies of General Subject Headings）。该表将 CA 普通主题索引中使用的大部分标题词（动、植物名，器官名称除外），按概念和隶属关系列成等级，以便读者按主题词隶属、相关关系了解有关主题查找途径。

附录二介绍 CA 的索引系统的结构与用法。

附录三普通主题标题词的选择。

附录四化学物质索引标题词的选择。

后两个附录介绍标题词的情况，以及指导如何选择查找的标题词。

2. 登记号索引（Registry Number Index）

全称为 CAS 登记号索引，是以登记号为检索标题，用来查找化学物质的系统名称和分子式的一种索引。该索引按登记号的顺序排列，不提供文摘号，是化学物质索引和分子式索引的指导性索引。1969 年起，称为登记号索引（Registry Number Index），1974 年起改为登记号手册（Registry Number Handbook）。

CAS 给化学成分明确、结构及化学键清楚的每一种化学物质编一个登记号，即每一个号码代表一种物质。登记号由三部分组成，断线连接，第一部分最多六位数，第二部分两位数，第三部分一位数。不提供文摘号，不能单独使用，必须与 CS 或 FI 连用。

登记号索引按数字顺序编排，可根据它查找该化学物质的 CA 选用名称，再以此索引标题查阅化学物质索引，也可从登记号查某些结构复杂、名称特别长的化合物的分子式，再查阅分子式索引，能迅速准确地查出这些化合物的有关文献。例如：[1585-07-5] Benzene, 1-bromo-4-ethyl-C_8H_9Br

3. 资料来源索引（CAS Source Index，CASSI）

创刊于 1907 年，收录 CA 摘用的全部原始刊物的基本情况，包括刊名缩写、刊名全称、刊物的历史、出版文种、年份、价格、出版社名称等信息，同时还提供出版物在美国、加拿大等主要图书馆的收藏情况，相当于馆藏联合目录，是实现资源共享的重要工具之一。该索引不仅可用于查找出版物的全称，还能向读者提供出版物的历史、变革及收藏情况。主要收录有：①CA 自创刊以来所摘录的全部资料来源；②"生物科学情报服务社"（Biosciences Information Service，BIS）、"工程索引公司"（Engineering Index，EI）、"科学情报研究所"（Institute for Scientific Information，ISI）等情报服务机构的出版物的资料来源；③德国《化学文摘》1830~1969年间和《拜尔斯坦有机化学手册》1907年以来的所有资料来源。

来源索引按刊名中的缩写部分字母顺序排列。刊名全称中的黑体字为缩写部分。非英文刊名均要译成英文。

其著录格式为：

① **Appl**ied and **Environ**mental **Microbiol**ogy. ② AEMIDF ③ ISSN 0099-2240。④ (Formerly Appl. Microbiol.). In Eng. ; ⑤Eng sum. ⑥v31 n1 Jan. 1976＋⑦m⑧64 1998.⑨Am Soc Microbiol. ⑩APPLIED AND ENVIRONMENTAL MICROBIOLOGY. WASHINGTON，D. C. ⑪Doc. Supplier：CAS ⑫AAP；ABSR；ATVA；AU-M；…① Chemical Industry Times. ⑬See Huagong Shikan.

说明如下。

① 刊物全称，黑体字是CA的缩写。
② 美国材料实验学会（ASTM）规定的标准刊物代码。
③ 国际标准刊号。
④ 原刊名。
⑤ 刊物文种及摘要文种。
⑥ 刊物历史，包括初刊年份、卷期号。
⑦ 刊物的出版周期，常用的周期缩写如下：a代表annual（年刊），q代表quarterly（季刊），bm代表bimonthly（双月刊），m代表monthly（月刊），d代表daily（日报）。
⑧ 现刊的卷号、年份。
⑨ 出版社。
⑩ 图书馆编目，按美国图书馆协会编目法统一编制。
⑪ 资料提供者代号。
⑫ 图书馆馆藏情况。图书馆代码的全称可查CASSI前面的"馆藏机构一览表"（Availability of List Publications）。
⑬ 见CA中选用的刊名（为原文音译刊名）。

查阅方法：将CA文摘中提供的刊名缩写看成一个整体，按字母顺序查来源索引中的黑体部分，就能找到刊名全称及有关内容。如：

J. Am. Chem. Soc，→ JAMCHEMSOC
Journal of American Chemical Society

任务五　实施检索获得并分析文献

一、确定主题词

1. 根据主题内容确定主题词并译成英文

壳聚糖：chitosan。

水果保鲜：fruit prezentation。

未经查证《索引指南》的主题词只能用于期索引的关键词索引，不能用于卷索引和累积索引。

2. 通过《索引指南》规范主题词

通过《索引指南》，查询"壳聚糖（chitosan）"所对应的化学物质索引主题词是否就是"chitosan"；查询"水果保鲜（fruit prezentation）"所对应的普通主题索引主题词是否就是"fruit prezentation"，以确定 CA 选用的规范主题词。

Chitan ［66240-42-4］

----，N-acetyl-

See

Chitin ［1398-61-4］

Chitosan ［9012-16-4］

Chitin ［1398-61-4］

----，N-deacetyl-

See

Chitan ［66240-42-4］

Chitosan ［9012-16-4］

Chitosan ［9012-16-4］

Deacelylated chitin and N-acetylated chitan，where the deacelylation or N-acelylation is particial or unspecified，are indexed at this heading.

…

结论如下。

壳聚糖：chitosan。相关词：甲壳素 chitin，脱乙酰壳聚糖 chitan。

水果保鲜：fruit prezentation。相关词：保鲜剂 preservative，防腐剂 preservatives。

二、查询文献

选定主题词后利用相应的索引系统检索文献，然后根据检索结果的说明语，从中选取与课题有关文摘的文摘号，并根据文摘号查阅文摘，最后决定取舍。

（1）查询较长时间范围的文献，可以利用卷普通主题索引和化学物质索引，检索到的文献应在当卷中查找文摘。

在 2008 年 148 卷 2 期查到如下结果。

以 chitosan 为标题查化学物质索引，得到 1 条文献：

148：237620 **Chitosan and mint mixture：A new preservative for meat and meat products.** Kanatt，Sweetie R.；Chander，Ramesh；Sharma，Arun.（Food Technology Division，Bhabha Atomic Research Centre，Trombay，Mumbai 400 085，India）.Food Chemistry（2008），107（2），845-852. CODEN：FOCHDJ ISSN：0308-8146.（Eng）…

以 preservative 为主题词查普通主题索引，得到 3 条文献：

148:237620 **Chitosan and mint mixture: A new preservative for meat and meat products.** Kanatt, Sweetie R.; Chander, Ramesh; Sharma, Arun. (Food Technology Division, Bhabha Atomic Research Centre, Trombay, Mumbai 400 085, India). Food Chemistry (2008), 107 (2), 845-852. CODEN: FOCHDJ ISSN: 0308-8146. (Eng)…

148:167205 **Inhibitory effects of 4-chlorosalicylic acid on mushroom tyrosinase and its antimicrobial activities.** Han, Peng; Chen, Chao-Qi; Zhang, Chun-Le; Song, Kang-Kang; Zhou, Han-Tao; Chen, Qing-Xi. (Key Laboratory of Ministry of Education for Cell Biology and Tumor Cell Engineering, Xiamen University, Xiamen 361005, China). Food Chemistry (2008), 107 (2), 797-803. CODEN: FOCHDJ ISSN: 0308-8146. (Eng)…

148:163425 **In vitro antimicrobial activity of essential oil from endemic Origanum minutiflorum on ciprofloxacin-resistant Campylobacter spp.** Aslim, Belma; Yucel, Nihal. (Department of Biology, Faculty of Art and Science, Gazi University, Ankara 06500, Turkey). Food Chemistry (2008), 107 (2), 602-606. CODEN: FOCHDJ ISSN: 0308-8146. (Eng)…

两者同时出现1条文献。但是，从该论文的题目 Chitosan and mint mixture: A new preservative for meat and meat products 来看，此论文研究的是壳聚糖在肉类及肉制品保鲜方面的应用，不符合检索要求，不能选择这条文献作为检索结果。

更换检索时间范围，在2001年134卷2期查到如下结果。

以 chitosan 为标题查化学物质索引，得到1条文献：

134:251403 **Effect of chitosan on incidence of brown rot, quality and physiological attributes of postharvest peach fruit.** Li, Hongye; Yu, Ting. (Department of Plant Protection, College of Agriculture and Biotechnology, Zhejiang University, Hangzhou, 310029 Zhejiang, CHINA). Journal of the Science of Food and Agriculture (2001), 81 (2), 269-274. CODEN: JSFAAE ISSN: 0022-5142. (Eng)…

以 preservative 为主题词查普通主题索引，得到2条文献：

134:251403 **Effect of chitosan on incidence of brown rot, quality and physiological attributes of postharvest peach fruit.** Li, Hongye; Yu, Ting. (Department of Plant Protection, College of Agriculture and Biotechnology, Zhejiang University, Hangzhou, 310029 Zhejiang, CHINA). Journal of the Science of Food and Agriculture (2001), 81 (2), 269-274. CODEN: JSFAAE ISSN: 0022-5142. (Eng)…

134:265518 **Anthocyanin and color evolution during maturation of four port wines: effect of pyruvic acid addition.** Romero, Concepcion; Bakker, Johanna. (Institute of Food Research, Reading Laboratory, Earley Gate, Whiteknights Road, Reading RG6 6BZ, UK). Journal of the Science of Food and Agriculture (2001), 81 (2), 252-260. CODEN: JSFAAE ISSN: 0022-5142. (Eng)…

两者同时出现1条文献：Effect of chitosan on incidence of brown rot, quality and physiological attributes of postharvest peach fruit。此论文研究的是壳聚糖在桃子保鲜方面的应

用，符合检索要求，选择这条文献作为检索结果。

（2）查询较短时间范围的文献或新发表的文献，利用期关键词索引检索的文献，只需在当期文摘中查找文摘。

（3）如果通过前面两步得到的文献数量不足，可以通过前两步结果中"参见（See）"项（如果有的话），扩大检索范围。

三、分析文献、得到结果

检索结果中，不同的文献类型在 CA 中有不同的表示格式，这就是 CA 的著录格式。要充分利用 CA 的检索功能必须对 CA 的著录格式了然于胸。

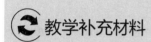

美国《化学文摘》（CA）的著录格式

美国《化学文摘》（CA）印刷版著录格式经过长时间的实践已被证明是非常简明高效的，CA 网络版著录格式与之相似，只是次序有所不同。下面以印刷版为例介绍 CA 的著录格式。

CA 每卷第一期前面（Introduction 部分）有著录格式范例，CA 文摘的著录一般由以下几部分组成：标题（Title）、作者、（作者单位）、文献来源（Source）、文种、文摘正文（Abs）。

摘自不同类型文献的文摘，其著录格式也略有区别。其中最大的差别在于文种项两侧的出处项。每卷文摘的第一期开头有个引言（Introduction），引言对不同类型文献文摘的著录格式都做了详细的说明，从第 71 卷开始，还有示例和说明。从这些说明中，可以比较容易地根据出处项的特征辨别文献的类型。例如，在会议论文和文献汇编的文摘中，出处项往往会出现 Proceedings、Conference、Congress、Meetings、Symposium 等单词；技术报告的文摘中，往往会出现 Report 一词或报告号（报告号由大写英文字母和数字组成，如 AD037588）；档案资料文摘中，往往出现 Deposited Doc 字样；摘自电子出版物的文摘，其出处往往带有"Electronic Publication"字样。

1. 期刊论文（Serial-Publications Abstract Heading）

例如：

① 136：8098k. ② **Ultra-low interfacial tension in oil-water-mixed surfactants systems.** ③ Hou, Zhenshan; Li, Zhiping; Wang, Hanqing. (④ Xinjiang Institute of Chemistry, The Chinese Academy of Sciences, Xinjiang, Peop. Rep. China 830011). ⑤ *Journal of Dispersion Science and Technology* 2001, 22 (2&3), 255-259 ⑥ (Eng), ⑦ Marcel Dekker, Inc. ⑧ The effects of salinity and temp. on interfacial tension are discussed for oil/water/mixed surfactant systems. At an appropriate formulation, an interfacial tension min. occurs that corresponds to miscibility between oil and water phases …

说明如下。

① CA 卷号：文摘号。以卷为单位，每卷按顺序通排，文摘号后英文字母为计算机核对字母。冒号左边的两位或三位数字是文摘的卷号（从第 84 卷开始有卷号），冒号右边的 1~6 位数字是文摘号。在冒号与文摘号之间有时会出现 3 个表示文献属性的大写英文字母 P、B 和 R，它们分别表示专利、图书和述评。

② 论文标题。采用黑体印刷，英文，其他语种按原意翻译成英语。

③ 作者姓名。姓在前，名在后，不同作者用分号隔开。早期的著录最多可以有 10 位作者，后来则无此限制。

④ 作者单位（通信地址）。置于圆括号内。

⑤ 文献出处（刊名缩写）。刊载该文献的期刊刊名，出版年份，卷号（期号），起止页码。用斜体缩写字表示，查其全称，用 CA 文献来源索引（Source Index）(2002 年以前用缩略语，可用辅助工具 CASSI 查刊名全称。如，*J. Dispersion Sci. Technol.*)。

⑥ 原文文种。发表该文献所用的文种，用缩写表示。

⑦ 出版者。

⑧ 文献摘要。

2. 会议文献（Proceedings AND Edited Collections Abstract Heading）

例如：

①128：296435s. ②Diamond and related materials. ③Dillon, Rodney O. ④ (Center for materials Research, Center for Materials Research and Analysis. University of Nebraska, Lincoln, NE 685880511, USA). ⑤Synth. Prop. Adv. Mater. ; ［Pap Tutorial Lect. Pan Am. Adv. Inst.］, 1st. ⑥1995 (Pub. 1997). ⑦1-33 ⑧ (Eng). ⑨Edited by Charge. Carl J. ⑩Kluwer: Boston, Mass. …

说明如下。

① CA 卷号：文摘号。

② 文献题名。

③ 作者姓名。

④ 作者单位（通信地址）。

⑤ 会议录名称。会议出版物名称或会议名称。

⑥ 会议时间。

⑦ 起止页码。

⑧ 原文语种。

⑨ 会议录编者。

⑩ 出版社，出版地。前出版社，后城市、国家。

会议文献的著录形式与期刊文献比较相似，只是在文献的出处上有会议文献的标志，如 proc（会议录 Proceeding）、conf（会议 conference）、symp（会议汇编 symposium）等，有会议录编者（Edited by…）、会议录出版者等信息。

3. 科技报告 (Technical Report Abstract Heading)

例如：

①128：268672z. ②Smoke plume trajectory from in situ burning of crude oil in Alaska: field experiments. ③McGrattan, K. B.; Walton, W. D. ④ (Natl. Inst. Standards Technol., Gaithersburg, MC USA) Black-stone, M.; Kaplan, P.; Rich dale, N. ⑤Report. ⑥1996, (NIS-TIR-5764); Order No. PB96-13150GAR. ⑦42pp. ⑧ (Eng). ⑨ Avail. NTIS. From Gov. Rep. Announce. Index (U.S.) 1996, 96 (5). ⑩ Astra. NO. 05-01. 130.

说明如下。

① CA 卷号：文摘号。

② 报告题目。

③ 作者姓名。

④ 作者单位（通信地址）。

⑤ 报告标志（文献出处）。

⑥ 报告时间及编号。Order No.（顺序号、订购号）。

⑦ 起止页码。

⑧ 报告语种。

⑨ 报告收藏单位。如 NTIS：National Technical Information Service 国家技术情报服务局。

⑩ 刊物名称及年卷期。

一般科技报告在文献出处上有 Report 字样，或者以报告编号的形式出现。

4. 学位论文 (Dissertation Abstract Heading)

例如：

①128：297293g. ②Modeling the interaction of phosphorus control and fishery management in the Lake Ontario ecosystem. ③Jain, Rajeev. ④(Clarkson Univ, Potsdam, NY, USA). ⑤1997. ⑥305pp. ⑦(Eng). ⑧Avail. UMI, Order No. DA9713346. From *Diss. Abstr. Int.*, B1997, 57 (11), 6718. ⑨…

说明如下。

① CA 卷号：文摘号。

② 论文题目。

③ 作者姓名。

④ 作者单位（通信地址）。

⑤ 论文完成时间。

⑥ 总页数。

⑦ 论文语种。

⑧ 学位论文的收藏形式及顺序号。

⑨ 论文摘要。

学位论文主要的识别标志是 discs (dissertation 的缩写), 因为学位论文一般是从 "Dissertation Abstracts International (学位论文文摘)"上转摘的, 故有"From *Diss. Abstr. Int.*"字样。

5. 新书及视听资料 (New Book AND Audio-Visual Material Announcement Heading)

例如:

①128: 294163d. ②Special issue on Engineering Plastics-Recent Devil orpiment in Synthesis and Applications [In Kibosh Ronbunshu, 1997; 54 (4)]. (Tokushugo: Enjiniaringu Purasuchikku-GoseiGijutsu to OyobGijutsu no Shinkaiten). ③Ito, Shinzaburo; Watanabe Masayoshi; Editors. ④(Society of Polymer Science, Japan: Tokyo, Japan). ⑤1997. ⑥123pp. ⑦(Japan). ⑧￥4500 ⑨…

说明如下。

① CA 卷号: 文摘号。
② 书名。
③ 作者或编者。
④ 出版社。
⑤ 出版时间。
⑥ 总页数。
⑦ 原文语种。
⑧ 定价。
⑨ 论文摘要。

论文摘要有编者 Editors (出版者)、ISBN 号等信息。电子预印文献: 有来源网址, Avail. http://…

6. 专利文献 (Patent Document Abstract Heading)

例如:

①113: 207857g. ②Dinucleotide enzymic determination. ③Mike, Akira; Tadano, Toshio; Matmori, shieru. ④(Kyowa Medex Co., Ltd.). ⑤Jpn. Kokai Tokkyo Koho Jp 02, 117, 339; [90, 117, 339] (cl. C12Q1/68). ⑥01 May 1990. ⑦Appl. 88/268, 888. 25 Oct 1988: ⑧9pp. …

说明如下。

① CA 卷号: 文摘号。
② 专利名称。
③ 专利发明人。
④ 专利权受让者 (圆括号内)。
⑤ 专利国别及专利号、公元纪年专利号 (方括号内)、国际专利分类号 (圆括号内)。
⑥ 专利批准日期。
⑦ 专利申请号及日期。
⑧ 总页数。

7. 参见文献

For papers of related interest see also section（与本类有关的但刊登在其他类目中的论文）和 For patents of related interest see also section（与本类有关的但刊登在其他类目中的专利）。

例如：

①For paper of related interest see also section. ②14. ③209176h. ④Lipid peroxidation irradiation and burn traumas.

⑤For patents of related interest see also section. ⑥51. ⑦194783v. ⑧Bactericidal racliation method for metal working lubricants.

说明如下。

① 与本类内容相关的论文参见以下部分。
② 类号。
③ 文摘号。
④ 论文题目。
⑤ 与本类内容相关的专利参见以下部分。
⑥ 类号。
⑦ 文摘号。
⑧ 专利名称。

对检索到的文献分析如下。

134：251403 **Effect of chitosan on incidence of brown rot, quality and physiological attributes of postharvest peach fruit.** Li, Hongye; Yu, Ting. (Department of Plant Protection, College of Agriculture and Biotechnology, Zhejiang University, Hangzhou, 310029 Zhejiang, CHINA). Journal of the Science of Food and Agriculture (2001), 81 (2), 269-274. CODEN: JSFAAE ISSN: 0022-5142. (Eng)…

CA 卷号：文摘号：134：251403。

论文标题：Effect of chitosan on incidence of brown rot, quality and physiological attributes of postharvest peach fruit.

作者姓名：Li, Hongye; Yu, Ting.

作者单位：Department of Plant Protection, College of Agriculture and Biotechnology, Zhejiang University, Hangzhou, 310029 Zhejiang, CHINA

文献出处：Journal of the Science of Food and Agriculture (2001), 81 (2), 269-274.

原文文种：英语。

文献摘要：The effect of chitosan (5.0 and 10.0 mg ml-1) on the incidence of brown rot (caused by Monilinia fructicola), quality attributes and senescence physiology of peaches was investigated. It was found that both concentrations of chitosan reduced the incidence of brown rot significantly and delayed the development of disease compared with the control, but were less effective than the fungicide prochloraz. Chitosan-treated peaches were firmer and had higher titratable acidity and vitamin C content than prochloraz-treated or control peaches. Compared to control (water-treated) peaches, chitosan-treated peaches showed lower respiration rate, less ethylene and malondialdehyde (MDA) production, higher superoxide dismutase (SOD) activity and better membrane integrity. Hence it can be concluded that chitosan has the potential to control brown rot, preserve valuable attributes and prolong the shelf life of postharvest peaches, presumably because of its antifungal property and inhibition of the ripening and senescence process of postharvest peaches.

查找原文：通过检索获得文摘以后，如果需要查找原文，则借助于 CA 的资料来源索引查找原始文献。

根据前述文摘提供的原文出处进一步查找原文。刊载该文的母体文献名为：Effect of chitosan on incidence of brown rot, quality and physiological attributes of postharvest peach fruit，刊名全称为 Journal of the Science of Food and Agriculture（如果文摘中是刊名的简称，可以利用 CASSI 查到全称），再根据卷、期号，查馆藏目录或期刊联合目录，或利用原文传递服务，便可进一步查找原文。

任务六　扩展检索——CA 网络版（SciFinder）的使用简介

下面仍然以壳聚糖（Chitosan）为标题查化学物质索引；以水果保鲜（Fruit Prezentation）和保鲜剂（Preservative）为主题词查普通主题索引，使用 CA 网络版对本课题所需文献进行检索，同时印证文摘本检索结果。

启动程序，进入网络数据库（SciFinder Scholar），出现欢迎界面（图 8-12）。

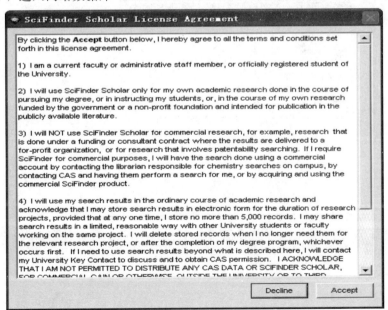

图 8-12　CA 网络版欢迎界面

点击 Accept,出现如图 8-13 所示的界面。

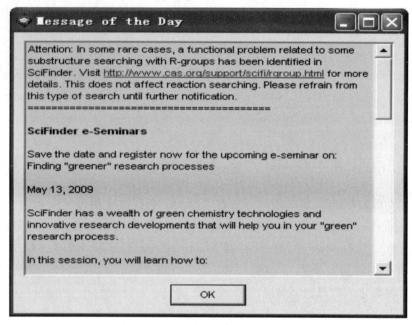

图 8-13　日期信息界面

点击 OK,出现如图 8-14 和图 8-15 所示的界面。

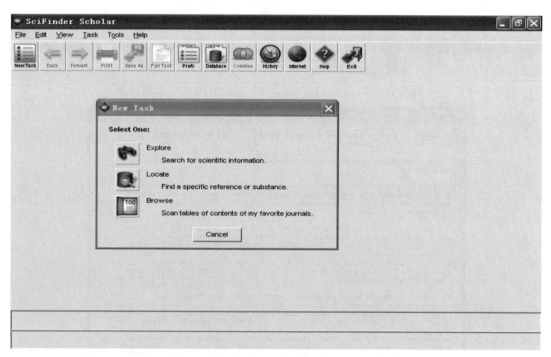

图 8-14　SciFinder Scholar 首页

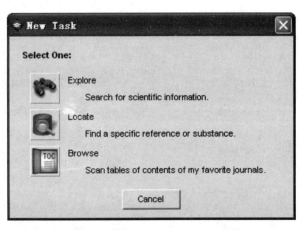

图 8-15 新任务（New Task）选项

一、主题检索

点击 Explore，出现如图 8-16 和图 8-17 所示的界面。

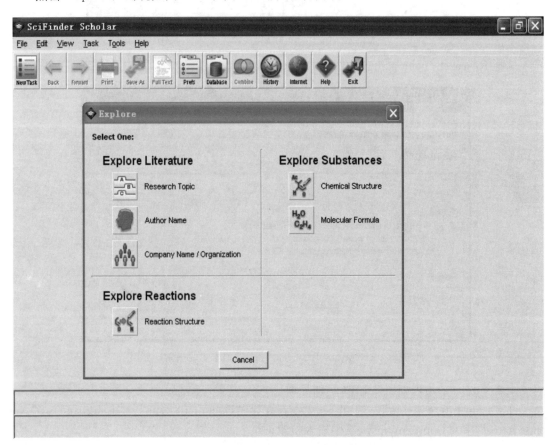

图 8-16 Explore（探索）选择界面

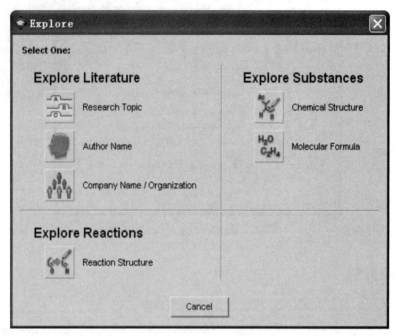

图 8-17　Explore 选项

选择 Research Topic，出现如图 8-18 所示的界面。

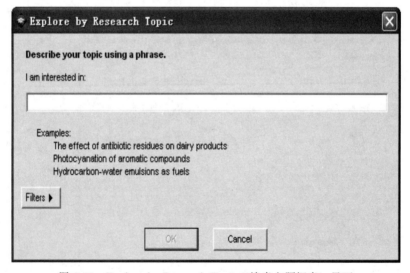

图 8-18　Explore by Research Topic（搜索主题探索）界面

点击 Filters，出现如图 8-19 所示的界面。

在"I am interested in"、"Publication year"、"Document type"、"Language"、"Author name"和"Company name"中输入检索词汇。

例如在"I am interested in"中输入"fruit preservation"，在"Publication year"中输入"1995-2009"，在"Document type"中选择"Journal"、"Review"，在"Language"中选择"English"（图 8-20）。

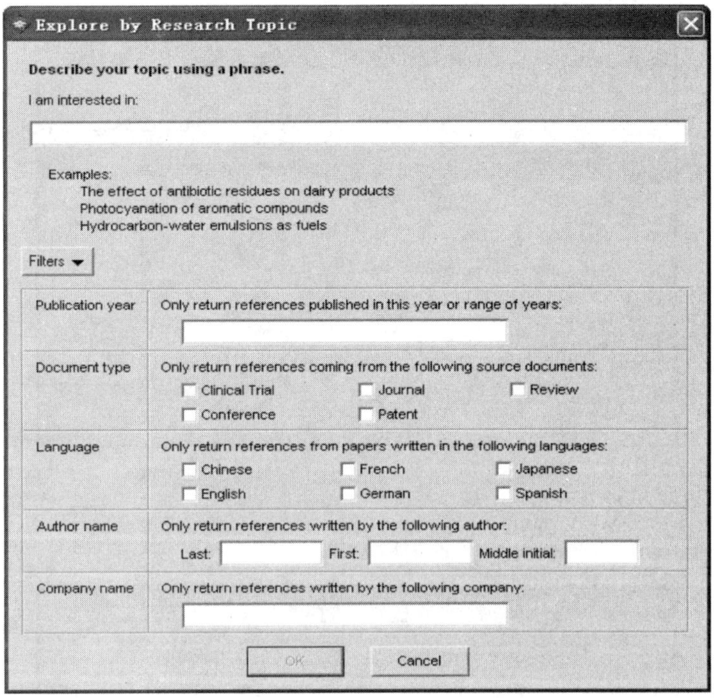

图 8-19　Filters（过滤）扩展栏

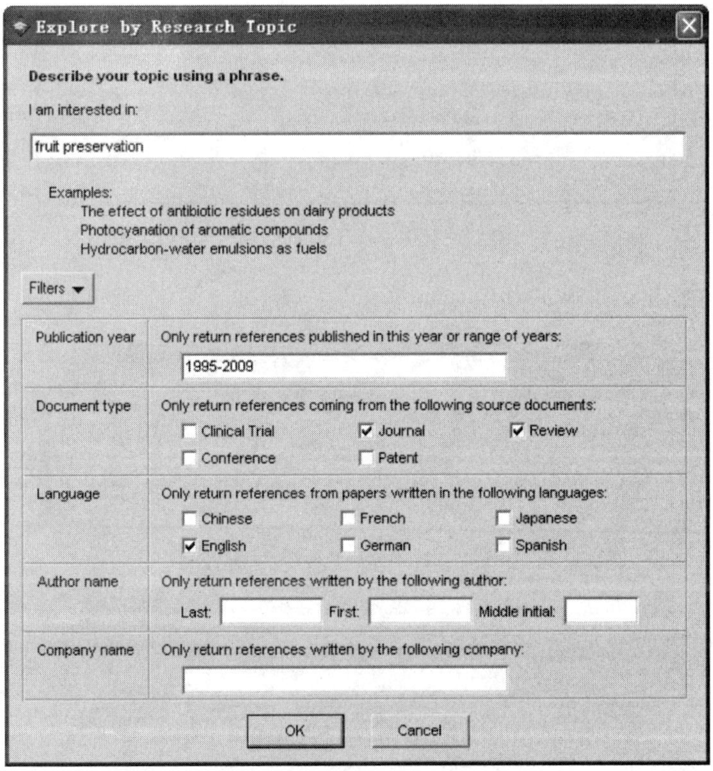

图 8-20　录入检索项目

点击 OK，出现如图 8-21 所示的界面。

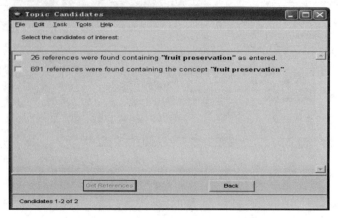

图 8-21 "fruit preservation" 主题检索结果

选择第一行结果，出现如图 8-22 所示的界面。

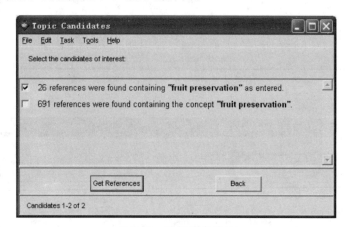

图 8-22 选择检索结果

点击 Get References，出现如图 8-23 所示的界面。

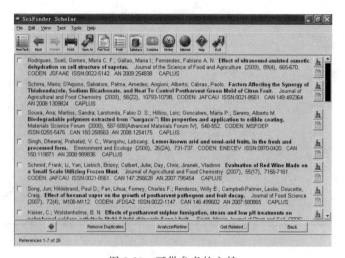

图 8-23 可供参考的文献

共计 26 条文摘可供参考。这些文摘均以"水果保鲜（Fruit Preservation）"为主题，对本项目的研究有积极的参考价值。具体内容略。

在上述结果中继续以"壳聚糖（Chitosan）"为主题进行双主题词检索。

点击 Analyze/Refine，出现如图 8-24 所示的界面。

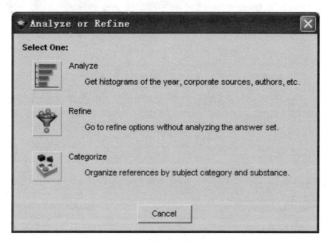

图 8-24　分析或优化选项

选择 Refine，出现如图 8-25 所示的界面。

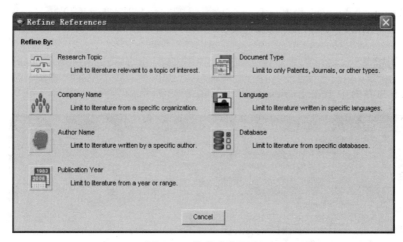

图 8-25　优化参考界面

选择 Research Topic，输入 Chitosan（图 8-26）。

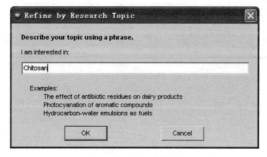

图 8-26　搜索主题优化界面

点击 OK，出现如图 8-27 所示的界面。

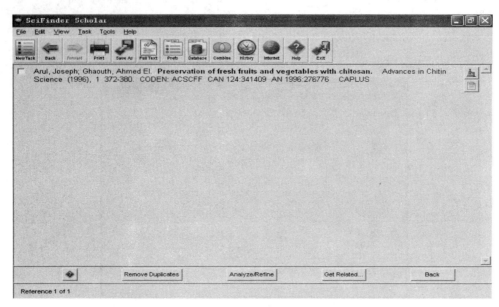

图 8-27　优化结果

得到文献：Arul，Joseph；Ghaouth，Ahmed El. **Preservation of fresh fruits and vegetables with chitosan.** Advances in Chitin Science（1996），1 372-380. CODEN：ACSCFF CAN 124：341409 AN 1996：276776 CAPLUS

二、期刊检索

在图 8-15 的界面中点击 Browse，出现如图 8-28 所示的界面。

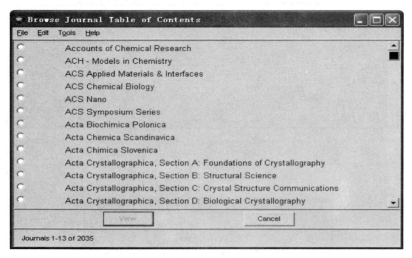

图 8-28　Browse（浏览）界面

在此，选择 Journal of the Science of Food and Agriculture，出现如图 8-29 所示的界面。

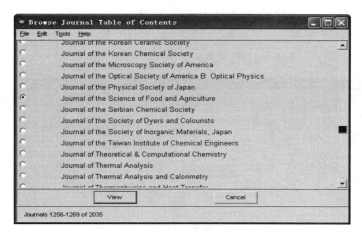

图 8-29　选择期刊名称

点击 View，出现如图 8-30 所示的界面。

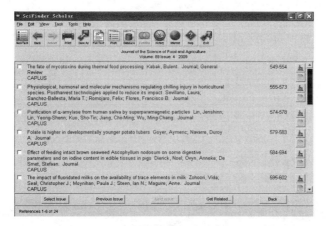

图 8-30　期刊目录列表

点击左下角 Select Issue，出现如图 8-31 所示的界面。

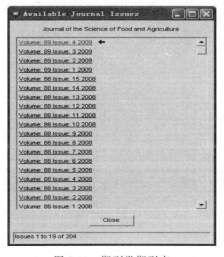

图 8-31　期刊卷期列表

以 Preservative 为主题词查普通主题索引；以 Chitosan 或 Chitin 为标题查化学物质索引。在 2001 年 81 卷 2 期查到如下结果。

Chitosan（壳聚糖）1 条文献（图 8-32）：

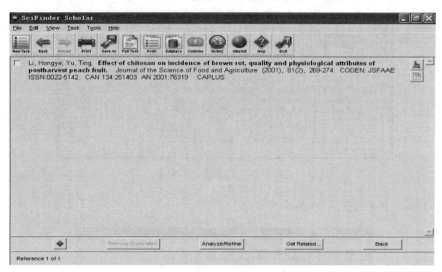

图 8-32　以"Chitosan"为标题的检索结果

Li，Hongye；Yu，Ting. Effect of chitosan on incidence of brown rot, quality and physiological attributes of postharvest peach fruit. Journal of the Science of Food and Agriculture（2001），81（2），269-274. CODEN：JSFAAE ISSN：0022-5142. CAN 134：251403 AN 2001：76319 CAPLUS.

Preservation（保鲜）2 条文献（图 8-33）：

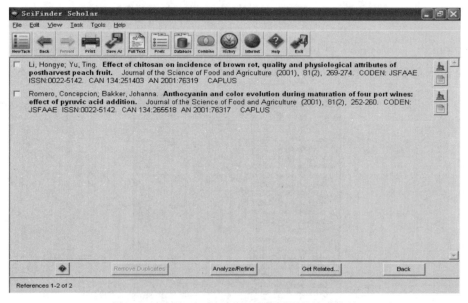

图 8-33　以"Preservation"为主题词的检索结果

Li, Hongye; Yu, Ting. Effect of chitosan on incidence of brown rot, quality and physiological attributes of postharvest peach fruit. Journal of the Science of Food and Agriculture (2001), 81 (2), 269-274. CODEN: JSFAAE ISSN: 0022-5142. CAN 134: 251403 AN 2001: 76319 CAPLUS.

Romero, Concepcion; Bakker, Johanna. Anthocyanin and color evolution during maturation of four port wines: effect of pyruvic acid addition. Journal of the Science of Food and Agriculture (2001), 81 (2), 252-260. CODEN: JSFAAE ISSN: 0022-5142. CAN 134: 265518 AN 2001: 76317 CAPLUS.

两者同时出现 1 条文献: Effect of chitosan on incidence of brown rot, quality and physiological attributes of postharvest peach fruit。该条文献的文摘和全文可以通过如图 8-34 所示的途径获得。

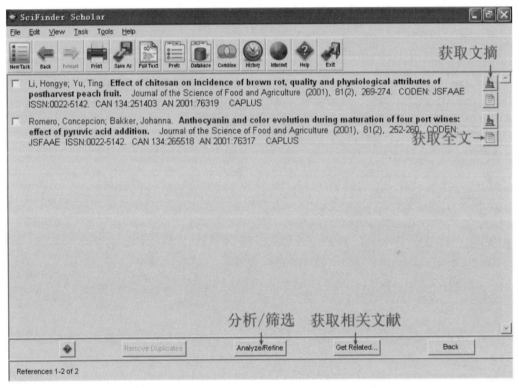

图 8-34 获取相关文献的途径

项目练习

1. 检索胡英（Hu Ying）教授 1997 年发表的论文被 CA 收录的情况，要求原文语种是中文（Chinese），原文文献类型是期刊（Journal），写出检索方法及检中的文献。

2. 查找有关维生素 C 副作用的文献（维生素 C 又叫作抗坏血酸或维 C；副作用又叫作不良反应等）。

3. 请找出下列题目的关键词，并将其译成英文，再利用 CA 的期刊索引进行检索，列出检索结果，给出文章题目、文献种类及文献所在刊物的名称及发表时间。

① 汽车漆中纳米改性材料的研究及应用进展。
② 分光光度法连续测定镀铬液中 Cr^{3+} 和 Cr^{6+}。
③ 高效环保型轿车有机酸防冻液的研究开发。

4. 试用 CA 检索下列项目，要求明确化合物的物性及合成路线："水杨醛缩合邻氨基苯甲酸及其类似结构"的模糊检索。

项目九
主题包括"精馏"的图书情况——数字图书馆的使用

 本项目的任务驱动

1. 通过本项目的学习,使学生掌握数字图书馆的使用方法,并能检索到目标图书。
2. 能力目标
   (1) 了解　数字图书馆的基本知识。
   (2) 掌握　数字图书馆的使用方法。
   (3) 会做　能够运用数字图书馆检索到所需书目并解决实际检索问题。

现在已经进入信息时代,图书馆已经成为培养人才、传递情报的重要机构,成为培养独立研究能力、自学深造的场所;成为深入专业和扩大知识领域的第二课堂。尤其在今天,数字图书馆已经成为获取图书、杂志资料的重要途径之一。

各高校都有自己的图书馆,同时也都有电子阅览室,可以直接在网上检索、借阅、在线阅读等。一些著名的网上图书馆将在教学补充材料里给大家介绍。

数字图书馆信息主要由两部分组成:一是各图书馆的主页,上面有关于图书、杂志的检索和查询工具;二是在互联网网站上建立的虚拟图书馆或网上图书馆。

任务一　检索主题包括"精馏"的图书情况——利用化学工业出版社电子图书馆系统

化学工业出版社电子图书馆系统❶(www.cipread.com)是化学工业出版社重点打造的数字内容投送平台(图9-1),以立足大化工、面向大科技为指导思想,整合了海量的数据资源,通过电子书库、标准库、工具书库、期刊库等形式,为用户提供科学、严谨、规范的数字资源服务。具有专业资源量大、专业覆盖面广、专注用户体验和专注正版阅读四大特点。

微课扫一扫
化学工业出版社
电子图书馆系统
检索

(1) 专业资源量大。数据库中目前已包括 28000 余种电子图书、1784

❶ 此系统需高校图书馆购买后方可使用。

种化工行业相关标准和《化工产品大全》《化学辞典》等工具书资源,以及《化工进展》《化工学报》《中国化学工程学报》《生物产业技术》《储能科学与技术》5个核心期刊近3年的数字资源。

(2) 专业覆盖面广。数据库提供了化学、化工、材料、轻工、农业、生物、医药、环境、安全、能源、冶金和矿业、机械、汽车、交通、电工电子、计算机、建筑、生活、少儿、社科等专业范围的数字资源。

(3) 专注用户体验。数据库充分考虑用户的个性化需求,对于终端用户,可在已选购产品中进行无干扰阅读。

(4) 专注正版阅读。数据库提供的数字资源全部为正版资源,信息规范、准确,可提供全库、全文及个性化检索,方便使用。

图 9-1 化学工业出版社电子图书馆系统首页

进入化学工业出版社电子图书馆系统首页,页面左侧有图书分类,有科技类和教材类,教材类包括本科、高职、中职、中小学和教材综合。分析检索任务,"精馏"属于"分离技术",则可以在搜索框中输入检索词"精馏"或"分离技术",进行图书的检索(图 9-2,图 9-3)得到检索结果(图 9-4),选择需要的书目进行详细信息获取。

图 9-2 输入检索词"精馏"

图 9-3 输入检索词"分离技术"

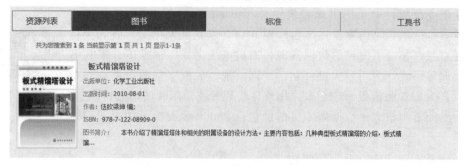

图 9-4 以"精馏"为检索词的检索结果

点击图书名称"板式精馏塔设计",进入书目界面(图 9-5),可以得到书目的详细信息,并且可以在线阅读。

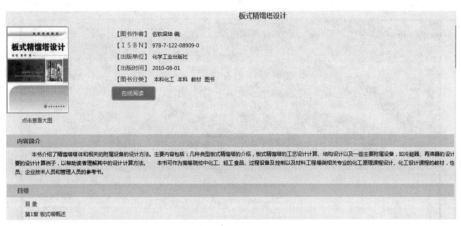

图 9-5　书目详细信息

任务二　检索主题包括"精馏"的图书情况——利用中国国家图书馆

一、中国国家图书馆简介

中国国家图书馆(www.nlc.cn)是综合性研究图书馆,是国家总书库。馆藏资源包括图书、期刊、报纸、学位论文、古籍善本、特藏专藏、工具书、年鉴、电子出版物、缩微资料、视听资料。国家图书馆一般除收藏本国出版物外,还收藏大量外文出版物(包括有关本国的外文书刊),并负责编制国家书目和联合目录。国家图书馆是一个国家图书馆事业的推动者,是面向全国的中心图书馆,既是全国的藏书中心、馆际互借中心、国际书刊交换中心,也是全国的书目和图书馆学研究的中心。履行搜集、加工、存储、研究、利用和传播知识信息的职责。国家图书馆是全国书目中心、图书馆信息网络中心。承担着为中央国家领导机关,重点科研、教育、生产单位和社会公众服务的任务。负责全国图书馆业务辅导,开展图书馆学研究。

二、检索实施过程

(1)打开中国国家图书馆首页,如图 9-6 所示。
(2)在搜索栏里输入"精馏",直接选择"文津搜索"进行检索(图 9-7),得到检索结果(图 9-8)。共检索到约 2800 条文献,在检索结果左侧可以选择指定类型:图书、文档、论文、词条、期刊报纸;缩小检索范围:年份、著者语种;来源数据库等限定条件,进一步缩小范围。比如,选择图书、2016 和 2015 年,得到 2 条检索结果(图 9-9)。

中国国家图书馆检索

图 9-6　中国国家图书馆首页

图 9-7　搜索栏

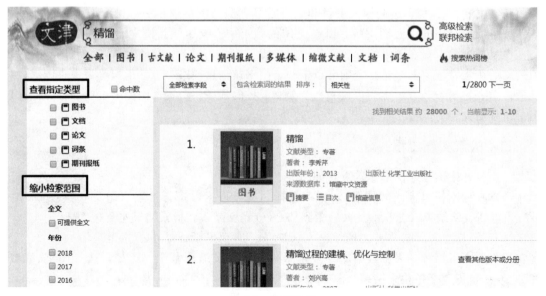

图 9-8　检索结果

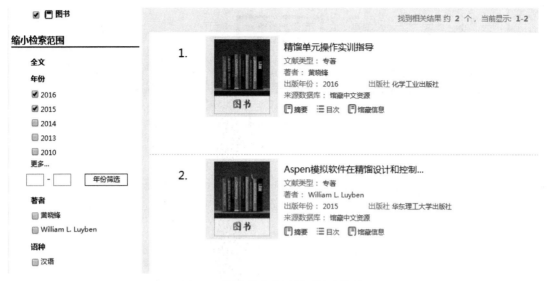

图 9-9　缩小检索范围得到检索结果

查看《精馏单元操作实训指导》的图书情况（图 9-10）。点击"精馏单元操作实训指导"则可得到相关信息——图书的分类、图书的摘要、出版社等，并有责任者、目次、馆藏信息以及出版社等信息。若需要查看此书目的馆藏情况，则打开链接，得到馆藏信息（图9-11，图 9-12）。根据馆藏信息，可以去相应的图书馆借阅。

图 9-10　《精馏单元操作实训指导》的相关信息

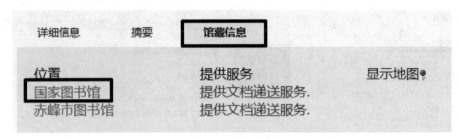

图 9-11 《精馏单元操作实训指导》的馆藏信息检索

图 9-12 《精馏单元操作实训指导》的馆藏信息检索结果

(3) 其他检索方式。在首页点击"图书"图标（图 9-13），进入图书检索界面（图 9-14），在"中文图书"目录下，选择科学文库（图 9-15），进入检索界面，在搜索栏里输入"精馏"点击检索（图 9-16），得到检索结果，根据左侧栏目，可以限定检索范围，进行精确检索（图 9-17）。

图 9-13 中国国家图书馆首页"图书"按钮

项目九
主题包括"精馏"的图书情况——数字图书馆的使用

图 9-14　中国国家图书馆首页"图书"检索界面

图 9-15　中文图书——"科学文库"检索

图 9-16　中文图书—"科学文库"检索界面

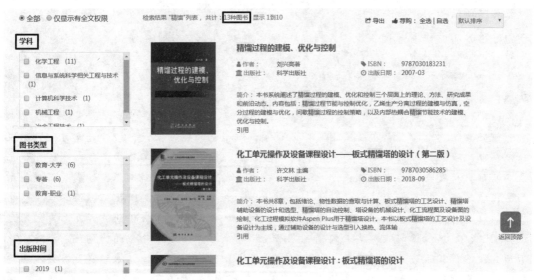

图 9-17　检索结果

教学补充材料

化学化工综合性工具书

综合性工具书是指涉及许多学科、较完整地汇集了各个知识门类的资料、概括人类科学技术研究成果的工具书。化学化工类工具书包括：专用词典、百科全书、手册、文摘、索引和书目。

一、化学化工专用词典

（一）《化学化工大辞典》（上、下册），化学工业出版社，2003年

该辞典收录了无机化学（含宇宙化学、地球化学）、有机化学、物理化学、分析化学（含分析仪器）、高分子科学、放射化学与核化工、环境科学与工程及安全、电化学与电化工、生物化学与生物技术、无机化工与化学矿、石油化工与煤化工、农业化学与化肥、农药、染料、涂料及涂装、精细化工、高分子工程与材料、橡胶、化学工程与经济管理、化工机械与防腐蚀、化工自动化与计算机应用、轻化工、医药、常用金属及非金属材料等方面的词条5万余条。该辞典是一部大型、综合性专业辞书，是我国目前收词量最多、覆盖面最广、释义较为详细的化学化工专业辞典。

（二）《化学大辞典》，高松主编，科学出版社，2018年

《化学大辞典》是一部综合性的化学辞典，涵盖无机化学、有机化学、分析化学、物理化学、理论与计算化学、高分子科学、化学生物学、放射化学与辐射化学、环境化学、能源化学等分支学科，以常用、基础和重要的名词术语为基本内容，提供简明扼要的定义或概念解释，并有适度展开。正文后设有便于检索的汉语拼音索引和外文索引。

（三）《精细化工辞典》，王大全主编，化学工业出版社，1998年

该辞典较全面地介绍了精细化工领域40个类别的有关知识，共收词目2440多条，既包括按经学结构、性能和用途等划分的精细化学品专业类别（着重介绍了分类原则、主要产品及该类产品的主要特点和发展趋势）；也包括精细化工中的重要产品（介绍产品的化学结构、性能、制法、配方、应用、主要用途、发展趋势等）；还包括精细化工中常用专业术语（介绍术语的定义及其在描述产品的性能、应用等方面的意义）。本辞典正文词目按汉语拼音排序，书末附有专业类别索引和英文索引。

（四）《化工辞典》（第五版），姚虎卿主编，化学工业出版社，2014年

该辞典收词全面、新颖、实用，释义科学、准确、简明、规范，检索查阅方便。第五版是在前四版的基础上组织众多专家、学者重新编写而成，注重突出化工基础理论、化工技术的应用与发展和与化工相关专业交叉的技术，尤其是着重了新词汇、新成果，重点增加了化学工程及其各单元过程、煤化工、石油和天然气化工、高分子化工、海洋化工、生物化工以及物理化学基本理论和应用等方面的词条，特别增设了可供研究开发参考的单元过程耦合、换热和热回收网络、过程优化以及化学工程方法放大等方面的词条，补充了化工与其他学科相互交叉的新材料、环境保护、废弃物循环利用、新能源和能量有效利用等方面的词条，对助剂、溶剂、添加剂、农药、医药等精细化工产品以及社会经济生活的内容进行了应用方面的补充和修订。

（五）《英汉·汉英化学化工词汇（英汉部分）》（第三版），化学工业出版社辞书编辑部，化学工业出版社，2012年

该书收词约30万条，涉及化学、化工学科及其相关领域的概念、术语及各种物质名词。在40个专业范围内，对于化学化工核心学科的词汇全部予以列入；对于化学化工交叉学科、边缘学科的词汇也尽量收入；对于广义的化学化工领域以及化学化工应用领域中与化学化工相关的词汇必须列入的也都包括在其中。化学与化工并重，化学化工与相关学科兼顾。化学化工的边缘和交叉学科、高新技术领域以及化学化工不断扩展的应用领域均成为本词汇收词的重点。

（六）《现代科学技术词典》，王同亿编审，上海科学技术出版社，1980年

该词典由周培源、钱三强、钱伟长等二百多名著名科学家和有关科研人员支持、发起和参加编辑，共收词目10.6万条。

（七）《中国食品工业大词典》，河北省食品研究所等编，中国食品出版社，1989年

该词典选取食品各领域名词一万一千余条。

（八）《简明化学化工词典》（Concise Chemical & Technical Dictionary），H. Bennett主编，Chemical Pub. Co.，1986年

收词10万条，每一化合物均给出化学名称、同义词名称、结构简式、分子量和其他一些物理数据，如密度、熔点、沸点和溶解度等。对于塑料、橡胶、纺织、食品、药剂等行业的注册产品和专利产品，除介绍其物理、化学性质和应用外，还给出了这些产品的化学成分。

二、百科全书

百科全书又称大全，是比词典更高一级的工具书，是由有经验的专家主编而成的，是系统的汇集一定领域范围内的全部知识的大型参考工具书。

（一）《化工百科全书》，化学工业出版社，1990～2000年

《化工百科全书》是一部全面介绍化学工艺各分支的主要理论知识和实践成果，并反映化学工业及其相关工业的技术现状与发展趋势的大型专业性百科全书。全书按条目标题的汉语拼音顺序编排，主词条800多条，分20卷出版，并附索引2卷，约4000万字。

全书涉及的专业和学科十分广泛，包括无机化工、有机化工、精细化工、高分子化工、日用化工、造纸和制革、油脂和食品、医药、石油、半导体和电子材料、材料科学和工程、冶金、纺织和印染、生物技术、能源技术、化学工程、化工机械、化工仪表和自动化、电子计算机应用技术、分析方法、安全和工业卫生、环境保护以及化学和物理的一些基本课题。

（二）《有机化工原料大全》（上、中、下），魏文德主编，化学工业出版社，第二版，1999年

全书是有机化工原料行业的专业性百科全书。书中除论述有机化工原料工业的发展历史、原料资源和相关基础理论外，还结合工业生产对500余种重要有机化工原料的开发研究、物化性质、生产工艺、毒性、安全和储运、环保及应用技术做了全面并有一定深度的介绍。

（三）《中国化工产品大全》（上、中、下），化学工业出版社组织编写，第四版，2012年

《中国化工产品大全》（第四版）是一部集知识性、技术性和信息性于一体的化学化工综合性大型工具书，分上、中、下三卷。第四版在专业结构、栏目设置、全书编排、品种选择、内容构成上比前三版有较大的变化。特色如下。

全：共收集各类化工产品近 15000 种，行业覆盖全面，产品品种丰富。

精：内容精心编排，检索手段齐全，装帧精美。

新：结合石油和化工行业"十二五"发展规划，增补了近 12 年出现的新产品、新合成技术、新应用、新厂家。

针对性强：反映化学工业发展的现状和趋势，能够为各行各业各层次读者提供所需要的知识、数据资料和信息。

（四）《拜尔斯坦有机化学大全》(Beilstein Handbook of Organic chemistry)

该大全是德国施普林格出版社出版的一套世界上有机化学资料最完备、最权威的手册。除印刷版外，还可以进行联机检索。中国科学院上海有机化学研究所已经购买 Cross-Fire Beilstein 网络版数据库。

三、手册

手册是汇集某一范围内的基本知识和数据的参考工具书，具有较强的实用性。手册分为数据手册、条目性手册、图标图谱手册和综合性手册。

（一）《化学工程手册》（1～5 卷），袁渭康，王静康，费维扬，欧阳平凯主编，化学工业出版社，第三版，2019 年。

《化学工程手册》是"十三五"国家重点出版物出版规划项目，是化学工程领域标志性的工具书，手册分 5 类共 30 篇，全面阐述了当前化学工程学科领域的基础理论、单元操作、反应器与反应工程以及相关交叉学科及其所体现的发展与研究新成果、新技术。秉承"继承与创新相结合"的编写宗旨，手册在前版的基础上，特别加强了信息技术、多尺度理论、微化工技术、离子液体、新材料、催化工程、新能源等方面的介绍。手册立足学科基础，着眼学术前沿，紧密关联工程应用，全面反映了化工领域在新世纪以来的理论创新与技术应用成果。

（二）《化工工艺设计手册（上、下册）》（第五版），中石化上海工程有限公司，化学工业出版社，2018 年

该手册第五版从化工工艺设计入手，辅以相关专业的知识，体现了近年来化工工艺设计技术和方法上的新进展、科研成果和先进的设备器材，以及国家和行业有关法律、法规、标准的新变化，系统全面，源于实践，具有较强的指导意义。上册包括工厂设计、化工工艺流程设计、化工单元工艺设计 3 篇；下册包括化工系统设计、配管设计、相关专业设计和设备选型 3 篇。

（三）《无机精细化学品手册》，天津化工研究设计院编，化学工业出版社，2001 年

本书是我国第一部无机精细化学品手册。书中收集了各类无机精细化学品 53 个系列约 1500 个品种。全书除按无机盐工业习惯分类外，还根据无机精细产品的功能，专门按用途进行了分类。每个品种包括名称、性状、生产方法、产品规格、用途、生产单位等；为了便于与国际市场接轨，还重点介绍了美国、日本、英国等国家的生产厂商及联系方法和生产、研究开发、市场预测等内容。书后有产品的中英文索引和美国化学文摘登录号索引，以方便读者查阅。

（四）《分析化学手册》（13 册），汪尔康主编，化学工业出版社，第三版，2016 年

《分析化学手册》是一部全面展示现代分析方法和技术的经典专业工具书，由我国分析化学界众多权威专家倾力打造。手册共有 10 个分册 13 册，涵盖了基础知识和安全知识、化学分析、电分析化学、光谱、色谱、质谱、核磁、热分析以及化学计量学等方面的内容，对各种分析技术的基本概念、基础数据、发展历史、仪器构成、谱图解析、方法与应用做了系统介绍，实例丰富、数据翔实。手册在编排方式上突出可查阅性，各分册均编排主题词索引，与目录相互补充，对于数据表格、图谱比较多的分册，增加表索引和谱图索引，部分分册增设了符号与缩略语对照、化合物中英文名称索引、分子量和分子式索引。读者可通过多种途径检索到有关知识点。

（五）《食品添加剂手册》，凌关庭主编，化学工业出版社，第四版，2013 年

本手册以我国 2012 年底前所颁布的食品添加剂法规、标准、公告等为纲，包括 GB 2760—2011《食品安全国家标准食品添加剂使用标准》、GB 14880—2012《食品安全国家标准食品营养强化剂使用标准》、各种食品添加剂的国家标准和卫生部 2012 年之前各补充公告，适当补充联合国（JECFA—2010）、美国（FCC—2009）、欧盟、日本、中国台湾地区（2012 年）等批准使用的品种和内容。包括营养强化剂、乳化剂、酶制剂、调味剂、加工助剂等 22 大类（不包括香料），共 1200 余种。对各种食品添加剂，除介绍法定的质量标准、使用限量和检验方法（鉴别试验、含量分析、质量指标分析）外，重点介绍由各国风险评估组织所得出的安全性评价，以及法规中较少涉及的性状、生理功能、不同制法、用途和参考文献（引述近期直接文献数千篇）等内容。各品种均按拼音字顺排列，以解决多功能品种的遗漏和查找不便。书前有各功能的概述和分类目录，书后有详细的中、英文索引，便于快速查找。

（六）《应用化学手册》，朱少忠等编，上海科学技术出版社，1989 年

本手册内容分为四部分：普通化学和无机化学基础、无机原料及主要无机产品的工业制法、有机化学基础、有机原料及主要有机产品的工业制法。

（七）《CRC 化学和物理手册》（CRC Handbook of Chemistry and Physics, Chemical Rubber Company, 1914 年至今）

这是一本世界著名的理化数据手册，每年更新一次。收录基本的化学和物理数据，以及其他众多的研究人员共同需要的常用的表格、常数、公式及定义等。正文按数据的类型归类编排，分为数学表、元素和无机化合物、有机化合物、普通化学、普通物理和其他数据资料，书后有主题索引。

（八）《兰氏化学手册》（Lange's Handbook of Chemistry）

本书是一部资料齐全、数据翔实、使用方便、供化学及相关科学工作者使用的单卷式化学数据手册，在国际上享有盛誉，自 1934 年第 1 版问世以来，一直受到各国化学工作者的重视和欢迎。全书共分 11 部分，内容包括有机化合物，通用数据，换算表和数学，无机化合物，原子、自由基和键的性质，物理性质，热力学性质，光谱学，电解质、电动势和化学平衡，物理化学关系，聚合物、橡胶、脂肪、油和蜡及实用实验室资料等。本书所列数据和命名原则均取自国际纯粹化学与应用化学联合会最新数据和规定。本书是从事化学、物理、生物、矿物、医药、石油、化工、材料、工程、能源、地质、环保、专利、管理等方面工作的科技人员、生产人员、大专

院校师生和各类图书馆必备的工具书。

（九）《化学工程师手册》，化学工程师手册编辑委员会编，机械工业出版社，2002年

本手册基本按照化工单元分章，分别介绍其方法原理、设备造型、工艺计算、设计图表、操作要点等，还编入基础数据、材质选择、过程控制、计算机模拟、技术绝对温度及系统综合等内容，是一本围绕化学工程师工作需要编写的综合性工具书。本书淡化理论推演、强化实质性工程技术内容，简明、实用；并力求引用最新知识、注意编入近年发展起来的新技术和尽力按最新的国家标准编写，保持先进性、科学性。

图 书 馆

一、传统图书馆

传统图书馆具有保存人类文化遗产；开发信息资源；参与社会教育，主要包括思想教育、两个文明建设和文化素质教育；丰富群众文化生活的功能。

图书馆的图书一般分为社会科学书库、自然科学书库、基藏书库等。

馆藏文献一般是采用排架的方式保存的。馆藏文献的排架就是把已经分编加工并入库的文献，按照一定的方法，科学地依次排列组织起来，使每种文献的书架上都有一个明确固定的位置，便于检索、利用与保管。每册书在分类加工时都获取一个分类排架号，分类排架号主要由分类号和书次号构成，它是图书排架的依据，使图书在书库中有一个具体的排列位置。每种图书的排架号都相应地反映在图书馆目录卡片上，作为"索书号"供读者查用。

要想充分利用好图书馆，首先要熟悉各种分类法，要会看目录卡片（如分类目录柜、汉字汉语拼音字母顺序目录柜、著译者目录柜等），通过目录卡片可以方便地获取所需的图书资料。

期刊的排架分为现刊和过刊两种情况。特种文献如技术报告、专利、标准等一般是按照顺序号排架。

如果需要各类专业数据，可以到工具书资料室查阅检索相关的图书得到，一般化学化工类专业期刊可以到自然科学阅览室查看，有关书籍可以按照《中国图书馆图书分类法》的类号到自然科学书库查找，例如化学类属于06，生物科学属于Q，医药卫生属于R，石油、天然气工业属于TE，冶金工业属于TF，化工类属于TQ，食品轻工业属于TS，环境科学属于X。

二、网上图书馆

（一）国内著名网上图书馆

1. 中国国家图书馆·中国国家数字图书馆（http://www.nlc.cn）（图9-18）

图 9-18　中国国家数字图书馆界面

2.中国科学院文献情报中心（GSDL；http：//www.csdl.ac.cn）

文献情报中心建于1950年4月，1951年2月，正式定名为"中国科学院图书馆"；1985年11月，更名为"中国科学院文献情报中心"，同时保留"中国科学院图书馆"的名称；2001年10月，进入中国科学院知识创新试点工程序列；2006年3月，确定为中科院国家科学图书馆（筹）；2014年3月19日，正式确定为中科院文献情报中心。

据2016年1月中心官网信息显示，该中心下设3个文献情报分中心，有职工400余人，馆藏图书1145余万册（件）。内容涉及数学、物理、化学、生命科学、资源环境、工程技术等（图9-19）。

图 9-19　中国科学院文献情报中心

3.国家科技图书文献中心（http：//www.nstl.gov.cn）

国家科技图书文献中心（NSTL）是根据国务院领导的批示于2000年6月12日组建的一个虚拟的科技文献信息服务机构，成员单位包括中国科学院文献情报中心、工程技术图书馆（中国科学技术信息研究所、机械工业信息研究院、冶金工业信息标准研究院、中国化工信息中心）、中国农业科学院图书馆、中国医学科学院图书馆。网上共建单位包括中国标准化研究院和中国计量科学研究院。中心设办公室，负责科技文献信息资源共建共享工作的组织、协调与管理（图9-20）。

图 9-20　国家科技图书文献中心界面

4. 清华大学图书馆（http：//www.lib.tsinghua.edu.cn）

清华大学图书馆的馆藏总量已超过 344 万册（件），形成了以自然科学和工程技术科学文献为主体，兼有人文、社会科学及管理科学文献等多种类型、多种载体的综合性馆藏体系。除中外文图书外，馆藏资源还包括：古籍线装书 19 万册；期刊合订本近 49 万册；年订购印刷型期刊 3800 余种；本校博、硕士论文 7.3 万篇；缩微资料 2 万种；音像资料和多媒体光盘 2.5 万余件；各类数据库 380 余个；中外文全文电子期刊 4.4 万余种；中外文电子书近 114 万册；中外文电子版学位论文 81 万篇（图 9-21）。

5. 北京大学图书馆（http：//www.lib.pku.edu.cn/portal）

北京大学图书馆非常重视数字图书馆的建设。于 2000 年成立的数字图书馆研究所开展了有关数字图书馆模式、标准规范（元数据、数字加工标准等）、关键技术、互操作层与互操作标准等的研究，并开始进行小规模应用实践，为北京大学数字图书馆的建设奠定了技术基础。在进行研究和应用实验的同时，还开始进行部分项目的建设，并本着"边建设、边服务"的原则，逐步实现在校园网上提供服务，如电子资源导航系统、学位论文提交与检索系统、多媒体点播系统、古籍拓片示范数据库检索系统、北大名师档案、网络课程服务等（图 9-22）。

图 9-21　清华大学图书馆界面

图 9-22　北京大学图书馆界面

6. 中国科学技术大学图书馆（http://lib.ustc.edu.cn）

中国科学技术大学图书馆在数学、力学、物理学、化学、天文学、地球科学、生物学、材料科学、机械工程、动力与电气工程、核科学技术、电子通信与自控、计算机科学技术等领域积累了丰富的馆藏。

中国科学技术大学数字图书馆目前拥有大型外文文摘数据库如 Web of science、Web of proceedings、JCR、EI、CSA、INSPEC、CA、PQDD 等；外文全文数据库如 Elsevier、Springer、JohnWiley、Ebsco、IEL、PQDD、SPIE、ACS、ACM、APS、AIP、IOP、RSC、OSA、ASME、ASCE、Science、Nature、Cell 等；中文数据库有 CNKI 学术期刊、万方数据资源系统、维普电子期刊、人大复印资料、超星电子图书、Apabi 电子图书以及中外专利信息服务平台等。师生用户通过校园网可以使用到中文电子图书 50 万余册、外文电子图书 5 万余册、外文电子期刊 12000 多种、中文电子期刊 8000 多种、国际硕博士论文 20000 多种（图 9-23）。

图 9-23　中国科学技术大学图书馆界面

7. 超星数字图书馆（http://www.sslibrary.com）

超星数字图书馆具有海量电子图书资源。其中包括文学、经济、计算机、化工等五十余大类，数十万册电子图书，300 多万篇论文，全文总量 4 亿余页，数据总量 30000GB，大量免费电子图书，并且每天仍在不断地增加与更新。为目前世界最大的中文在线数字图书馆（图 9-24）。

图 9-24　超星数字图书馆界面

(二) 国外著名网上图书馆

1. 美国国会图书馆 (http://www.loc.gov)

美国国会图书馆以1亿2800万册的馆藏量成为图书馆历史上的巨无霸，图书馆书架的总长超过800km。据美国国会图书馆网站最新介绍：目前藏品总数1.3亿，其中0.29亿册书籍、012亿幅照片、0.58亿件手稿。读者只有使用借阅证才能进入读者阅览室和进行借阅。图书馆为读者提供美国国会的史料、会议记录、宪法等重要资料，供读者查阅。

进入21世纪的美国国会图书馆，已开始进入了信息数据化时代的网上服务，在www.loc.gov或www.americalibrary.gov的网址上，人们就可以看到4万多件文物典籍用多媒体技术制成的电子藏品显现在个人电脑的画面上，其内容包括美国历史、传奇人物、各州介绍、民生娱乐、多元音像以及书目录索引等（图9-25）。

图9-25　美国国会图书馆界面

2. 加拿大国家图书馆 (http://www.nlc-bnc.ca)（图9-26）

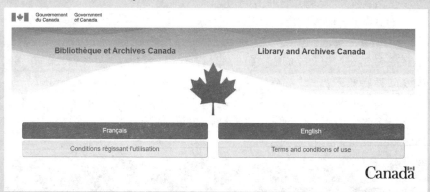

图9-26　加拿大国家图书馆界面

3. 英国不列颠（大英）图书馆 (http://www.bl.uk)（图9-27）

图9-27　英国不列颠（大英）图书馆界面

4.麻省理工学院图书馆（http：//libraries.mit.edu）（图9-28）

图9-28　麻省理工学院图书馆界面

5.英国剑桥大学图书馆（http：//www.lib.cam.ac.uk）（图9-29）

图9-29　剑桥大学图书馆界面

6.英国牛津大学图书馆（http：//www.lib.ox.ac.uk）（图9-30）

图9-30　牛津大学图书馆界面

项目练习

1.在本校电子图书馆上检索自己感兴趣的图书情况。
2.在天津大学图书馆上利用"查找资料"项目栏检索有关"化工设备"的资料。

项目十
"反渗透膜"的相关知识——其他网络检索工具的使用

 本项目的任务驱动

1. 通过本项目的学习，使学生了解常用网络检索工具，并能熟练使用。
2. 能力目标
（1）了解　网络数据库的基本知识。
（2）掌握　网络数据资源的使用方法。
（3）会做　能够运用网络资源进行检索并解决实际检索问题。

任务一　检索"反渗透膜"的产品信息——利用"学术论坛"

论坛（Bulletin Board System，BBS）就是用于在网络上交流的地方，可以发表一个主题让大家一起来探讨，也可以提出一个问题大家一起来解决等。是一个人与人语言文化共享的平台，具有实时性、互动性。

论坛的发展非常迅速，学术性论坛也成为获取资料、检索文献的重要途径。利用学术论坛进行一些资料的检索可以节省时间，获取更多的信息。

一、论坛的分类

（一）按专业性分类

1. 综合类论坛

综合类的论坛包含的信息比较广泛和丰富，能够吸引大多数的网友来到论坛，但是由于包含的信息广泛，因此对于某一问题便难于精细。通常大型的门户网站有足够的人气和凝聚力以及大型专业的网络公司才能够把综合性论坛做好。目前比较知名的综合类论坛主要有百度贴吧、新浪微博、豆瓣、知乎、强国论坛、天涯社区等。

2. 专题类论坛

专题类论坛是相对于综合类论坛而言的，有利于对信息进行分类整合和搜集，专题性论坛对学术科研教学起到重要的作用，例如军事类论坛、科技类论坛、化学化工论坛、文学论坛、动漫论坛等。这样的专题性论坛能够在单独的一个领域里进行版块的划分设置。

（二）按功能性分类

1. 教学型论坛

这类论坛通常如同一些教学类的博客或者是教学网站，主要功能是对知识的传授和学习，在很多学术类、科技类的行业，这样的论坛发挥着重要的作用，通过在论坛里浏览帖子、发布帖子能迅速地与很多人在网上进行技术性的沟通和学习。

2. 推广型论坛

这类论坛是作为广告推广的形式，为某一个企业或某一种产品进行宣传服务。从2005年起，这样形式的论坛很快地成立起来，但是这类论坛很难具有吸引人的性质，所以这样的论坛存在的时间经常很短，论坛中的会员也几乎是由受雇佣的人员非自愿组成。

3. 地方性论坛

地方性论坛是论坛中娱乐性与互动性最强的论坛之一。不论是大型论坛中的地方站，还是专业的地方论坛，都有很热烈的网民反向，比如百度、清华大学论坛、汽车论坛等，地方性论坛能够更大距离地拉近人与人的沟通，另外由于是地方性的论坛，所以对其中的网民也有了一定的局域限制，论坛中的人或多或少都来自相同的地方，这样即有那么一点真实的安全感，也少不了网络特有的朦胧感，所以这样的论坛常常受到网民的欢迎。

4. 交流性论坛

交流性的论坛又是一个广泛的大类，这样的论坛重点在于论坛会员之间的交流和互动，所以内容也较丰富多样，有供求信息、交友信息、线上线下活动信息、新闻等，这样的论坛是将来论坛发展的大趋势。

二、常用的学术论坛

（一）小木虫学术研究互动社区（http: //muchong.com）

小木虫学术科研互动社区最初叫小木虫学术科研第一站，是中国最有影响力的学术站点之一，成立于2001年3月1日，是一个独立、纯学术、非经营性的免费个人论坛，涵盖化学、化工、医药、生物、材料、食品、理工、信息、经管、外语等多个学科门类的专业性学术科研交流。会员主要来自国内各大院校、科学院所的博硕士研究生、企业研发人员，已成为聚集众多科研工作者的学术资源、经验交流平台（图10-1）。

访客可匿名浏览但无下载权限，可以在小木虫学术论坛上注册ID，并通过劳动或点击红包（一天只能领取一次）来赚取金币（可用于兑换下载流量、学术求助、兑换通行币等），资源下载一般需要用金币兑换流量，当然也有大量的不需要金币即可下载得到的免费资料。

图10-1 小木虫学术研究互动社区主页

(1) 打开小木虫主页，在小木虫社区可以进行登录或注册会员，或者作为访客进行浏览。直接在搜索框中输入关键词"反渗透膜"，直接点击搜索按钮，进行站内搜索（图 10-2）。

小木虫社区检索

图 10-2　搜索页面

(2) 搜索得到 855 条记录，共 35 页，都是包含关键词"反渗透膜"的记录，同时注意到是"所有版块搜索"的检索结果，为了缩小检索范围，则可以选择适当的版块进行检索。这里选择"环境"版块，点击得到检索结果。见图 10-3～图 10-5。

图 10-3　检索结果

图 10-4　缩小检索范围

图 10-5　检索结果

(3) 点击一条记录，进行浏览（图 10-6）。

图 10-6　浏览检索结果

（二）海川化工论坛（https://bbs.hcbbs.com）

这是化工技术从业者网络家园，平台的信息量大，资料全面，受国内化工行业的认可，具有一定的知名度，是化工技术交流第一站（图 10-7）。

图 10-7　"海川化工论坛"首页

首页上有搜索框，可以对"产品""企业"进行相关信息搜索。在"社区""市场""学课""信息""企业""产品""悬赏"下，有相应的信息资源。

1. 海川社区

在社区首页，可以下载手机 APP，并且可以采用多种方式进行注册登录，极大方便了用户进行信息浏览与资料获取（图 10-8）。读者可以自行进行各个项目的浏览，这里不再赘述。

图 10-8　"海川化工论坛"社区首页

2. 海川学课

"海川学课"依托海川平台学员智慧，汇集化工工艺技术、设备仪表、软件应用、安全管理、职场经验等使用课程，助力化工人分享经验、提升技能（图 10-9）。

图 10-9　"海川学课"首页

点击首页上"分类"按钮，可以看"学课"中不同类别的课程，有免费课程和付费课程，读者可以自行浏览（图 10-10）。

后面"悬赏""企业""市场""信息"栏目,读者自行浏览。

图 10-10 "海川学课"分类首页

3. 利用"海川化工论坛"检索"反渗透膜"的相关资料

在海川化工论坛"社区"首页搜索框中输入关键词"反渗透膜"(图 10-11),可以得到 2233 个搜索结果,显然,我们需要在结果中继续筛选。在搜索结果的左侧菜单中,有分类标签:"全文检索""所有时间"和"全部版块",通过分类标签,进一步缩小检索范围,得到检索结果(图 10-12)。如检索时间为 1 年内的环保及水处理圈版块,则得到如图 10-13 的精确检索结果。

图 10-11 "海川论坛"社区搜索框首页

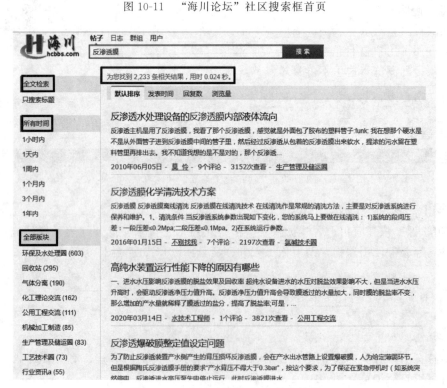

图 10-12 "反渗透膜"初步检索结果

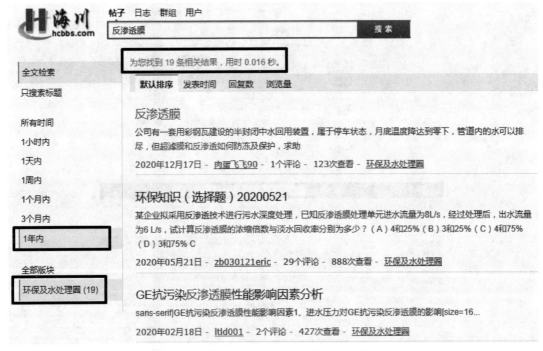

图 10-13 "反渗透膜"精确检索结果

任务二 检索关键词为"反渗透膜"的相关资料——利用"搜索引擎"

一、搜索引擎简介

搜索引擎是指根据一定的策略、运用特定的计算机程序从互联网上搜集信息，在对信息进行组织和处理后，为用户提供检索服务，将用户检索相关的信息展示给用户的系统。搜索引擎包括全文索引、目录索引、元搜索引擎、垂直搜索引擎、集合式搜索引擎、门户搜索引擎与免费链接列表等。百度和谷歌等是搜索引擎的代表。

下面我们利用"百度学术"搜索引擎进行检索。

二、检索实施过程

（1）打开百度学术搜索引擎界面，选择"新闻"栏目，输入关键词"反渗透膜"，点击"百度一下"，进行检索（图 10-14）。

（2）检索得到相关记录 71800 条记录，都是包含关键词"反渗透"的文献资料。这显然不是我们想要的结果。观察检索结果左侧分类菜单，可以从时间、领域、是否核心期刊、获取方式等进行结果筛选（图 10-15）。

百度学术检索

图 10-14　"百度学术"检索界面

图 10-15　初步检索结果

(3) 选择筛选范围：2020 年以来、科技核心期刊、关键词为"反渗透膜"，得到检索结果，共 3 条记录（图 10-16）。

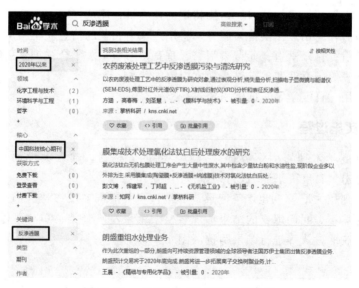

图 10-16　"百度学术"精确检索结果

教学补充材料

常用的化工搜索引擎和学术论坛

一、化学化工搜索引擎

（一）Google 学术搜索（http：//scholar.google.com）

Google 学术搜索服务可以为各领域、各层次的研究人员（包括学生、教师和科研人员）提供一种广泛搜索学术文献的简便方法。使用 Google 学术搜索服务，可以从众多的学术资源（如著作、论文和报告等），以及众多的学术组织（如出版社、专业团体和图书馆等）中，搜索到相关性最强、信息量最大的学术信息。见图 10-17

图 10-17　Google 学术搜索主界面

（二）化工引擎网（http：//www.chemyq.com）

化工引擎包括与化工相关的网站、产品、性质、新闻等，是国内较大的化工网站之一（图 10-18）。

图 10-18　化工引擎网主界面

（三）Chem Spy（http：//www.chemspy.com）

Chem Spy 为化学专业人员、学生、教育工作者提供了一个大范围的搜索引擎，包括普通搜索引擎和化学搜索引擎。可以查找化学新闻、资源、数据库、缩写、定义及化学工业信息（图 10-19）。

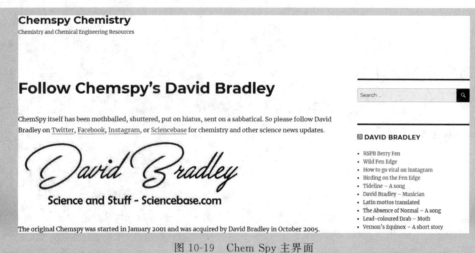

图 10-19　Chem Spy 主界面

(四) Chem.com (http://www.chem.com)

Chem.com 包括化学公司产品目录、仪器目录、委托合成目录等，可以进行仪器试剂的搜索（图 10-20）。

图 10-20　Chem.com 主界面

(五) ChemIndustry.com (http://www.chemindustry.com)

ChemIndustry.com 提供有关化学工业信息资源，包含化学与相关专业的专业目录与搜索引擎。涵盖数万个相关站点与数百万网页，可以分为下面几大类别：化工生产商、实验室设备和消耗品、色谱/分离设备、软件、农用生物材料、工业设备、行业服务（工程服务、企业财务、顾问和专家、建筑、法律咨询、环保工程及咨询、现场调查、测试、培训、维护、操作、研究与开发、工作机会、发展信息）等。目前，该网站部分内容已有中文内容（图 10-21）。

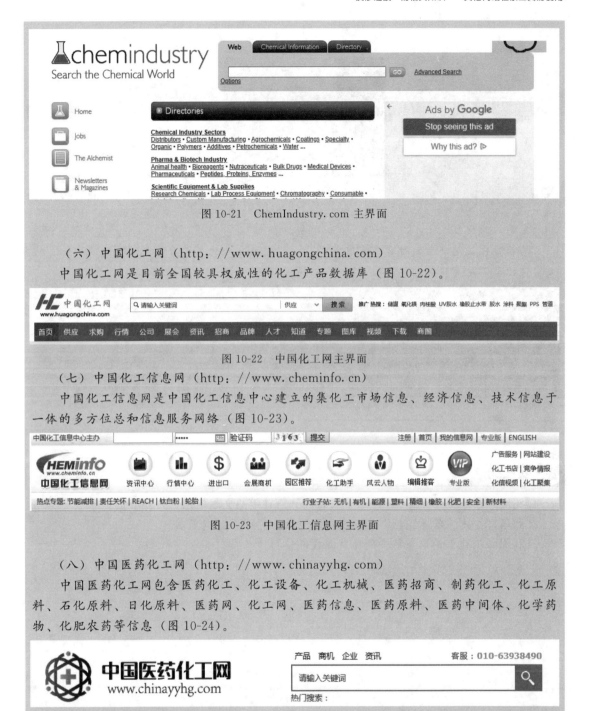

图 10-21　ChemIndustry.com 主界面

（六）中国化工网（http：//www.huagongchina.com）

中国化工网是目前全国较具权威性的化工产品数据库（图 10-22）。

图 10-22　中国化工网主界面

（七）中国化工信息网（http：//www.cheminfo.cn）

中国化工信息网是中国化工信息中心建立的集化工市场信息、经济信息、技术信息于一体的多方位总和信息服务网络（图 10-23）。

图 10-23　中国化工信息网主界面

（八）中国医药化工网（http：//www.chinayyhg.com）

中国医药化工网包含医药化工、化工设备、化工机械、医药招商、制药化工、化工原料、石化原料、日化原料、医药网、化工网、医药信息、医药原料、医药中间体、化学药物、化肥农药等信息（图 10-24）。

图 10-24　中国医药化工网主界面

二、学术论坛

1. 大化工论坛（https：//bbs.dahuagong.com）

大化工信息平台汇集化工行业资源信息，服务化工企业人才招聘求职、化工产品销售、化工设备销售、化工设备转让与求购。

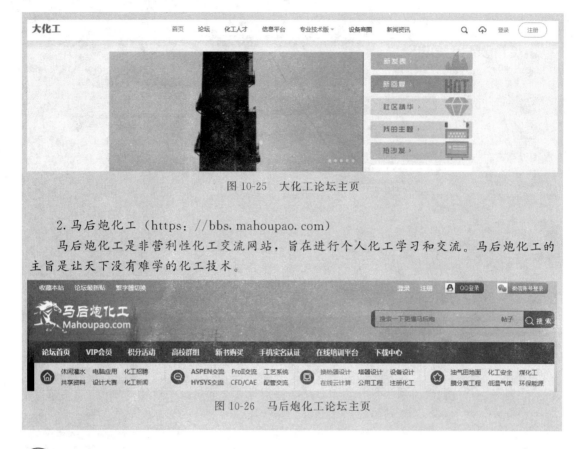

图 10-25　大化工论坛主页

2. 马后炮化工（https：//bbs.mahoupao.com）

马后炮化工是非营利性化工交流网站，旨在进行个人化工学习和交流。马后炮化工的主旨是让天下没有难学的化工技术。

图 10-26　马后炮化工论坛主页

项目练习

1. 注册"小木虫学术论坛"，发帖求助自己感兴趣的文献信息，并获取信息。
2. 利用"小木虫学术论坛"的免费资源下载一门课件或电子书。
3. 利用海川化工论坛进行一门免费课程的学习。

项目十一
"行业特有职业（工种）"信息检索——"技能人才评价工作网""中国就业网"网站的使用

  本项目的任务驱动

1. 通过利用相应网站对"行业特有职业（工种）"的信息检索，使学生具有获取相关的信息、做好职业规划的能力。

2. 能力目标

（1）了解 "行业特有职业（工种）"信息的相关网站。

（2）掌握 "行业特有职业（工种）"信息的检索方法。

（3）会做 利用"行业特有职业（工种）"网站获取的相关信息，做好职业规划。

技能人才评价工作网（http://www.osta.org.cn）是由原来的"国家职业资格工作网"进行网站名称改变同时完成升级改版的，域名仍沿用原域名。为做好技能人才评价制度改革工作，健全完善技能人才评价体系，提高技能人才评价工作技术指导和服务能力，网站设有六大功能：①查询技能类职业技能等级证书和职业资格证书；②查询技能类职业技能等级评价机构和职业技能鉴定机构；③了解我国有哪些职业（工种）以及职业标准；④查询国家职业资格目录里有哪些职业；⑤查阅技能人才评价相关政策文件；⑥技能人才评价机构备案申请。

中国就业网（http://chinajob.mohrss.gov.cn）（原中国就业培训技术指导中心），负责全国就业、职业培训以及技能人才评价的技术指导和组织实施工作。对于高职高专学生在校期间的职业资格鉴定和毕业前的就业指导提供非常重要的有针对性的帮助。

微课扫一扫
浏览行业特有职业（工种）目录

任务一 浏览行业特有职业（工种）目录

打开技能人才评价工作网，浏览首页（图11-1），初步确定从哪里入手可以检索到所需资源。我们选择在首页中部的"职业分类系统、职业标准系统"栏（图11-2）进行检索。

选择职业分类系统,进入检索界面(图 11-3),可看到 8 大职业分类情况。选择第 6 大类"生产制造及有关人员",点击进入下级目录(图 11-4),可以看到此类目下有 32 个类目,每个类目下有相应的职业数量和工种数量。选择"化学原料和化学制品制造人员"进行职业和工种的情况了解(图 11-5)。继续了解"化工产品生产通用工艺人员"职业工种情况(图 11-6),可以得到工种详细信息和部分职业标准,如"化工单元操作工"有 13 个工种(图 11-7),点击"化工总控工"职业标准下"查看"按钮,可得到详细的标准信息(图 11-8)。

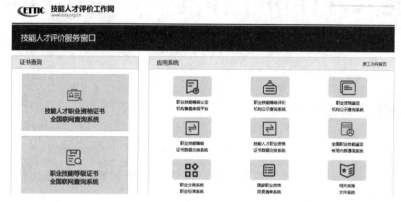

图 11-1　技能人才评价工作网主页

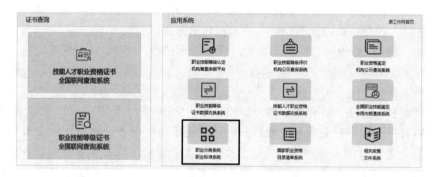

图 11-2　职业分类系统、职业标准系统界面

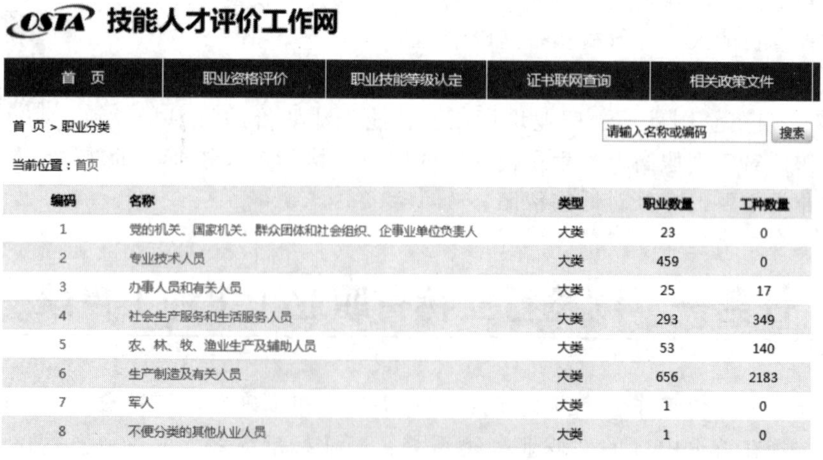

图 11-3　职业分类系统检索界面

编码	名称	类型	职业数量	工种数量
6-01	农副产品加工人员	中类	15	37
6-02	食品、饮料生产加工人员	中类	27	88
6-03	烟草及其制品加工人员	中类	6	13
6-04	纺织、针织、印染人员	中类	22	66
6-05	纺织品、服装和皮革、毛皮制品加工制作人员	中类	11	21
6-06	木材加工、家具与木制品制作人员	中类	11	32
6-07	纸及纸制品生产加工人员	中类	6	9
6-08	印刷和记录媒介复制人员	中类	4	23
6-09	文教、工美、体育和娱乐用品制造人员	中类	39	91
6-10	石油加工和炼焦、煤化工生产人员	中类	18	64
6-11	化学原料和化学制品制造人员	中类	76	303
6-12	医药制造人员	中类	9	43
6-13	化学纤维制造人员	中类	4	13
6-14	橡胶和塑料制品制造人员	中类	3	20
6-15	非金属矿物制品制造人员	中类	43	113
6-16	采矿人员	中类	33	175
6-17	金属冶炼和压延加工人员	中类	53	236
6-18	机械制造基础加工人员	中类	28	100
6-19	金属制品制造人员	中类	6	35

图 11-4 "生产制造及有关人员"职业分类情况

编码	名称	类型	职业数量	工种数量
6-11-01	化工产品生产通用工艺人员	小类	6	24
6-11-02	基础化学原料制造人员	小类	15	99
6-11-03	化学肥料生产人员	小类	8	15
6-11-04	农药生产人员	小类	1	4
6-11-05	涂料、油墨、颜料及类似产品制造人员	小类	4	10
6-11-06	合成树脂生产人员	小类	1	25
6-11-07	合成橡胶生产人员	小类	1	12
6-11-08	专用化学产品生产人员	小类	26	95
6-11-09	火工品制造、保管、爆破及焰火产品制造人员	小类	5	1
6-11-10	日用化学品生产人员	小类	9	18
6-11-99	其他化学原料和化学制品制造人员	小类	0	0

图 11-5 "化学原料和化学制品制造人员"职业数量和工种数量情况

编码	名称	类型	工种数量	查看详情	职业标准
6-11-01-01	化工原料准备工	职业	0	查看	
6-11-01-02	化工单元操作工	职业	13	查看	
6-11-01-03	化工总控工	职业	0	查看	查看
6-11-01-04	制冷工	职业	0	查看	查看
6-11-01-05	工业清洗工	职业	5	查看	
6-11-01-06	腐蚀控制工	职业	6	查看	

图 11-6 "化工产品生产通用工艺人员"工种数量和职业标准情况

当前位置：首页 > 6 生产制造及有关人员 > 6-11 化学原料和化学制品制造人员 > 6-11-01 化工产品生产通用工艺人员 > 化工单元操作工

数据类型：	职业
代码：	6-11-01-02
名称：	化工单元操作工
定义：	操作过滤、换热、蒸发、蒸馏、萃取等化工单元设备，加工处理物料的人员。
所属小类：	6-11-01 化工产品生产通用工艺人员
下列工种归入本职业：	化工过滤工 化工蒸馏工 化工萃取工 化工蒸发工 化工热交换工 化工吸收工 化工吸附工 化工干燥工 化工结晶工 化工离心分离工 化工造粒工 化工洗涤工 脱酚工

图 11-7　"化工单元操作工"包含工种情况

国家职业技能标准

职业编码：6-11-01-03

化工总控工

（2019 年版）

图 11-8　"化工总控工"职业技能标准

任务二　通过职业标准系统获取相关行业特有职业（工种）的详细信息

在职业目录系统中，可以获取部分职业技能标准，但不够快捷，可利用在网站首页上的"职业标准系统"直接获取相应工种的标准信息。

点击"职业标准系统"进入下级页面，得到 229 个工种的标准信息，以"工业废水处理工"为例，获取职业标准信息（图 11-9，图 11-10）。

129	6-11-02-10	无机化学反应生产工	2019-03-26	职业	点击查看详细标准信息
130	6-11-02-15	有机合成工	2019-03-26	职业	点击查看详细标准信息
131	6-11-03-02	尿素生产工	2019-03-26	职业	点击查看详细标准信息
132	6-11-04-00	农药生产工	2019-03-26	职业	点击查看详细标准信息
133	6-11-05-04	染料生产工	2019-03-26	职业	点击查看详细标准信息
134	6-28-03-03	工业废水处理工	2019-03-26	职业	点击查看详细标准信息
135	6-28-02-03	工业气体生产工	2019-12-10	职业	点击查看详细标准信息
136	6-11-05-01	涂料生产工	2019-12-10	职业	点击查看详细标准信息
137	6-11-03-01	合成氨生产工	2019-12-10	职业	点击查看详细标准信息

图 11-9 "工业废水处理工"职业标准检索

资料扫一扫
工业废水处理工
国家职业技能标准

工业废水处理工
国家职业技能标准

1. 职业概况

1.1 职业名称

工业废水处理工 L

1.2 职业编码

6-28-03-03

1.3 职业定义

操作隔栅除污机、筛滤机、离子交换、电渗析、电解氧化处理等设备，进行工业废水净化和回用作业的人员。

1.4 职业技能等级

本职业共设五个等级，分别为：五级/初级工、四级/中级工、三级/高级工、二级/技师、一级/高级技师。

1.5 职业环境条件

室内、外且部分在高处、高温作业，作业场所中存在一定的异味和噪声。

1.6 职业能力特征

图 11-10 "工业废水处理工"职业标准检索结果

任务三　了解准入类职业资格和水平评价类职业资格

在技能人才评价工作网上可以了解我国准入类职业资格和水平评价类职业资格情况。在首页上点击"国家职业资格目录清单系统"版块（图11-11），可以得到相应信息（图11-12）。准入类职业资格有5个，水平评价类有76个，同时能了解到相应的实施部门。

准入类和水平评价类职业资格

图11-11　"国家职业资格目录清单系统"

序号	职业资格名称		实施部门（单位）
1	消防设施操作员		消防行业技能鉴定机构
2	焊工		人社部门技能鉴定机构
			环境保护部（民用核安全设备焊工、焊接操作工）
3	家畜繁殖员		农业行业技能鉴定机构
4	健身和娱乐场所服务人员	游泳救生员	体育行业技能鉴定机构
		社会体育指导员（游泳、滑雪、潜水、攀岩）	
5	轨道交通运输服务人员	轨道列车司机	交通运输行业技能鉴定机构
			国家铁路局（铁路机车车辆驾驶人员）

图11-12　"国家职业资格目录清单系统"检索结果

在技能人才评价工作网上还可以进行"技能人才职业资格证书"和"职业技能等级证书"的查询。

任务四　利用中国就业网了解"创新创业""就业服务""培训鉴定"等中央、地方的政策和信息

在中国就业网（图 11-13）业务频道版块，有"创新创业""就业服务""培训鉴定"等栏目。以"创新创业"为例，了解相关政策和信息。

中国就业网

图 11-13　中国就业网首页

进入"创新创业"菜单，有"重要新闻""工作动态""政策与解读""成功案例"四个主要版块（图 11-14～图 11-17）。

图 11-14　"重要新闻"版块

工作动态	中央	地方
上海：投入创扶资金1500多万元，青浦创业型社区激活创业就业"引擎"		01-06
江苏淮阴：新增1家市级创业示范基地		01-06
江西万载：敢于担当 让创业者抗疫无忧		01-06
江西奉新：逆势上扬 高质量完成全年就业创业任务		01-06
广东："十万大学生创业计划"启动 创新政校企合作新模式		01-06

了解更多 >

图 11-15　"工作动态"版块

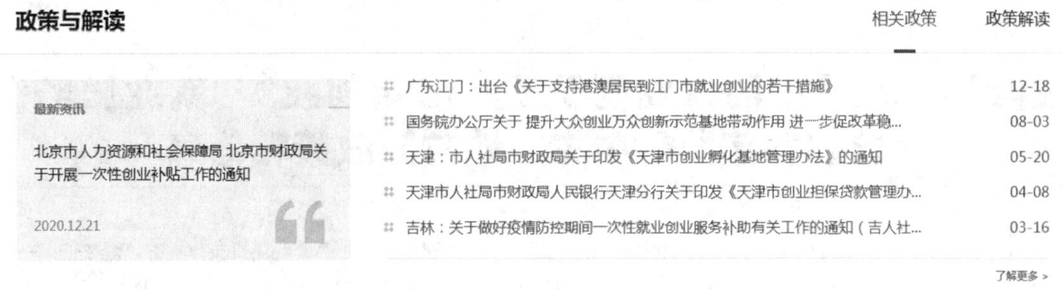

图 11-16 "政策与解读"版块

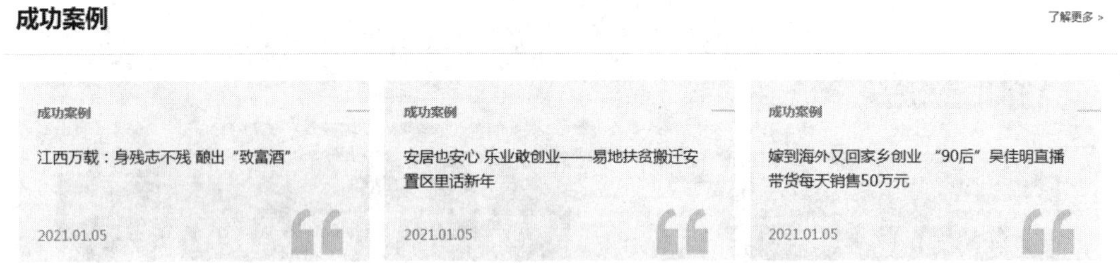

图 11-17 "成功案例"版块

可以通过对政策的解读，以及对中央或者地方工作动态的了解，为今后就业或创新创业进行规划。比如，在工作动态版块，有人社部对 2021 届高校毕业生就业创业的服务礼包（图 11-18），则可以了解到详细信息。

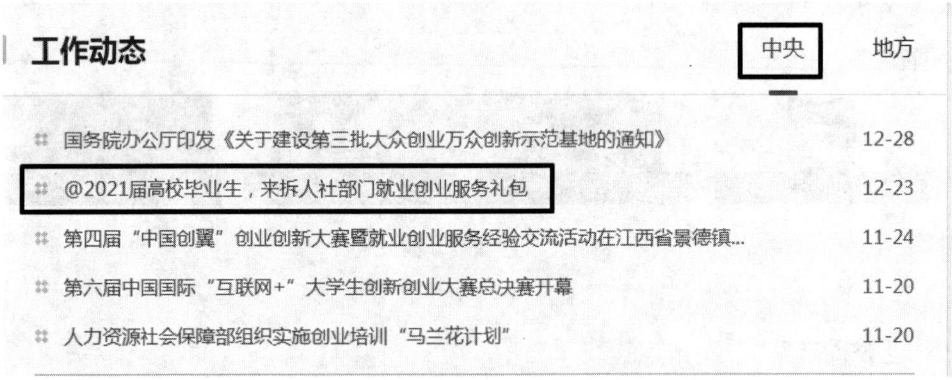

图 11-18 "工作动态"信息检索页面

中国就业网上其他信息资源获取方法不再赘述，请读者自行练习。

项目练习

1. 利用技能人才评价工作网对本人在校期间已获取的职业资格登记证书进行查询。
2. 利用中国就业网检索更多对自己有帮助的就业指导信息。

模块三
综合训练

项目十二
化妆品中汞含量测定方法研究的文献检索

任务一　分析检索要素

项目选定之后，需要对项目课题相关领域进行分析界定。

本课题涉及两方面的内容："测定方法"说明课题属于分析化学的研究范畴，这是主方向；"化妆品中汞含量"则说明是对化妆品中的重金属存在进行关注，这是对化妆品——这种人们在生活中广泛使用的日用化学产品进行应用化学领域的拓展。因此，本项目是对"化妆品"生产使用中的重金属元素汞的"分析测定方法"的研究。

任务二　初步检索项目课题的内容与应用价值

课题大方向确定以后，需要解决如下几个问题。

什么是化妆品？化妆品中汞含量测定的有什么作用？——这是对课题的实用价值进行初步估计。

汞在化妆品中的存在形式、量级如何？汞在分析化学中常用的测定方法有哪些？——这是对课题的内容进行初步探讨。

以上这些问题由于不是专业性十分强的问题，只需要有一个基本认识，以便为下一步的深入研究做准备。这项工作往往借助已有的相关专业知识、查阅专业书籍、检索通用的检索工具（如百度、谷歌）等即可完成。

一、对课题应用价值进行初步估计

（一）什么是化妆品？化妆品的作用及主要成分如何？

化妆品是以涂抹、喷洒或者其他类似的方法施于人体表面任何部位（如皮肤、指甲、口唇、毛发等），以达到清洁、消除不良气味、护肤、美容和修饰目的的产品。

化妆品产品的主要作用及分类如下。

（1）清洁作用　去除面部、体表、毛发的污垢。这类化妆品如清洁霜（蜜、水、面膜）、磨面膏、香波、护发素、洗面奶等。

（2）保养作用　保养面部、体表，保持皮肤角质层的含水量，使皮肤柔润光滑，延缓皮肤衰老。这类化妆品如各种润肤膏、霜、蜜、香脂以及添加氨基酸、维生素、微量元素、生物活性体等添加剂的各种营养霜。

(3) 美化作用　美化面部、体表及毛发，或散发香气。这类化妆品如香粉、粉饼、胭脂、眉笔、唇膏、眼线笔、眼影、睫毛膏、指甲油、香水、古龙水、焗油、摩丝、喷雾发胶等。

(4) 特殊作用　具有特殊功效，介于药品和普通化妆品之间的产品，如祛斑霜、除臭剂、脱毛膏、健美苗条霜等。

(二) 化妆品中的原料成分有哪些？

化妆品是以天然、合成或者提取的各种作用不同的物质作为原料，经加热、搅拌和乳化等生产程序加工而成的化学混合物质。

化妆品的原料种类繁多，性能各异。根据化妆品的原料性能和用途，大体上可分为基质原料和辅助原料两大类。前者是化妆品的一类主体原料，在化妆品配方中占有较大比例，是化妆品中起到主要功能作用的物质。后者则是对化妆品的成形、稳定或赋予色、香以及其他特性起作用，这些物质在化妆品配方中用量不大，却极其重要。

化妆品通用基质原料包括：油性原料，是化妆品应用最广的原料，在护肤产品中起保护、润湿和柔软皮肤的作用，在发用产品中起定型、美发作用；表面活性剂能降低水的表面张力，具备去污、润湿、分散、发泡、乳化、增稠等功能，被誉为工业味精；保湿剂是膏霜类化妆必不可少的原料，其作用是防止膏体干裂，保持皮肤水分；黏结剂主要用于发胶、摩丝及胶状面膜；粉料主要用于制造香粉类产品；颜料、染料主要用于制造美容修饰类产品；防腐剂、抗氧剂在化妆品保质期内和消费者使用过程中抑制微生物生长；香料可增加化妆品香味，提高产品身价；其他原料，包括紫外线吸收剂、用于染黑发的染料中间体、烫发原料、抑汗剂、祛臭剂、防皮肤干裂的原料、防粉刺原料等。常见的天然添加剂有水解明胶、透明质酸、超氧化歧化酶 (SOD)、蜂王浆、丝素、水貂油、珍珠、芦荟、麦饭石、有机锗、花粉、褐藻酸、沙棘、中草药等。

据调查，市面上的化妆品中，所使用的化学物质种类超过 3000 种，其中，已经知道会引起过敏的物质超过 100 种以上。各个国家对化妆品成分的管制有很大差异，有些国家严格禁止有害重金属物质的添加，有的并没有禁止添加而是要求必须标示该毒性物质，有的国家则放任这些重金属在化妆品中的使用。令人担心的是，有一些重金属是即使是微量添加也会严重影响健康的有毒物质，却未被立法管制；有些化妆品虽未专门添加含重金属的添加剂，但由于化妆品生产中所选择的原料、配方、生产技术等原因，仍含有对人体有害有毒的重金属等杂质；更有甚者，有些不法生产商在生产过程中按一定的比例使用重金属添加剂以期对皮肤起到一定的"速效"美化和保养作用。所以对化妆品中重金属的检测及控制使用在当今社会中正起着越来越重要的作用。

(三) 化妆品为什么会含汞？含汞化妆品有什么危害？

为了满足现代社会人们日益强烈的美容需求，化妆品的生产中通常要添加各种添加剂，汞化合物是在化妆品生产中应用最早的添加剂之一。在速效增白油或增白剂及一些增白祛斑化妆品中都可能含汞 (氯化氨基汞、氯化汞、氯化亚汞等)，这是因为汞可以取代合成色素的氨酸酶中的铜原子，起到速效和暂时美白的作用，而且不论是有机汞或无机汞均很容易被正常皮肤吸收。有关试验证明，在 5h 内皮肤局部应用剂量的 6% 的汞就可被人体吸收。

长期使用含汞添加剂的化妆品会给使用者造成很多危害，比如会导致色素脱失、皮肤刺激、皮肤损伤等，最危险的是含汞化合物很容易被人体吸收但却很难排出，进入人体内的汞具有"富集效应",蓄积后可引起肌体各种不良反应,严重的还可导致人体骨骼、牙齿及肝肾功能的损害;最明显的就是造成中枢神经系统紊乱乃至损害,如失眠、乏力、记忆力衰退,特别是情绪的变化非常明显而且常处于失控状态。慢性汞中毒者体重下降、倦怠、贫血、脱发、口炎、肾损伤(如蛋白尿)和出现中枢神经系统症状,如头痛等。慢性汞中毒还会使怀孕妇女的胎儿胎死腹中或生下畸形的婴儿。

因此,准确测定化妆品中的汞含量,杜绝有毒有害物质危害人的健康是非常有现实意义的。

二、对课题内容进行初步探讨

(一)汞在化妆品中的存在形式

汞(mercury,Hg,原子量 200.59)又称水银,是唯一在常温下呈液态并易流动的金属。相对密度 13.595,蒸气相对密度 6.9。汞很易蒸发到空气中引起危害。通常作为祛斑添加剂的是汞的化合物,如下所示。

(1)氯化汞　别名:升汞、二氯化汞、氯化高汞。

英文名称:mercuric chloride。

分子式:$HgCl_2$。分子量:271.50。

【性状】　无色或白色斜方性晶块或针晶或白色结晶性粉末。质重,无臭。加热时易熔化。易溶于乙醇(1:4)、溶于水(1:15)、乙醚(1:25)及甘油(1:15)。氯化铵及氯化钠为氯化汞的助溶剂,可增加水溶液的安定性,使消毒力深入持久,并可减少刺激性;乙醇、少数生物碱、铜、铁、锌、亚硫酸盐、甲醛、亚硝酸盐等,可使氯化汞慢慢还原成氯化亚汞及金属汞;有剧毒。

【作用与用途】　有杀虫、消毒、防腐、脱色等作用。乙醇溶液对皮肤刺激性小,水溶液刺激性较大,不易耐受。1%~2%酊剂,用于雀斑、黄褐斑。0.5%~1%软膏、酊剂,用于生发。1:1000 的水溶液用于消毒。

本品是无机汞剂,能抑制细菌含巯基酶的活性,使菌体代谢障碍,汞还可与蛋白直接结合,使蛋白变性。杀菌力强,但对芽孢、病毒无效。0.1%~0.2%溶液用作非金属器械、聚乙烯类制品、棉花、纱布等消毒。有剧毒,刺激性较大,不能直接用于伤口,能腐蚀金属,不宜用于金属消毒。

(2)氯化亚汞　因略带甜味俗称甘汞。

英文:mercurous chloride。

分子式:Hg_2Cl_2。分子量:472.09。

【性状】　白色正方或四方晶体。密度 $7.15g/cm^3$,熔点 303℃,沸点 384℃。不溶于水和乙醇。溶于浓硝酸、沸腾的盐酸、氯化铵和碱溶液,生成汞和氯化汞。在光照射下分解生成汞、氯化汞而逐渐变黑。

【作用与用途】　用作杀菌剂、焰火制造,制甘汞电极,也用于制轻泻剂、利尿剂、防腐剂等。

(3)氯化氨基汞　别名:白降汞。

英文名称:aminomercuric chloride。

CAS No:10124-48-8。

分子式:$HgNH_2Cl$。分子量:252.07。

【性状】 本品为白色或类白色粉末；无臭；遇光易分解。本品在水或乙醇中不溶；在热盐酸、热硝酸或热醋酸中易溶。

【作用与用途】 消毒防腐药，用于皮肤及黏膜感染。主要用作眼科药，用于泡性结膜炎、角膜炎、睑缘炎、角膜翳。氯化氨基汞眼膏1%～2%。

上述三种含汞化合物，作为祛斑添加剂使用最多的是氯化氨基汞。

（二）汞在化妆品中的存在量级

我国的国家标准中对祛斑类化妆品汞的含量有明确限定：限量为每千克中含1mg。超过这个限量就可能会对人体造成伤害。针对祛斑类化妆品存在的汞超标问题，国家质检总局2008年在全国范围内组织了专项执法检查，结果北京、上海、河南、浙江等地先后查出了不同程度汞超标的祛斑类化妆品，其中浙江质监局对200个批次的祛斑类化妆品进行了检测分析，结果有171个批次美白祛斑化妆品汞含量超标。超标万倍以上的有115个批次，最高达到93000倍。

由此可见，化妆品中汞含量的测定方法对被测组分的浓度要求有宽泛的适用范围，从微量到常量都能够进行检测。

（三）测定化妆品中的汞如何进行试样预处理

由于化妆品中大多含有大量油性黏稠原料，虽然氯化汞溶于水但氯化氨基汞、氯化亚汞不溶于水，取样无法直接测定。因此，检测试样的消解就成为首要任务。

含汞试样的预处理方法主要有以下几种。

（1）湿式回流消解法 所需试剂：硝酸、硫酸。所需仪器：冷凝管、圆底烧瓶、电热板。

（2）湿式催化消解法 所需试剂：硝酸、硫酸、五氧化二钒。所需仪器：锥形瓶、电热板。

（3）浸提法（不适用于含蜡质样品） 所需试剂：硝酸、过氧化氢。所需仪器：比色管、水浴锅。

（4）微波消解法 所需试剂：硝酸、过氧化氢。所需仪器：微波炉消解系统。

美白化妆品大多是膏霜类的，消解可以用 HNO_3-H_2O_2 浸提法，很方便；测定时多用测汞仪（原子吸收分光光度法）或原子荧光光谱法，但用原子荧光光谱法一定要注意取样量，否则会污染仪器。

（四）汞含量的测定方法

化妆品中汞含量的测定一般都是测定总汞。

汞作为重金属元素，测定方法的思路可以有多种。

（1）利用汞蒸气对汞的特征谱线具有定量吸收作用的原理，采用原子吸收光谱分析。

（2）利用汞原子对特定波长的荧光谱线具有敏感吸收的原理，采用原子荧光光谱分析。

（3）利用汞原子在获得外界能量时会发射出特定频率的谱线的原理，采用原子发射光谱分析。

（4）利用汞离子的电化学特性，采用溶出伏安法测定。

（5）利用有机汞化合物的有机基团，采用气相色谱法测定。

任务三　确定检索主题词

主题词：化妆品　汞　测定方法
学科：分析化学、日用化工

这也就是通常检索文献所需的关键词。拿到一个项目，首先要确定关键词，以进一步限定项目所属的研究领域，且关键词越多，意味着检索条件越多；检索条件越多，意味着检索范围越小，得到的结果越接近期望值。需要说明的是在有些数据库中，主题词特指文章标题中的关键词，而关键词则不一定出现在标题中。

通常情况下，关键词越多越精确，检索得到的结果也就越具有针对性。但是，对于某些研究比较少的领域，关键词越多反而检索不到适用的文献。因此，从项目课题直接确定的关键词组合检索不到适用的文献时，需要对已有的关键词进行转化扩容，转化或扩容的依据如下。

（1）将已有关键词所属的学科细化分类作为关键词，如：汞——重金属元素。

（2）查询项目相关的国家标准，采用国标法相对应的条目转换关键词，如：化妆品中汞含量的测定方法——冷原子吸收分光光度法。

（3）将项目中元素或化合物已知的经典检测方法和新型检测方法，采用方法名称作为关键词，如：汞含量的测定方法——原子荧光光谱法。

（4）将项目中隐含的具体测定目标，采用隐含的化学物质名称作为关键词，如：化妆品中汞——氯化氨基汞。

（5）规范关键词名称。查询美国《化学文摘》（CA）的《索引指南》，检索项目关键词中的化学物质名称是否是 CA 选用的化学物质索引主题词；检索项目关键词中的主题名称是否是 CA 选用的普通主题索引主题词。

（6）利用已经得到的检索结果，查询"参考文献""参见主题词""相关文献"。

任务四　制定检索策略

一、查询化妆品检验国家标准

由于化妆品的检验涉及公共卫生安全，国家对此有强制检测标准，因此，首先应查询国家化妆品检验标准，从中获取有关汞含量的检测方法信息。

二、选择检索工具

（一）手工检索工具

可选择分析化学及日用化工方面的期刊、手册。但此类检索工具范围有限、检索强度较大，所以使用频率较低。

（二）网络数据库

互联网的日益发达为文献检索提供了非常有利便捷的检索途径。

1. 通用网络检索工具

互联网通用搜索引擎如"百度"和"Google"等可以作为初步了解课题的检索工具，优点是资料完全可以免费、内容广泛，缺点也是显而易见的：专业性差、水平参差不齐、内容真伪难辨。

2. 专业网络检索工具（数据库）

（1）外文检索工具　外文收录分析化学和日用化工领域文献的专业数据库有：美国《化学文摘》(CA)、美国《工程索引》(EI) 等。优点是专业性极强、学术水平高、收录范围广；缺点是专业语言可能存在障碍，使用费用昂贵，不利于普及使用。

（2）中文检索工具　中文收录分析化学和日用化工领域文献的专业数据库有：中国知网（CNKI）、维普资讯网、万方数据等。优点是专业性强、学术水平高、以收录中文文献为主、使用费用相对低廉，维普资讯还开通了下载文献全文使用手机按下载篇数付费，方便了广大使用者。

因此，本课题专业文献的检索工具初步选定为中国知网（CNKI）、维普资讯网。

三、选择检索途径

（1）主要途径　由于课题专指性强，因此选择主题途径。

（2）辅助途径　分类途径、作者途径、引用文献途径、相关专业期刊途径。

四、对检索进行扩展

（1）利用主题词的规范词、同义词、相关词、简称、全称、不同语种的名称等进行扩展检索。

（2）利用检索到的文献条目中所包含的参考文献、耦合文献、相关文献等进行扩展检索。

（3）利用检索到的文献条目中所包含的作者、作者单位、原刊物名称等进行扩展检索。

（4）利用系统的助检手段和功能，比如树形词表，或使用运算符"OR"或截词符"＊"、"？"等进行扩展检索。

任务五　检索化妆品中汞含量测定的国家标准

GB/T 7917.1—1987《中华人民共和国国家标准——化妆品卫生化学标准检验方法汞》（图 12-1）适用于化妆品中总汞的测定。本法最低检测出量为 $0.01\mu g$ 汞，1g 样品测定，最低检测浓度为 0.01ppm（10^{-6}）。本标准采用冷原子吸收分光光度法。

GB 7916—1987《中华人民共和国国家标准——化妆品卫生标准》（图 12-2～图 12-4）规定，含有机汞防腐剂的仅用于眼部的化妆品和卸妆品（如眼影等）可使用规定的硫柳汞（乙基汞硫代水杨酸钠）和苯基汞卤化物 0.007%（以汞计），且产品标签上必须要注明"含有乙基汞硫代水杨酸钠/苯基汞卤化物"。除此之外，禁止使用其他含汞化合物。化妆品原料及其他原因引入化妆品的微量汞不得超过 1ppm。

中华人民共和国国家标准

化妆品卫生化学标准检验方法
汞

Standard methods of hygienic test for cosmetics
Mercury

UDC 668.58 : 543
.062

GB 7917.1—87

本标准适用于化妆品中总汞的测定。本法最低检出量为 0.01μg 汞，若取 1g 样品测定，最低检测浓度为 0.01ppm。

本标准采用冷原子吸收分光光度法。

1 方法提要

汞蒸气对波长 253.7nm 的紫外光具特征吸收。在一定的浓度范围内，吸收值与汞蒸气浓度成正比。样品经消解、还原处理将化合态的汞转化为元素汞，再以载气带入测汞仪，测定吸收值，与标准系列比较定量。

2 样品采集

图 12-1　国标 GB/T 7917.1—1987

GB 7916—87

表1　化妆品中有毒物质限量

有 毒 物 质	限　量，ppm	备　注
汞	1	含有机汞防腐剂的眼部化妆品除外（见表4）
铅（以铅计）	40	含乙酸铅的染发剂除外（见表6）
砷（以砷计）	10	
甲醇	0.2%	

图 12-2　国标 GB 7916—1987（一）

GB 7916—1987

表4　化妆品组分中限用防腐剂

序号	物质名称	英文名称	化妆品中最大允许浓度，%	限用范围和必要条件	标签上必要说明
1	硫柳汞（乙基汞硫代水杨酸钠）	thiomersal(INN) (sodium ethylmer-curithio-salicylate)	0.007（汞计）	仅用于眼部化妆品和眼部卸妆品	含有"乙基汞硫代水杨酸钠"
2	十一-10-碳烯酸；盐类，酯类，酰胺，单和双(2-羟乙基)酰胺和它们的磺基丁二酸盐类	undec-10-enoic acids; salts, esters, the amide, the mono-and bis-(2-hydroxyethyl) amides and their sulphosuccinates	0.2（酸）		

图 12-3　国标 GB 7916—1987（二）

GB 7916—1987

续表 4

序号	物质名称	英文名称	化妆品中最大允许浓度，%	限用范围和必要条件	标签上必要说明
38	1-苯氧丙烷-2-醇	1-phenoxypropan-2-ol	1		
39	苯基汞化卤（包括硼酸盐）	phenylmercuric salts (including borate)	0.007（汞）	仅用于眼部化妆品和卸妆品	含有"苯基汞化合物"

图 12-4　国标 GB 7916—1987（三）

任务六　实施检索

微课扫一扫

维普-知网对比检索

一、主题检索

检索工具采用"中国知网"和"维普资讯"，同步进行检索，并且进行结果比较（图 12-5 和图 12-6）。

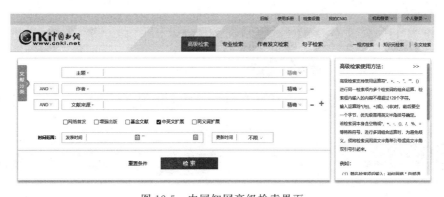

图 12-5　中国知网高级检索界面

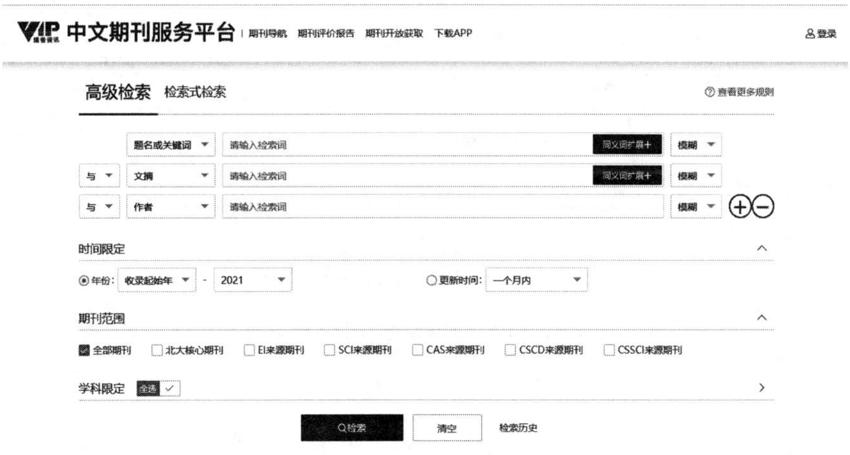

图 12-6　维普资讯高级检索界面

（一）主题词组合检索

利用中国知网和维普资讯用"化妆品""汞""测定方法"作主题词，时间范围：2010～2020年，专业学科：医药卫生、一般技术、化学工程（图12-7，图12-8）（以下检索时间范围、专业限制同此）。检索结果见图12-9和图12-10。

图12-7　维普资讯网高级检索条件界面

图12-8　中国知网高级检索条件界面

图 12-9　维普资讯网高级检索结果

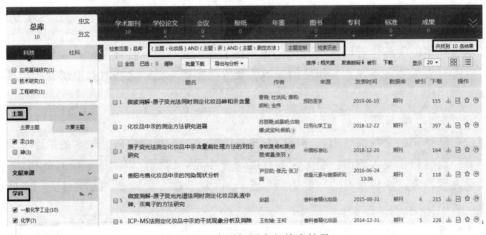

图 12-10　中国知网高级检索结果

（二）文献信息获取

通过主题词组合检索，能够比较快捷地得到检索结果。维普资讯网得到一条检索结果，中国知网得到 10 条检索结果，可以发现维普资讯网上的一条结果也在中国知网检索结果中。根据检索目的，选择合适的文献进行信息获取。

二、扩展检索

利用主题检索的结果，可以对项目检索进一步扩展，强化课题分析，以期得到更加清晰的认知结果。

(一) 作者检索

从已有结果中选择一篇与本项目目标一致的论文，对其作者进行检索，以进一步研究该文作者是否还有与之相关论文。

目标文献选择《ICP-MS法测定化妆品中汞的干扰现象分析及消除》[王枚博　王珂《香料香精化妆品》2014(06)]。采用中国知网的高级检索以作者途径进行检索，学科选择"一般化学工业"，得到6条结果（图12-11）。

图 12-11　作者途径检索结果

从上面列举的文摘中可以发现，作者非常善于收集资料作综述性文章，而且研究对象基本都是有毒有害的重金属元素，研究的领域都是分析测定方法，这些对我们研究相关课题提供了捷径。

(二) 测定方法检索

通过对已得到的文献摘要进行分析，发现现阶段汞的分析测定研究较多的是原子荧光光谱法，而经典的原子吸收光谱法受关注的程度明显不足，因此，以"原子荧光光谱法＋汞"为关键词进行检索，学科选择"一般化学工业"，得到8篇文章摘要，为项目下一步的研究做准备。见图12-12。

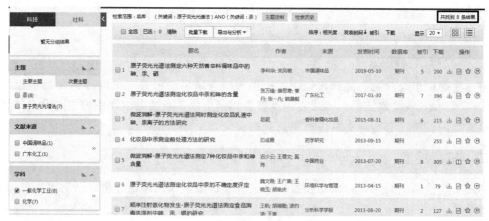

图 12-12　测定方法检索结果

任务七 分析检索结果及调整检索策略

一、分析检索结果

从检索出的文献中,经过分析,有 8 篇符合检索的要求,而且都是 2010 年 1 月至 2020 年 12 月的文献,基本能满足要求。

(1)《ICP-MS 法测定化妆品中汞的干扰现象分析及消除》[王枚博 王珂《香料香精化妆品》2014(06)]。

从文献摘要中得知分析并消除以电感耦合等离子体质谱(ICP-MS)法测定化妆品中汞含量时干扰因素对结果的影响。引用文献 5 篇,这可以作为本项目研究的重要参考,非常有价值。

(2)化妆品中汞的测定目前最受关注的方法——原子荧光光谱法。

"化妆品+汞"组合的检索结果有 5 篇主题就是研究原子荧光光谱法测定化妆品中汞,占检出文献的 62.5%。这充分说明原子荧光光谱法正面临着巨大的发展机遇。

(3)最应该注意的现象:有毒有害元素的共存与同时检测,特别是砷、汞、铅的同时测定。

二、调整检索策略

有时为了获得更多的文献,有必要对已有的文献进行梳理,进行文献的二次加工,从中寻找更有价值的文献信息。

(1)改变检索途径 比如按照已知测定方法分类检测。如:原子荧光光谱法、冷原子吸收光谱法、分光光度法等。

(2)改变检索方法 比如采用作者检索、期刊名称检索等方法。

(3)改变检索引擎 比如采用美国《化学文摘》等数据库。

如有必要进行扩展检索,可以参考检索策略中的相关介绍。

任务八 获取目标文献全文

检索到的符合项目要求的文献,可以通过检索数据库下载原始文献全文,或通过中文或西文期刊联合目录确定馆藏单位,到有关部门借阅或复印获得相关原始文献。

项目十三
新型烯烃聚合催化剂的文献检索

任务一 分析检索要素

一、催化剂及其作用

催化剂是可以加速化学反应的物质。一个化学反应若要发生,反应物分子之间必须有足够能量的发生碰撞以形成活性复合物或过渡态复合物,这个能量就是活化能。催化剂的作用就是能够提供一个较低的活化能,从而加速了化学反应的发生。

催化技术对于目前乃至未来的能源利用、化学反应和化工生产、环境保护、石化工业都是至关重要的。原油、煤和天然气向燃料和化学原料的转化,大量石油化工和化学产品的生产,以及碳氧化合物、氮氧化合物、碳氢化合物排放物的控制,全都依赖于催化技术。催化技术的发展、催化剂的改进和新催化剂的成功开发,往往会带动已有工艺的改进和新工艺的诞生。据统计,85%以上的化学反应都与催化反应有关。

多年来,聚乙烯、聚丙烯、聚苯乙烯等传统的烯烃聚合物及其与环烯烃、极性分子的共聚体在科学界和工业界备受关注。其原因,一方面,大量聚烯烃已成为商品,深入到人们生活的各个方面;另一方面,许多具有新型功能的聚合物不断涌现成为潜在的现有产品的替代品或全新的功能材料。

二、烯烃聚合催化剂的研究价值

聚烯烃由于原料丰富,价格低廉,容易加工成型,综合性能优良,因此是一类产量最大,应用十分广泛的高分子材料。目前,聚烯烃业务已成为全球聚合物市场上交易量最大的业务。聚丙烯(PP)及聚乙烯(PE)全球使用量占总树脂量的三分之二,其在塑料袋、汽车零部件生产领域应用广泛。

"十四五"期间,中国聚烯烃产业升级需要注重高端化、差异化、多元化产品开发的技术创新。加大茂金属聚烯烃弹性体、双峰聚烯烃、超高分子量聚乙烯等高端聚烯烃产品的开发和市场推广力度,提高聚丙烯管材专用料、电容膜专用料、聚乙烯汽车油箱专用料、燃气管道专用料、汽车保险杠专用料等高端料、专用料的生产比例,从而提升我国聚烯烃产业的竞争力。

然而,如果没有有机金属烯烃聚合催化剂,这些都是无法想象和实现的。烯烃在催化剂的作用下,转变成聚烯烃,且随着催化剂结构的变化,聚烯烃产物的性能也不断改变,所以,催化剂是研究聚烯烃材料的核心和原动力。有机金属烯烃聚合催化剂的出现不仅可以在温和的反应条件下得到用传统方法通常要在高温高压或自由基引发等苛刻条件下方可实现的烯烃聚合，而且这些新型催化剂可以剪裁聚合物的微结构，实现聚合物物理性质的调控，使得化学家、材料学家可以在分子水平上设计新型功能聚烯烃材料和改善已有聚合物的性能。因此越来越多的科学家开始关注该研究领域。

因此，以"新型烯烃聚合催化剂"作为研究课题必然要以 Ziegler-Natta 催化剂、茂金属催化剂和后过渡金属催化剂作为重点研究方向。同时，作为新立项课题，综述性文章（大多冠以某某"进展"）是首先需要研究学习的内容。

任务二 确定检索主题词

主题词：新型烯烃聚合催化剂
次级主题词：Ziegler-Natta 催化剂、茂金属催化剂、后过渡金属催化剂

任务三 确定检索途径和步骤

本课题检索工具定为万方数据知识服务平台（http：//www.wanfangdata.com.cn），见图 13-1。

图 13-1 万方数据知识服务平台首页

首先通过主题词检索，了解新型烯烃聚合催化剂的发展历程与新进展。

其次通过次级主题词检索，掌握新型烯烃聚合催化剂主要研究方向的发展趋势，以决定本课题深入研究的方向。

如果检索结果太多，必要时可以限定论文发表年限，或者按论文从新到旧的时间排序。

任务四 检索实施阶段

一、主题词检索

在首页搜索框内输入标题主题词：新型烯烃聚合催化剂。默认为全部文献类型，点击"检索"按钮（即简单检索）（图 13-2）。

主题词检索

图 13-2 "新型烯烃聚合催化剂"检索窗口

检索结果见图 13-3，共得到 1209 篇文献。为了进一步缩小检索范围，得到目的文献，可以通过题名、作者、关键词、起止年份来设定检索条件，在结果中检索。还可以在页面左侧资源类型、年份、学科分类、语种、来源数据库、作者、机构等菜单下，限定检索范围，在结果中检索。

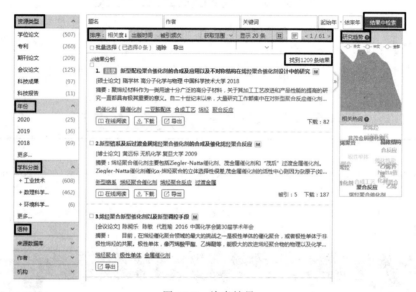

图 13-3 检索结果

例如，选择 2020 年发表的工业技术学科下的期刊论文。见图 13-4。

图 13-4 限定检索范围检索结果

为了解新型烯烃聚合催化剂的研究前沿，以"新型烯烃聚合催化剂＋进展"检索综述性文章。在首页搜索框中输入"新型烯烃聚合催化剂进展"(图 13-5),点击"检索"按钮,得到 115 条检索结果(图 13-6)。选择年份:2020,进行条件限定检索,得到 4 篇文献(图 13-7)。

图 13-5 "新型烯烃聚合催化剂+进展"检索窗口

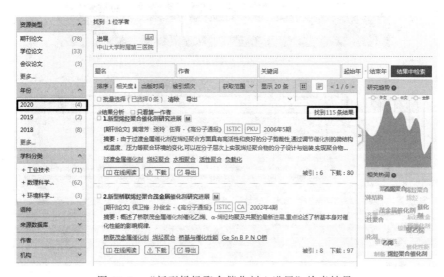

图 13-6 "新型烯烃聚合催化剂+进展"检索结果

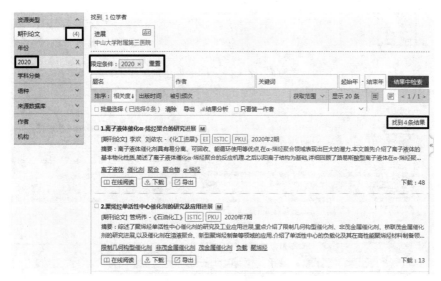

图 13-7 限定年份 2020 年检索结果

二、重点研究方向分类检索

利用次级主题词:Ziegler-Natta 催化剂、茂金属催化剂、后过渡金属催化剂,进行重点研究方向分类检索。

次级主题词检索

1. 利用主题词"Ziegler-Natta 催化剂"检索

在首页检索框中输入主题词"Ziegler-Natta 催化剂",默认全部文献信息(图 13-8),点击"检索"按钮,得到 1065 条检索结果(图 13-9)。在页面左侧资源类型、年份、学科分类、语种、来源数据库、作者、机构等菜单下,限定检索范围,在结果中检索。如检索"环境科学、安全科学"下的"会议论文"(图 13-10),从检索结果得知有 2016 年 2 篇和 2015 年 1 篇,同时也能得到 3 个会议信息。

图 13-8　主题词"Ziegler-Natta 催化剂"检索窗口

图 13-9　主题词"Ziegler.Natta 催化剂"检索结果

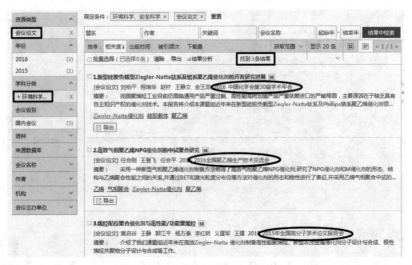

图 13-10　限定检索范围检索结果

2. 利用主题词"茂金属催化剂"检索

前面在检索过程中采用的默认"全部"文献信息,在检索结果中得到全部类型的文献信息,想要进行下一步检索还需要限定检索范围。可以在最初检索时就限定文献类型,本次选择"专利"文献,进行检索。在首页检索框中输入主题词"茂金属催化剂",选择"专利"(图13-11),点击"检索"按钮,得到1970条检索结果(图13-12)。在页面左侧专利分类、专利类型、国家、公开/公告年份、法律状态、专利权人、发明人等菜单下,限定检索范围,在结果中检索。如检索2020年"化学、冶金"类目下的"发明专利"(图13-13),可以得到109条检索结果,采用"下载量"进行排序,得到下载量最多的一条文献信息,并且可得知这109条专利信息均处于"在审"状态。

图13-11 主题词"茂金属催化剂"检索窗口

图13-12 主题词"茂金属催化剂"检索结果

图13-13 限定条件检索结果

3. 利用主题词"后过渡金属催化剂"检索

检索方法均同上，这里首先选择"学位"文献，输入主题词"后过渡金属催化剂"进行检索。得到4655条检索结果（图13-14）。

在页面左侧学位授予时间、学科分类下，选择2019年、工业技术类目下试剂与纯化学品生产，进行检索范围限定，得到142条检索结果（图13-15）。

读者可以继续限定检索范围，进一步得到文献信息。

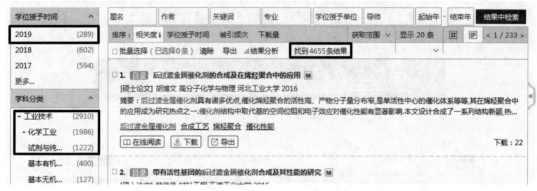

图13-14　主题词"后过渡金属催化剂"检索结果

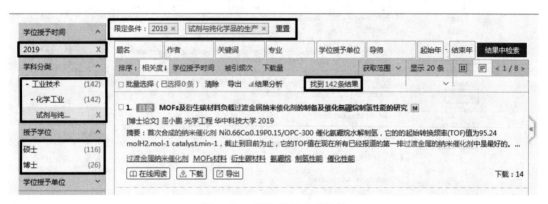

图13-15　限定条件检索结果

任务五　结果分析及策略调整

一、新型烯烃聚合催化剂研究与发展脉络

通过万方数据对"新型烯烃聚合催化剂"检索结果进行分析，可以得到研究与发展趋势。

按年份，"新型烯烃聚合催化剂"的研究进展趋势见图13-16。

检索结果分析

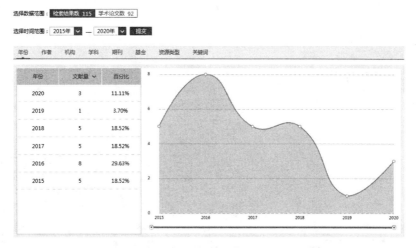

图 13-16 按年份"新型烯烃聚合催化剂"研究进展趋势

按学科,"新型烯烃聚合催化剂"的研究进展趋势见图 13-17。

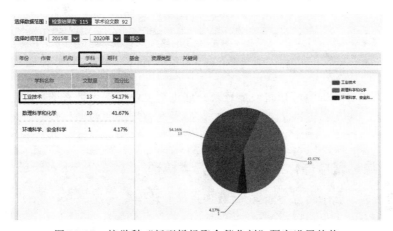

图 13-17 按学科"新型烯烃聚合催化剂"研究进展趋势

按资源类型,"新型烯烃聚合催化剂"研究进展趋势见图 13-18。

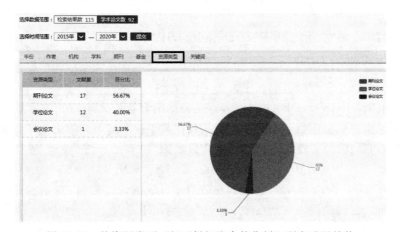

图 13-18 按资源类型"新型烯烃聚合催化剂"研究进展趋势

限定时间范围为近 20 年，按照"关键词"进行研究趋势分析（图 13-19），可知研究发展趋势。

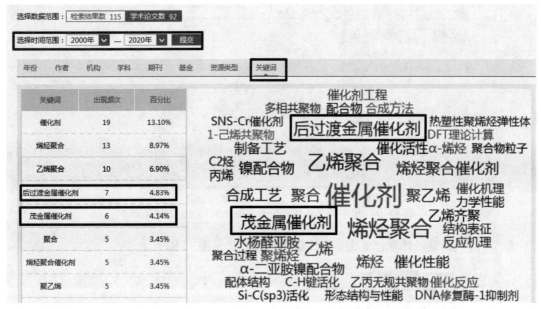

图 13-19　按关键词"新型烯烃聚合催化剂"研究进展趋势（近 20 年）

从以上研究趋势分析中可知新型烯烃聚合催化剂工业化应用带来的巨大经济效益使得相关研究不断深入，极大地促进了我国烯烃工业的发展，我国的新型烯烃聚合催化剂研究任重道远，期待新的研究方向带来新的突破。

二、新型烯烃聚合催化剂中文文献归类梳理

本次检索表明，就学科分类而言，"数理科学和化学"以及"工业技术"占据了新型烯烃聚合催化剂研究的主流位置。

在中文文献的来源上，新型烯烃聚合催化剂的综合性研究主要以"学位论文"占据主导地位，而综述性研究主要以"期刊论文"居多。中文文献最多的茂金属催化剂以及后兴起的后过渡金属催化剂也以"期刊论文"为主要来源。

三、新型烯烃聚合催化剂中文文献的影响因子

在众多的文献中如何尽快发现最具参考价值的文献一直是文献检索的终极目标。其中的捷径之一就是按照收录期刊的影响因子大小来进行选择。

期刊的影响因子（Impact Factor，IF），是表征期刊影响大小的一项定量指标。也就是某刊平均每篇论文的被引用数，它实际上是某刊在某年被全部源刊物引证该刊前两年发表论文的次数，与该刊前两年所发表的全部源论文数之比。

计算公式：
$$IF(k) = (n_{k-1} + n_{k-2})/(N_{k-1} + N_{k-2})$$

式中，k 为某年，$N_{k-1} + N_{k-2}$ 为该刊在前两年发表的论文数量，$n_{k-1} + n_{k-2}$ 为该刊在 k 年的被引用数量。也就是说，某刊在 2005 年的影响因子是其 2004 和 2003 两年刊载的论文在 2005 年的被引总数除以该刊在 2004 和 2003 这两年的载文总数（可引论文）。

影响因子具有非常重要的作用，对以下不同人员具有多种实用价值：

① 图书馆员——制定文献收藏计划和经费预算，向读者推荐优秀期刊。

② 编辑——了解和掌握自己编辑的期刊的情况，制订有效的编辑规划和办刊目标。

③ 出版商——掌握和监测出版动态，掌握出版机会，做出新的出版决策。

④ 作者（科研人员）——寻找和确定与自己专业有关的期刊；确定论文投稿期刊；证实已经发表自己论文的期刊的水平。

⑤ 信息研究分析人员——跟踪文献计量学的发展趋势；研究学科之间及各学科内的引用模式；研究学术论文生产的学问；研究专业学科的发展变化趋势。

目前人们所说的影响因子一般是指从1975年开始，《期刊引证报道》（Journal Citation Reports，JCR）每年提供上一年度世界范围期刊的引用数据，给出该数据库收录的每种期刊的影响因子。它的引用数据来自世界上3000多家出版机构的7000多种期刊。专业范围包括科学、技术和社会科学。

影响因子可以告诉人们，哪些是最有影响力的期刊，哪些是最常用的期刊，哪些是最热门的期刊。理论上影响因子越大，期刊的质量越高。

中文期刊的影响因子可以利用万方分析系统进行查询（图13-20）。在首页上"服务"版块选择"万方分析"版块，点击进入，选择"学术统计分析平台"（图13-21）。可以进行主题分析、学者分析、机构分析、学科分析、期刊分析和地区分析。

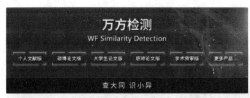

图13-20　万方服务

图13-21　万方分析系统查询系统

进行"期刊分析"，通过之前检索到的文献信息，输入《化工进展》《石油化工》和《高分子通报》进行对比分析（图13-22），得到分析结果（图13-23），并可以导出分析报告（图13-24）。

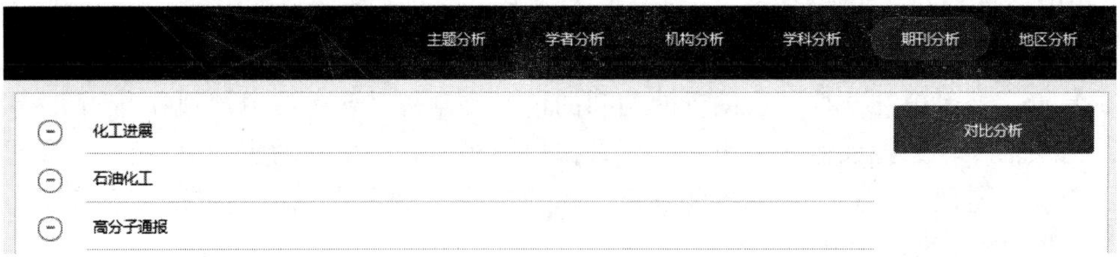

图 13-22 期刊对比分析

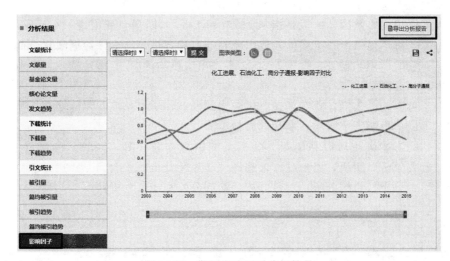

图 13-23 期刊影响因子分析结果

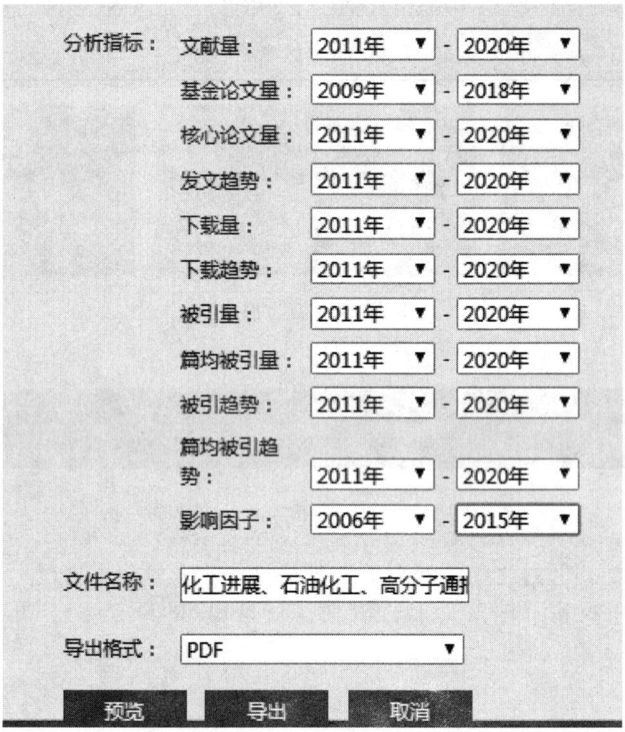

期刊对比分析报告

图 13-24 分析报告导出

通过期刊影响因子的比较，可以从检索结果中甄选出可信度较高的文献。

任务六　检索结果的优化

从上述检索结果分析中，我们不难得出本项目检索的优化方向，即四个"重点"：

（一）重点关注的研究方向——后过渡金属催化剂

新型烯烃聚合催化剂的研究经历过 2015 年至 2016 年的相对快速发展之后，进入一个低迷期，到 2020 年，又有抬头趋势，把握住有前途的方向最为关键。有些方向出成果容易，实际价值却很有限。因此，有可能导致工业生产变革的新型烯烃聚合催化剂类型必然是科学研究的重点。

需要说明的是，"后过渡金属催化剂"值得重点关注，但其他方向也不排除会出现新的爆发点——一切以促进生产、提高效率为上。

（二）重点关注的期刊——影响因子大于 0.7 的期刊

《石油化工》《化工进展》《高分子通报》等期刊的相关文献应该重点予以关注。面对层出不穷、良莠难辨的文献，研究者不得不有所选择。

（三）重点关注的研究单位

通过文献检索，从作者所属单位及部门可以列举出"新型烯烃聚合催化剂"研究领域的重要单位或研究团队。对其研究进展应予以密切关注，只有站在巨人的肩上才能看得更远。

（四）重点关注的论文著作者

"新型烯烃聚合催化剂"不乏成果出众的领军人物，从文献的作者筛选中可以发现其中值得关注的对象。同时万方数据知识服务平台在检索结果的界面右侧提供的"相关作者"链接，为筛选出重点关注的论文著作者提供了便利。

附　录

附录一　英语文献常用词及其缩写

英文全称	缩写	中文	英文全称	缩写	中文
abstracts	abstr	文摘	handbook		手册
abbreviation		缩语和略语	heading		标题词
acta		学报	illustration	illus.	插图
advances		进展	index		索引
annals	anna.	纪事	cumulative index		累积索引
annual	annu.	年鉴,年度	Index Medicus	IM	医学索引
semi-annual		半年度	institute	Inst.	学会、研究所
annual review		年评	International Patent Classification	IPC	国际专利分类法
appendix	appx	附录			
archives		文献集	International Standard Book Number	ISBN	国际标准书号
association	assn	协会			
author		作者	International Standard Series Number	ISSN	国际标准刊号
bibliography		书目,题录			
biological abstract	BA	生物学文摘			
bulletin		通报,公告	journal	J.	杂志、刊
Chemical Abstract	CA	化学文摘	issue		期（次）
citation	cit	引文,题录	keyword		关键词
classification		分类,分类表	letter	Let.	通讯,读者来信
college	coll.	学会,学院	list		目录、一览表
Compact Disc-Read Only Memory	CD-ROM	只读光盘	manual		手册
			Medical Literature Analysis and Retrieval System	MEDLARS	医学文献分析与检索系统
company	co.	公司			
content		目次	Medical Subject Headings	MeSH	医学主题词表
co-term		配合词,共同词	note		札记
cross-references		相互参见	papers		论文
digest		辑要,文摘	Patent Cooperation Treaty	PCT	国际专利合作条约
directory		名录,指南			
dissertations	diss.	学位论文	precision ratio		查准率
edition	ed.	版次	press		出版社
editor	ed.	编者、编辑	procceedings	Proc.	会报、会议录
Excerpta Medica	EM	荷兰《医学文摘》	progress		进展
encyclopedia		百科全书	publication	publ.	出版物
The Engineering Index	EI	工程索引	recall ratio		查全率
et al		等等	record		记录、记事
European Patent Convention	EPC	欧洲专利协定	report		报告、报道
			review		评论、综述
federation		联合会	Sciences Abstracts	SA	科学文摘
gazette		报,公报	section	sec.	部分、辑、分册
			see also		参见
guide		指南	Selective Dissemination of Information	SDI	定题服务

续表

英文全称	缩写	中文	英文全称	缩写	中文
seminars		专家讨论会文集	symposium	symp.	专题学术讨论会
series	ser.	丛书,辑	thesaurus		叙词表,词库
society		学会	title		篇名,刊名,题目
source		来源,出处	topics		论题、主题
subheadings		副主题词	transactions		汇报、汇刊
stop term		禁用词	volume	vol.	卷
subject		主题	World Intellectual Property Organization	WIPO	世界知识产权
summary		提要			
supplement	suppl.	附刊、增刊	World Patent Index	WPI	世界专利索引
survey		概览	yearbook		年鉴

附录二 美国《化学文摘》(CA)中常用词缩写

缩写	全称及中文	缩写	全称及中文
A	ampere 安培	assocn.	association 缔合作用
A	angstrom unit 埃(10^{-10}m)	asym.	asymmetric(al)(ly) 不对称的(地)
abs.	absolute 绝对的	at.	atomic(not atom) 原子的(不是原子)
abstr.	abstract 抽象的,文摘	atm	atmosphere (the unit) 大气压(单位)
a. c.	alternating current 交流电	atm.	atmosphere,atmospheric 大气,大气的
addn.	addition 添加	av.	average 平均
addnl.	additional(ly) 另外的(地)	b.	(followed by a figure denoting temperature)boils at,boiling at 沸点(后面的数字表示温度)
alc.	alcohol,alcoholic 酒精,乙醇的		
aliph.	aliphatic 脂肪族的		
alk.	alkaline (not alkali) 碱性的(不是碱)	bbl	barrel 桶(石油容积单位,等于158.99L)
alky.	alkalinity 碱度	bcc.	body centered cubic 体心立方
a. m.	ante meridiem 午前,上午	BeV or GeV	billion electron volts 十亿电子伏
amt.	amount 总量	BOD	biochemical oxygen demand 生化需氧量
amu.	atomic mass unit 原子质量单位	μB	bohr magneton 波耳磁子
anal.	analysis,analytical(ly) 分析,分析的	b. p.	boiling point 沸点
anhyd.	anhydrous 无水的	Btu	British thermal unit 英制热单位(等于1055.06J)
AO	atomic orbital 原子轨道函数		
app.	apparatus 仪器、装置	bu	bushel 蒲式耳(容量单位)
approx.	approximately(ly) 近似的(地)	Bu	butyl(normal) 丁基[$CH_3(CH_2)_2CH_2-$]
approxn.	approximation 近似法,近似值	Bz	benzoy(not benzyl) 苯甲酰
aq.	aqueous 水的,含水的	BZH	benzaldehyde 苯(甲)醛
arom.	aromatic 芳香的,芳香族的	BzOH	benzoic acid 苯甲酸
assoc	associate 缔合,缔合物	c-	centi-(10^{-2}) 厘(百分之一)
assocd.	associated 缔合了的	C	coulomb 库仑
assocg.	associating 缔合,缔合作用	℃	degree celsius (centigrade) 摄氏度

续表

缩写	全称及中文	缩写	全称及中文
Cal.	calorie 卡（热量单位）	d.	density(d^{13}, density at 13℃ referred to water at 4℃; d^{20}_{20}, at 20℃ referred to water at the same temperature) 密度，强度，浓度（d^{13} 指物料在 13℃时与 4℃的水相比的密度；d^{20}_{20} 指物料在 20℃时与相同温度的水相比的密度）
calc.	calculate 计算		
calcd.	calculated 算清了的，设计负载		
calcg.	calculating 计算的		
calcn.	calculation 计算		
cc	cubic centimeter(s) 立方厘米	D	debye unit 德拜单位（电偶极矩单位，等于 10^{-18} 静电单位·厘米，或 3.336^{-30} C·m）
CD	circular dichroism 圆二色性		
c. d.	current density 电流密度	d. c.	direct current 直流电
cf.	compare(in bibliographic references only) 比较，参看（仅用于文献参考上）	decomp.	decompose 分解
		decompd.	decomposed 分解的
cfm.	cubic feet per minute 立方英尺/分	decompg	decomposing 分解的，分解作用
chem.	chemical(ly), chemistry 化学的，化学	decompn	decomposition 分解，裂解
Ci	curie 居里（放射性强度单位：$3.7 \times 10^{10} s^{-1}$）	degrdn	degradation 降解，老化
clin	clinical(ly) 临床的	deriv	derivative 衍生物，导(函)数
CoA	coenzyme A 辅酶 A	det	determine 测定
COD	chemical oxygen demand 化学需氧量	detd	determined 测定的
coeff.	coefficient 系数	detg	determining 测定的
com.	commerical(ly) 商业的（地），商品的，工业的	detn	determination 测定
		diam	diameter 直径
compd.	compound 化合物，混合物，复合物	dil	dilute 稀释，淡的
compn.	composition 配方，成分，组成	dild	diluted 稀释的
conc.	concentrate 浓缩，提浓物	dilg	diluting 稀释的
Concd.	concentrated 浓的	diln	dilution 稀释，稀释度
concg.	concentrating 浓缩（的）	diss	dissolves, dissolved 溶解
concn.	concentration 浓度，浓缩	dissoc	dissociate 离解
cond.	conductivity 电导率，传导率	dissocd	dissociated 解离的
const.	constant 常数，恒量	dissocg	dissociating 离解的，离解作用
contg.	containing 容量	dissocn	dissociation 离解作用，溶解
cor.	corrected 合格的，校正的	distd.	distilled 蒸馏过的，馏出的
cp.	constant pressure 恒压	distg	distilling 蒸馏的，蒸馏作用
CP	chemically pure 化学纯	distn	distillation 蒸馏作用
crit.	critical(ly) 临界的	dm	decimeterls 分米
cryst.	crystalline(notcrystallize) 结晶的	d. p.	degree of polymerization 聚合度
crystd	crystallized 使结晶	dpm	disintegrations per minute 每分钟裂变数
crystg.	crystallizing 结晶	E-	exa-(10^{18}) （词头）艾（指 10^{18}）
crystn.	crystallization 结晶(作用)，结晶化	ECG	electrocardiogram 心电图
		ED	effective dose 有效剂量
		EEG	electroencephalogram 脑电流示波器
d-	deci-(10^{-1}) （拉丁字头）分；十分之一	eg.	for example 例如

续表

缩写	全称及中文	缩写	全称及中文
elec	electric, electrical(ly) 电的	ft-lb	foot-pound 英尺-磅
emf	electromotive force 电动势	g	gram 克
emu	electromagnetic unit 电磁单位	g	gravitational constant 万有引力常数
en	ethylenediamine(used in Werner complexes only) 1,2 乙二胺(仅用于韦尔纳络合物)	(g)	gas, Only as in $H_2O(g)$ 气体[像 H_2O(g)这样用表示气体]
equil	equilibrium(s) 平衡	G	gauss 高斯(磁感应强度单位)
equiv	equivalent(the unit) 当量(单位)	G-	giga-(10^9) (词头)吉(指 10^9)
equiv.	equivalent 当量的,相当的	gal	gallon 加仑
esp	especially 特别,尤其,主要	Gy	gray(absorbed radiation dose) 戈瑞(吸收辐射剂量)
est	estimate 估计量	h	hour 小时
estd	estimated 估计的,测定的	h-	hecto-(10^2) (词头)百(指 10^2)
estg	estimating 评价,计算	H	henry 亨利(电感单位)
estn	estimation 估定,测定	ha	hectare 公顷(等于100公亩或2.471英亩,合15市亩)
esu	electrostatic unit 静电单位	Hb	hemoglobin 血红蛋白
Et	ethyl 乙基(CH_3CH_2—)	hyd	hyd hydrdysis, hydrolysed 水解
Et al	And others 等等(指人)	Hz	hertz(cycles/sec) 赫兹(周/秒)
etc	et cetera 等等(指事物)	ID	inhibitory dose 抑制剂量
eV	electron volt 电子伏特	in.	inch 英寸
evap	evaporate 蒸发	inorg	inorganic 无机的
evapd	evaporated 蒸发的	insol	insoluble 不溶(解)的
evapg	evaporating 蒸发,气化	IR	infrared 红外(线)的
evapn	evaporation 蒸发作用	irradn	irradiation 光渗,照射,用紫外线照射
examd	examined 检验,检定试验	IU	International unit 国际单位
examg	examining 检验的	J	joule 焦耳(能量单位)
examn	examination 检验(法)	k-	Kilo-(10^3) (词头)千(指 10^3)
expt	experiment 试验,实验	K	kelvin 开尔文
exptl	experimental(ly) 实验的	L	liter 升
ext	extract 提取,萃取,提取液	(l)	liquid, only as in NH_3(l) 液体[如 NH_3(l)表示液体氨]
extd	extracted 提取出的	lab	laboratory 实验室
extn	extraction 提取(法),萃取(法)	lb	pound 磅
F	farad 法拉(电容单位)	LCAO	Linear combination of atomic orbitals 原子轨道函数的线性组合(法)
°F	degree Fahrenheit 华氏温度	LD	lethal dose 致死(剂)量
f-	femto-(10^{-15}) (词头)飞(指 10^{-15})	LH	luteinizing hormone 促黄体(生成)激素
fcc	face centered cubic 面心立方	liq.	liquid 液体,液态的
fermn	fermentation 发酵	lm	lumen 流明(发光度单位)
f. p.	freezing point 凝固点,冰点	lx	lux 勒克司(照度单位)
ft	foot 英尺		

续表

缩写	全称及中文	缩写	全称及中文
m	meter 米,公尺,计,表	org	organic 有机的
m	molal (质量)摩尔的,(质量)摩尔(浓度)的	oxidn	oxidation 氧化作用
m-	milli-(10^{-3}) (词头)毫(指 10^{-3})	oz	ounce 盎司,英两
m.	melts at, melting at 熔化	p-	pico-(10^{-12}) (词头)皮(指 10^{-12})
M	molar (体积)摩尔的,(体积)摩尔(浓度)的	P	poise 泊(黏度单位)
M-	mega-(10^6) (词头)兆(指 10^6)	P-	peta-(10^{15}) (词头)拍(指 10^{15})
manuf,	manufacture 制造,制造品,制造厂	Pa	pascal 帕斯卡
manufd	manufactured 制造的	p. d.	potential difference 势差,位差,电位差
manufg	manufactring 制造的	Ph	phenyl 苯基($C_6H_5—$)
math	mathematical(ly) 数学的	Phys	physical(ly) 物理的,物质的,身体的,物理学的
max	maximum(s) 最大值	p. m.	post meridiem 下午
Me	methyl(not metal) 甲基 $CH_3—$(不是金属)	polymd	polymerized 聚合的
mech	mechanical(ly)(not mechanism) 机械的,力学的(不是机理)	polymg	polymerizing 聚合
metab	metabolism 新陈代谢	polymn	polymerization 聚合作用
mi	mile 英里	pos	positive(ly) 正的,阳电性的,照相正片,肯定的,正面的
min	minute(time) 分(时间)	powd	powdered 磨成粉状的
min	minimum(s) 最小值	ppb	parts per billion 十亿分之一
misc	miscellaneous 混杂的,多种的,其他	ppm	parts per million 百万分之一
mixt	mixture 混合物	ppt	precipitate 沉淀物,沉淀出,使沉淀
MO	molecular orbital 分子轨道	pptd	precipitated 沉淀的,沉淀出的
mo	month 月	pptg	precipitating 沉淀的
mol	mole(the unit) 摩尔(单位)	pptn	precipitation 沉淀作用,析出
mol.	molecule, molecular 分子	Pr	propyl(normal) 丙基($CH_3CH_2CH_2—$)
m. p.	melting point 熔点	prep	prepare 制备,精制
mph	miles per hour 英里/小时	prepd	prepared 精制的
μ-	micro-(10^{-6}) (词头)微(指 10^{-6})	prepg	preparing 制备,准备
Mx	maxwell 麦克斯韦(物理学磁量单位)	prepn	preparation 准备,制剂,预备
n	Refractive index(n_D^{20} for 20°C and sodium D light) 折射率,折光指数(n 表示在20°C和钠光下的折射率)	prodn	production 生产,制造
		psi	Pounds per square inch 磅/平方英寸
		psia	Pounds per square inch absolute 磅/平方英寸(绝对压力)
n-	nano-(10^{-9}) (词头)纳(指 10^{-9})	psig	Pounds per square inch gage 磅/平方英寸(表压)
neg	negative(ly) 阴电性的,负性的,负数,照相底片,反面,电负性的	pt	pint 晶脱(容量单位)
no	number 数目,数值,数字,计数,号码	purifn	purification 提纯,净化,纯化,精制
obsd	observed 观察的	py	pyridine(used in Werner complexes only) 吡啶(C_5H_5N)
Oe	oersted 奥斯特(磁场强度单位)		
Ω	ohm 欧姆(电阻单位)	Qt	quart 夸脱(干量或液量单位)

续表

缩写	全称及中文	缩写	全称及中文
qual	qualitative(ly) 定量的(地),数量上的(地)	sepn	separation 分离,离析,分开
quant	quantitative(ly) 定性的,描述的,质的	sol	soluble 可溶的,可解释的
R	Röentgen 伦琴(射线)	soln	solution 溶液,溶解,数学解法
redn	reduction 还原,简化,减少	soly	solubility 溶解度,溶解性,可溶性
ref.	reference 参考,参考文献	sp	specific(used only to qualify physical constant) 比值的(仅用于限定物理常数)
rem	Röentgen equivalent man 人体伦琴当量	sp. gr	specific gravity 比重(密度和相对密度的旧称)
rep	Röentgen equivalent physical 物理伦琴当量	sr	steradian 球面度(物理)
reprodn	reproduction 繁殖,生殖,复制,仿造	St	stokes 托(运动黏度单位)
resoln	resolution 分辨,解析,拆开,溶解	std	standard 标准,标准物,标准的
resp	respective(ly) 各自的,分别的(地)	sym	symmrtric(al)(ly) 对称的
rpm	revolutions per minute 每分钟转速	T	tesla 特斯拉(磁通量单位)
RQ	respiratory quotient 呼吸商	T-	tera-(10^{12}) (词头)太(指 10^{12})
s	second (time unit only) 秒(仅用于时间单位)	tech	technical(ly) 技术的,工艺的,专业的
		temp	temperature 温度
(s)	solid, only as in AgCl(s) 固体,仅用于如 AgCl(s)	tert	tertiary(with alkyl groups only) 叔,第三的(仅用于烷基原子团)
S	siemens 西门子	theor	theoretical(ly) 理论的
sapon	saponification 皂化作用	thermodn	thermodynamic(s) 热力学
sapond	saponified 皂化了的	titrn	titration 滴定法
sapong	saponifying 皂化	USP	United States Pharmacopeia 美国药典
sat	saturate 使饱和	UV	ultraviolet 紫外线,紫外线的
satg	saturating 使饱和	V	volt 伏特(电压单位)
satn	saturation 饱和,饱和度	VS	versus 与…相对
SCE	saturated calomel electrode 饱和甘汞电极	vol	volume(no volatile) 体积(非挥发性的)
SCF	self-consistent field 自洽场	W	watt 瓦特(功率单位)
sec	secondary(with alkyl groups only) 第二的(仅用于烷基原子团)	Wb	weber 韦伯(磁通量单位:10^8 麦克斯韦)
		wk	week 星期
sep	separate(ly) 分离,脱离,插入	wt	weight 重量
sepd	separated 分离的	yd	yard 码(长度单位:3 英尺)
sepg	separating 分开的	yr	year 年

参 考 文 献

[1] 王荣民.化学化工信息及网络资源的检索与利用［M］.5版.北京：化学工业出版社，2021.
[2] 魏振枢.化学化工信息检索［M］.4版.北京：化学工业出版社，2019.
[3] 蔡志勇.化学化工及相关网络信息资源［M］.北京：国防工业出版社，2004.
[4] 潘家祯.科技文献检索手册［M］.北京：化学工业出版社，2003.
[5] 柴雅凌.网络文献检索［M］.天津：天津大学出版社，2004.
[6] 孙济庆.新编化学化工信息检索［M］.3版.上海：华东理工大学出版社，2010.
[7] 薛琳.文献信息检索与利用［M］.郑州：河南人民出版社，2006.
[8] 徐晓.专利事务教程［M］.重庆：重庆大学出版社，2007.
[9] 姚钟尧.化学化工科技文献检索［M］.3版.广州：华南理工大学出版社，2007.
[10] 杨桂荣.情报检索与计算机信息检索［M］.武汉：华中科技大学出版社，2004.
[11] 朱卫平.美国四大科技报告及其检索［J］.华北科技学学报，2002，3（4）：126-128.
[12] 穆安民.科技文献检索实用教程［M］.4版.重庆：重庆大学出版社，2015.
[13] 于光.网上科技报告信息资源［J］.情报科学，2001，9（19）：960-963.
[14] 石军.互联网科技报告的检索和开发利用［J］.内蒙古科技与经济，2002（1）：56-57.
[15] 刘绿茵.电子信息检索与利用［M］.北京：机械工业出版社，2007.
[16] 王细荣.文献信息检索与论文写作［M］.6版.上海：上海交通大学出版社，2017.
[17] 邓要武.科技报告、专利文献和标准文献资源检索与利用［J］.图书馆工作与研究，2008（7）：17-19.
[18] 王力超.网络信息资源特点及查询策略［J］.江南大学学报：社会科学版，2003（2）：95-98.
[19] 刘玉珠.化学化工文献的检索方法［J］.陇东学院学报（自然科学版），2006，1（16）：58-60.
[20] 刘易.化工企业责任与关怀对企业绩效的影响［J］.数理统计与管理，2009，28（6）：1030-1038.